Harry Potter
O LIVRO DOS ARTEFATOS MÁGICOS

SUMÁRIO

INTRODUÇÃO 7

CAPÍTULO 1: EM HOGWARTS 15

DOCUMENTOS ESCOLARES 16
Carta de Hogwarts • Questionário de Classe de Gilderoy Lockhart • Horário de Aulas de Hermione Granger • Cartaz de coisas perdidas de Luna Lovegood • Cartão de dia dos namorados • Guia de Revisão e Exame N.O.M • Pergaminho da Armada de Dumbledore • Artigos do Baile de Inverno

ADEREÇOS: PROFESSORES 24
Guarda-Chuvas • Bengalas • Malões • Vidros de poções de Severo Snape e Horácio Slughorn • Penseira e Gabinete de Lembranças de Alvo Dumbledore • Gramofone e discos de Remo Lupin • Ampulheta de Horácio Slughorn • Testamento de Alvo Dumbledore

ADEREÇOS: ALUNOS 37
Vira-Tempo • O Mapa do Maroto • Os tesouros de Tom Riddle • Armário Sumidouro

QUADRIBOL 44
Goles e balaços • O pomo de ouro

O SALÃO PRINCIPAL 48
Ampulhetas com os pontos das casas • Os cavaleiros lutadores de Hogwarts • Armaduras de elfos e trasgos • Os quadros do Castelo de Hogwarts

CAPÍTULO 2: A PEDRA FILOSOFAL 61
As chaves aladas • As peças de xadrez • A Pedra Filosofal • O espelho de Ojesed

CAPÍTULO 3: O TORNEIO TRIBRUXO 71
O Cálice de Fogo • A taça do Torneio Tribruxo • Troféus escolares • Pena de Repetição Rápida • O Ovo de Ouro • Modelos humanos

CAPÍTULO 4: VASSOURAS 81

CAPÍTULO 5: COMIDA E BEBIDA 91
Banquetes no Salão Principal • Cafés da manhã no Salão Principal • Estabelecimentos com comida e bebida • Comida e bebida n'A Toca • Comida e bebida no mundo trouxa • Doces do carrinho do Expresso de Hogwarts • Dedosdemel • Banquete de boas-vindas do Torneio Tribruxo • Banquete do Baile de Inverno • Música mágica • Casamento Weasley

CAPÍTULO 6: PUBLICAÇÕES 115

JORNAIS E REVISTAS 116
O Profeta Diário • O Pasquim

LIVROS 128
Livros-texto • *O Meu Eu Mágico* e os livros de Gilderoy Lockhart • *O Livro Monstruoso dos Monstros* • *Defesa Contra as Artes das Trevas: Básico para Iniciantes* • *Estudos Avançados no Preparo de Poções* • *A Vida e as Mentiras de Alvo Dumbledore* • *Os Contos de Beedle, o Bardo*

PUBLICAÇÕES DO MINISTÉRIO 144
Parafernália do Ministério • Decretos Educacionais • Cartões de identificação do Ministério da Magia • Comissão de Registro dos Nascidos Trouxas • Campanhas contra os Sangues ruins • Pôsteres de procurados

CAPÍTULO 7: GEMIALIDADES WEASLEY 153

CAPÍTULO 8: INVENÇÕES BRUXAS 167
O Desiluminador • O Berrador • Relógios n'A Toca • Agulhas mágicas de tricô • Projetor de slides • Bisbilhoscópio • Espiador subaquático • Onióculos • Tecnologia no Ministério • Sensor de Segredos • Rede Radiofônica dos Bruxos

CAPÍTULO 9: HORCRUXES E RELÍQUIAS 183

AS HORCRUXES DE LORD VOLDEMORT 184
O diário de Tom Riddle • O anel de Servolo Gaunt • O medalhão de Salazar Slytherin • A taça de cristal da caverna da Horcrux • A taça de Helga Hufflepuff/Cofre dos Lestrange em Gringotes • O diadema de Rowena Ravenclaw • Nagini • A espada de Gryffindor

AS RELÍQUIAS DA MORTE 198
A Varinha das Varinhas • A Capa da Invisibilidade • A Pedra da Ressurreição

CONCLUSÃO 207

INTRODUÇÃO

9 ¾

Um artefato, de acordo com o dicionário, é "um objeto criado por um ser humano com um objetivo prático, especialmente: um objeto remanescente de um período, moda ou indivíduo em particular, tipicamente um item de importância cultural ou histórica". Os artefatos que existiam no mundo mágico dos filmes de Harry Potter, que em termos de cinema são chamados de adereços (props) — de livros e relógios a espelhos e malões —, serviram para muitos fins, e o menor deles era como adereço e cenografia. Muitos deles seriam considerados "adereços de heróis" (hero props), outro termo de cinema que se refere aos objetos especiais manejados pelos heróis e que são, na verdade, importantes para o personagem e para a história. Esses variavam entre mapas com infinitas camadas que mostravam um rato (tanto na forma física quanto nas ações traiçoeiras) andando pela Escola de Magia e Bruxaria de Hogwarts a uma pequena joia que podia fazer o tempo voltar e, assim, salvar duas vidas. Um pedaço de papel coberto com nomes representava o envolvimento de vários jovens bruxos inexperientes em lutar contra as forças das trevas que ameaçavam a vida deles. Uma tigela de líquido compartilhava lembranças que ofereciam evidências de um erro trágico e que poderia ser consertado. Os artefatos criados por J. K. Rowling na série de livros de Harry Potter ofereciam dicas sobre a personalidade dos personagens, enriqueciam o mundo que ela criou e eram essenciais para o enredo da história.

À ESQUERDA: O escritório do professor Alvo Dumbledore, cheio de livros, quadros, armários e equipamentos astrológicos; ACIMA: Rascunho da placa da Plataforma 9 ½; ABAIXO: A mesa de cabeceira de Harry Potter no dormitório da Grifinória durante os eventos de *Harry Potter e o Enigma do Príncipe* inclui alguns dos artefatos mais icônicos da história: sua varinha e seus óculos, o Mapa do Maroto e seu exemplar de *Estudos Avançados no Preparo de Poções*.

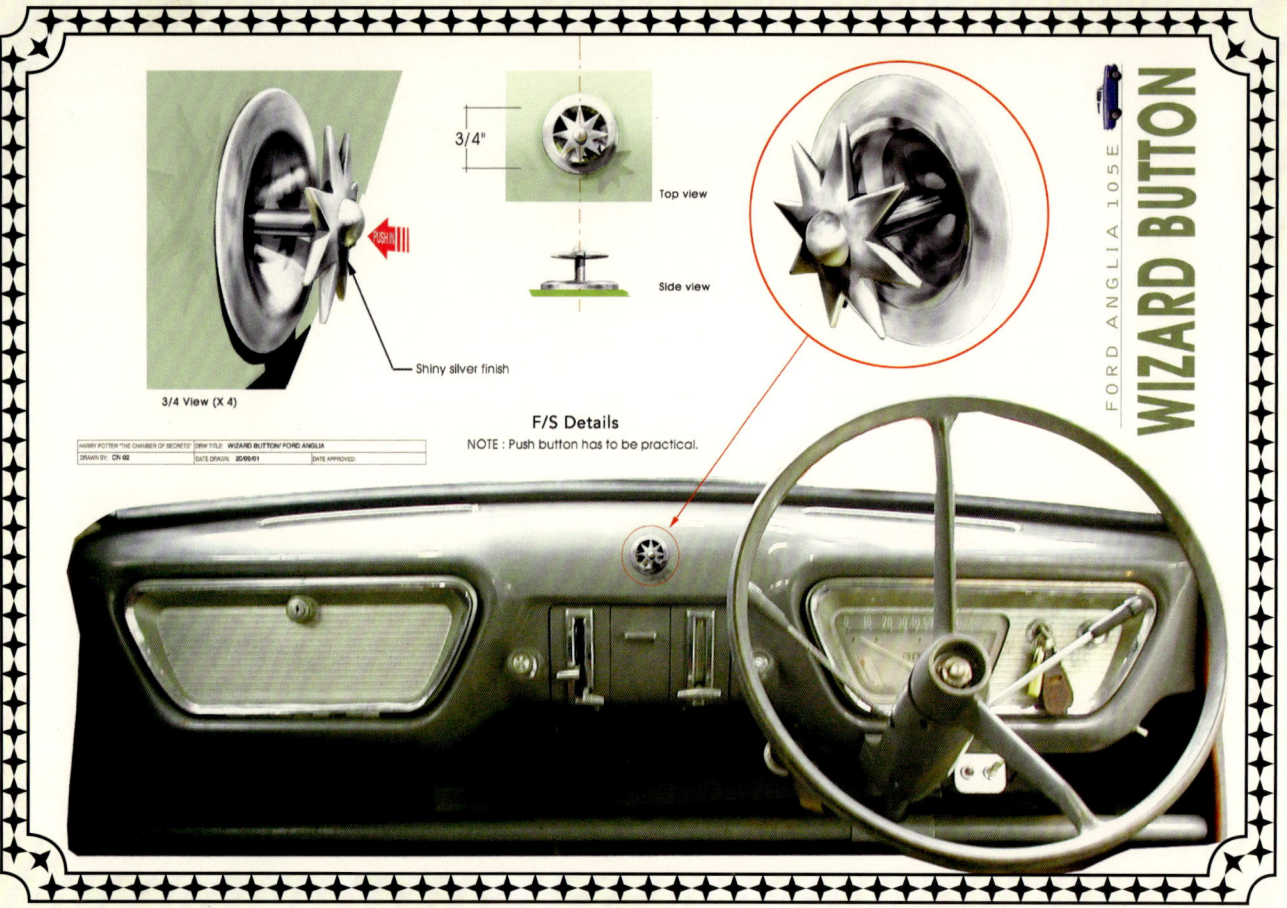

A criação dos artefatos para os filmes de Harry Potter começou com o diretor de arte Stuart Craig, que supervisionou todos os departamentos criativos envolvidos no processo das filmagens. Os roteiros diziam que objetos eram necessários a um personagem ou local, mas havia uma sociedade mágica inteira a ser criada e que exigia itens rotineiros para os alunos e professores em uma escola de mil anos e para suas famílias em casas bruxas, papelada burocrática para um governo em transição, produtos para todas as lojas e comidas para banquetes. Craig consultava constantemente os produtores David Heyman e David Barron; os diretores Chris Columbus, Alfonso Cuarón, Mike Newell e David Yates; e a própria autora, J. K. Rowling, para criar um mundo crível e plausível na tela grande.

"Os modeladores e o departamento de adereços criaram quase tudo", diz o produtor David Heyman, "porque quase tudo era específico desse mundo." Hattie Storey foi uma das muitas peças-chave na equipe artística. "Quando eu tentava descrever o trabalho que fazia, de diretora de arte de adereços", diz ela, "costumava só dizer que era cheio de 'varinhas e vassouras'." É raro um filme ter um diretor de arte cujo trabalho é cuidar especificamente de adereços, mas as exigências dos filmes de Harry Potter tornavam necessário que eles fossem feitos do zero, e assim o cargo foi criado em *Harry Potter e a Pedra Filosofal* e continuou existindo até o fim da série. Lucinda Thomson e Alex Walker precederam Storey no cargo, que consistia em coordenar a elaboração, o desenho e a fabricação de todas as coisas mágicas. "Para isso", continua Storey, "eu contei com nossa equipe incrivelmente talentosa de fabricantes de artefatos, liderada por Pierre Bohanna, que incluía escul-

À ESQUERDA: Desenho da falsa Espada de Gryffindor deixada no cofre dos Lestrange em Gringotes em *Harry Potter e as Relíquias da Morte — Parte 2*, elaborado por Julia Dehoff; NO ALTO: Arte de desenvolvimento visual do botão usado para acionar a invisibilidade no Ford Anglia voador de Arthur Weasley; SEGUINTE: O colar que amaldiçoou Katie Bell em *Harry Potter e o Enigma do Príncipe*, design de Miraphora Mina.

ANTERIOR: Os departamentos de direção de arte e de cenografia personalizaram todas as mesas de cabeceira dos alunos. Em *Harry Potter e o Enigma do Príncipe*, Dino Thomas declara sua torcida pelo time de futebol West Ham United; NO ALTO (DA ESQUERDA PARA A DIREITA): O departamento gráfico elaborou uma variedade de artefatos que iam desde as cartas de baralho da Gemialidades Weasley até o ingresso de Harry Potter do Expresso de Hogwarts e os pacotes das balas da Dedosdemel; ACIMA: Uma elaborada cadeira de astrologia criada para o andar de cima do escritório do professor Dumbledore em *Enigma do Príncipe*.

tores, carpinteiros, pintores e os muitos outros artesãos talentosos do Leavesden Studios." O processo de criação começava nas reuniões com Stuart Craig. Em seguida, além de procurar as descrições nos livros, a equipe de projetistas de Storey combinava a pesquisa e as referências em desenhos técnicos. Outros adereços foram elaborados por artistas conceituais como Adam Brockbank, que ocupou quase todas as prateleiras da Gemialidades Weasley com pegadinhas, brinquedos e balas. Como a série de livros não estava terminada quando os filmes estavam sendo feitos, havia ocasiões em que os artistas gráficos e designers de adereços não faziam ideia de que um adereço de herói de um filme acabaria se tornando, na verdade, outra coisa em uma parte mais avançada da história e teriam que repensá-lo com rapidez. Quando aprovados, os desenhos eram entregues aos fabricantes de adereços de Bohanna e empregavam carpinteiros, gesseiros e ferreiros, assim como costureiros do departamento de figurinos e pintores do departamento de arte. Barry Wilkinson foi o aderecista que cuidava para que os adereços prontos fossem para o lugar certo e para que fossem bem-cuidados no set e fora dele.

Dois artistas chefiaram o departamento gráfico e desenharam e criaram tudo, desde o Berrador que Rony Weasley recebe em *Harry Potter e a Câmara Secreta* até a maioria das Horcruxes de Lord Voldemort: Miraphora Mina e Eduardo Lima. Apesar de terem trabalhado em muitos itens de destaque, tanto Mina quanto Lima achavam que os objetos de fundo não deviam receber menos atenção nem ter menos detalhes do que os que eram vistos de forma significativa na tela. "Apesar de alguns objetos só serem vislumbrados por alguns segundos", diz Mina, "a plateia sente os efeitos de uma experiência de imersão, e os atores têm mais com o que trabalhar na cena para criar seus personagens." Mina e Lima usaram uma variedade de fontes para suas pesquisas, desde carteirinhas de escoteiros a romances dos anos 1930 e 1940, e até mesmo campanhas soviéticas da época da Guerra Fria. "Uma das melhores coisas de trabalhar nos filmes de Harry Potter foi poder experimentar tantos estilos diferentes, desde a impressão tipográfica vitoriana ao design moderno", diz Lima.

Mas o tempo todo, os designers estavam cientes de que trabalhavam com um mundo mágico ainda inédito. "De um modo geral",

INTRODUÇÃO 11

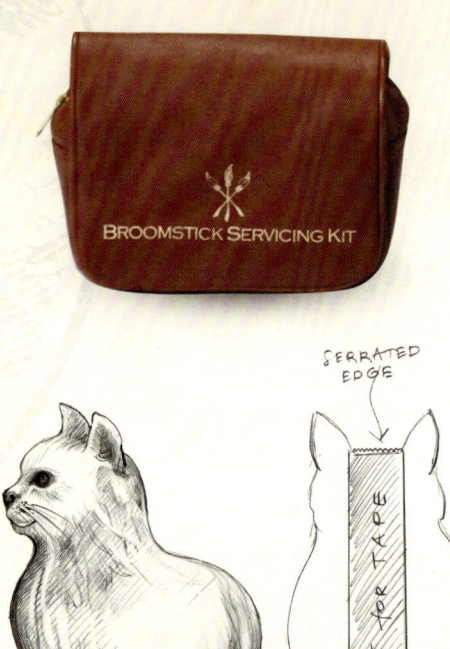
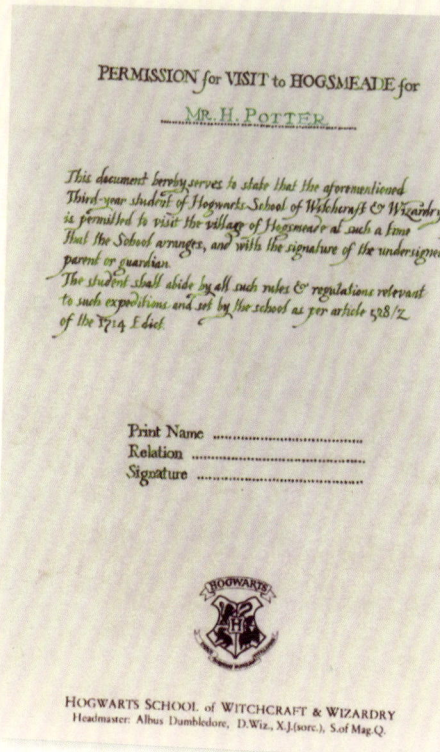

continua Mina, "nosso estilo de design era usar a realidade que conhecíamos e mudá-la em alguns aspectos em vez de criar um mundo completamente novo. E esperamos que assim possamos ter criado um ambiente plausível." Uma das abordagens mais peculiares usadas para a elaboração de adereços de herói foi "tentar entrar na cabeça do personagem", explica Mina. Eles se perguntavam: "Como quatro bruxos adolescentes que estivessem criando um mapa iam querer que ele funcionasse?" "O que Gilderoy Lockhart estava tentando alcançar com a capa dos seus livros?" "Como seria a aparência de uma taça antiga que seria o prêmio numa competição de escola de bruxaria?" Mina acrescenta: "Para nós, cada trabalho de design que nos era passado nos filmes fazia com que tivéssemos que entrar no personagem daquela pessoa ou no ambiente daquele lugar ou na história por trás daquele momento, e era nosso dever tentar ajudar a história naquele instante com aquela peça visual." Lima descreve a questão principal: "Você sempre tem que pensar no desenvolvimento da história", diz ele. "Você precisa contar aquela história com aquele adereço."

O ator David Thewlis, que interpretou o professor Lupin, está entre os muitos que estrelaram os filmes de Harry Potter e que ficaram impressionados com os adereços de herói. "Para mim", diz Thewlis, "no final de *Harry Potter e o Prisioneiro de Azkaban*, quando eu me despeço de Harry, faço duas coisas: dobro o Mapa do Maroto e coloco minhas coisas no armário. E não foram efeitos especiais. Tudo foi filmado na hora." O Mapa do Maroto se dobrou por uma série de fios invisíveis que só precisaram de alguns takes para serem capturados. "E achei que a genialidade disso resumia para mim os aspectos criativos dos designers do filme. Eles não usaram efeitos de computador, mas elaboraram um jeito de dobrar um mapa invisivelmente em oito partes, só puxando fios."

O número de artefatos necessários para os filmes de Harry Potter é impressionante — e não só porque o resultado se estende por oito filmes, mas também porque algumas locações precisavam ser preenchidas de parede a parede! Havia vinte mil produtos só nas vitrines do Beco Diagonal; acrescente a isso um número relativamente similar em Hogsmeade. A loja Gemialidades Weasley tinha quarenta mil itens. Doze mil livros feitos a mão ocupavam salas de aula, escritórios e bibliotecas. Independente dos números e do tamanho, os artefatos no mundo de Harry Potter nos informam e nos divertem. Ficamos hipnotizados pela qualidade etérea do Espelho de Ojesed, mal podemos esperar para jogar xadrez em um tabuleiro em tamanho real com peças que explodem e sabemos que uma ampulheta que corre mais rápido ou mais devagar de acordo com a qualidade da conversa se arrastaria se o assunto fosse Horcruxes.

Veremos agora uma coleção de rascunhos, desenhos, artes de desenvolvimento visual, informações de bastidores, capturas de tela e comentários dos artistas incríveis que preencheram o Salão Principal e todos os cantinhos da tela nos filmes de Harry Potter.

ACIMA (DA ESQUERDA PARA A DIREITA): Uma folha de resposta de Poções e um dever de casa de Runas de Hermione Granger; o Estojo para Manutenção de Vassouras de Harry Potter; e uma possível ideia para dispensador de fita Spello-Tape feito a mão, para ser usado por Rony Weasley em *Harry Potter e a Câmara Secreta*; a autorização não assinada de Harry Potter de *Harry Potter e o Prisioneiro de Azkaban*; NO CENTRO: O espelho de Hermione em *Harry Potter e a Câmara Secreta*; SEGUINTE: Arte de desenvolvimento visual do banquinho da Cerimônia de Seleção em *Harry Potter e a Pedra Filosofal*.

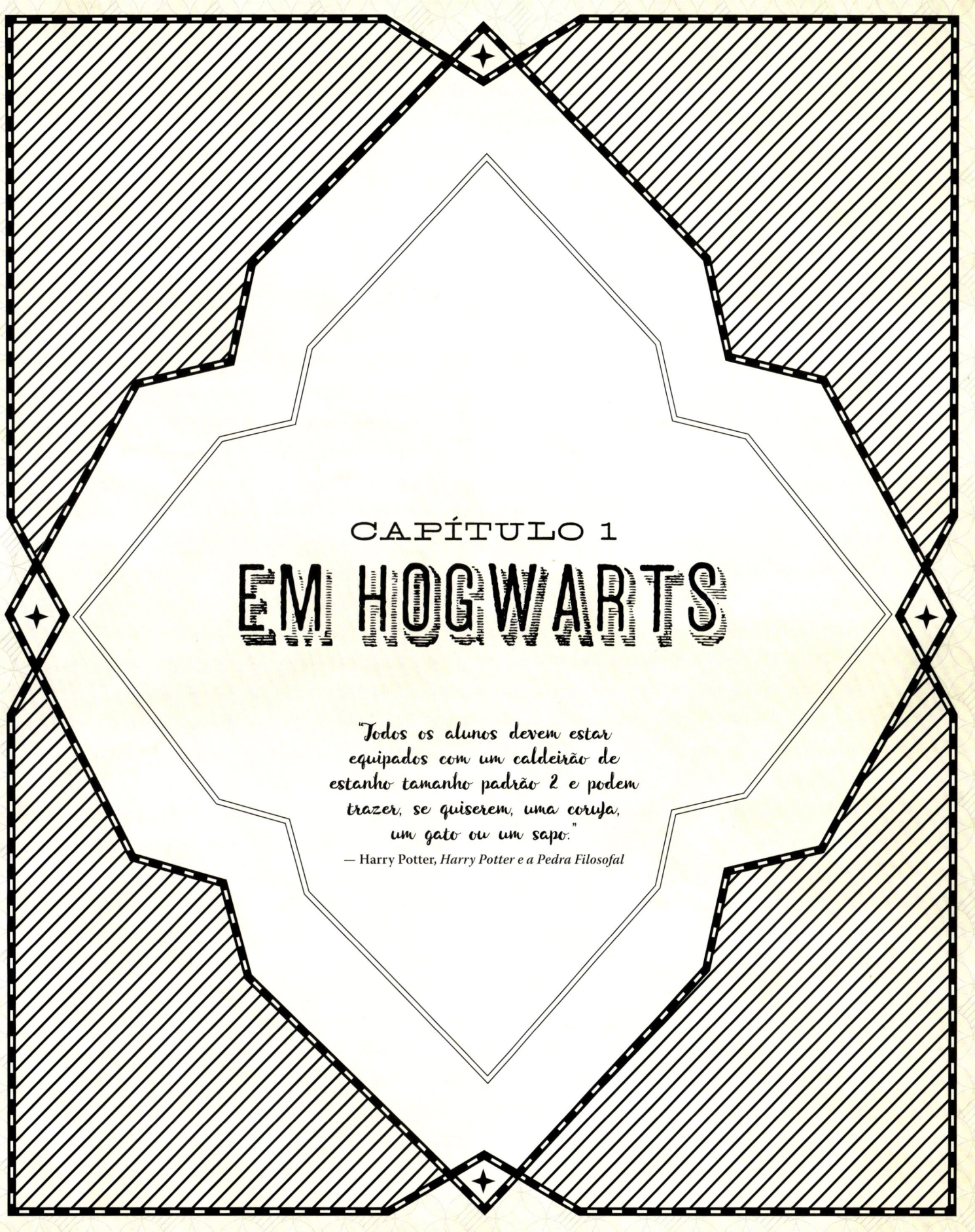

CAPÍTULO 1
EM HOGWARTS

"Todos os alunos devem estar equipados com um caldeirão de estanho tamanho padrão 2 e podem trazer, se quiserem, uma coruja, um gato ou um sapo."
— Harry Potter, *Harry Potter e a Pedra Filosofal*

DOCUMENTOS ESCOLARES

CARTA DE HOGWARTS

"Temos o prazer de informar que o senhor foi aceito para a Escola de Magia e Bruxaria de Hogwarts."

— carta de Minerva McGonagall, *Harry Potter e a Pedra Filosofal*

É um dia de orgulho para os novos alunos quando a Escola de Magia e Bruxaria de Hogwarts envia a carta de boas-vindas. Mas, no caso de Harry Potter, é preciso não uma carta, mas dez mil, para que ele consiga ler o convite da escola enquanto seu tio, Válter Dursley, se esforça ao máximo para impedir que seja recebida em *Harry Potter e a Pedra Filosofal*. Quando a sala dos Dursley precisou ser tomada por milhares de cópias da carta de Harry, o diretor Chris Columbus supôs que isso seria feito digitalmente. Mas John Richardson, supervisor de efeitos especiais dos filmes de Harry Potter, garantiu a ele que sua equipe faria um efeito prático. "E Chris me olhou como se eu fosse meio doido", relembra Richardson. "Mas eu disse que não, nós podemos fazer isso. Vamos construir dispositivos que vão disparar as cartas na sala e pela chaminé." Columbus ficou hesitante e pediu um teste antes de aceitar. "Então construímos umas máquinas que jogavam os envelopes a uma velocidade muito rápida, mas controlada", explica ele. "Elas foram construídas no alto do set. Nós tínhamos outro mecanismo que as disparava pela chaminé usando um dispositivo de ar." A equipe de Richardson montou isso tudo em uma noite depois das filmagens para mostrar ao diretor, que Richardson se lembra de ter exclamado: "Caramba, funciona! Que ótimo!"

Havia vários tipos de envelope criados para usos diferentes. Como eles precisavam ser leves o bastante para voar pela sala, dez mil folhas de papel foram impressas com os elementos gráficos do envelope, inclusive o selo de Hogwarts no verso. Também havia várias cartas com um selo de cera de verdade atrás para poderem ser vistos em closes. Esses continham a carta enviada pela professora McGonagall, escrita a mão pela artista gráfica Miraphora Mina, que escreveu muitos outros documentos para a série de filmes. As corujas que levaram as cartas para o número quatro da rua dos Alfeneiros "carregaram" envelopes de verdade, de certa forma. Um dispositivo de plástico com um mecanismo de liberação e um fio comprido e indetectável controlado por um treinador era colocado sobre o corpo da ave. Na hora certa, o treinador abria o mecanismo de liberação e a coruja "soltava" o envelope.

PÁGINA 14: A primeira visita de Harry Potter à sala de Alvo Dumbledore desenhada pelo artista conceitual Andrew Williamson para *Harry Potter e a Câmara Secreta* mostra paredes cobertas de quadros; SEGUINTE E À DIREITA: A carta de Hogwarts para Harry Potter e a lista de material escolar estão entre os primeiros documentos criados pelo departamento gráfico; À DIREITA, ACIMA: Na casa dos Dursley, Harry (Daniel Radcliffe) é envolvido por um furacão de cartas entregues por corujas enquanto seu tio Válter (Richard Griffiths) e seu primo Duda (Harry Melling) tentam afastá-las em *Harry Potter e a Pedra Filosofal*; À ESQUERDA: Um close do envelope de uma folha só.

16   O LIVRO DOS ARTEFATOS MÁGICOS

To: Mr Harry Potter
    The Cupboard Under the Stairs,
    4 Privet Drive,
    Little Whinging,
    SURREY.

Dear ....Mr....Potter..,

   We are pleased to inform you that you have been accepted at Hogwarts School of Witchcraft and Wizardry.

Students shall be required to report to the Chamber of Reception upon arrival, the dates for which shall be duly advised.

Please ensure that the utmost attention be made to the list of requirements attached herewith.

We very much look forward to receiving you as part of the new generation of Hogwarts' heritage.

Yours sincerely,

Prof. McGonagall

Professor McGonagall

HOGWARTS SCHOOL of WITCHCRAFT & WIZARDRY
Headmaster: Albus Dumbledore, D.Wiz., X.J.(sorc.), S.of Mag.Q.

QUESTIONÁRIO DE CLASSE DE GILDEROY LOCKHART

"Olhem essas perguntas. São todas sobre ele."
— Rony Weasley, *Harry Potter e a Câmara Secreta*, cena deletada

Em uma cena cortada de *Harry Potter e a Câmara Secreta*, o novo professor de Defesa Contra as Artes das Trevas, Gilderoy Lockhart, testa o conhecimento dos alunos sobre… ele! O questionário, feito a mão pelo departamento gráfico com supervisão de Miraphora Mina e Eduardo Lima, seria mais uma oportunidade de exibir o conhecimento mágico impressionante de Hermione Granger e a indiferença de Harry Potter e Rony Weasley pela leitura.

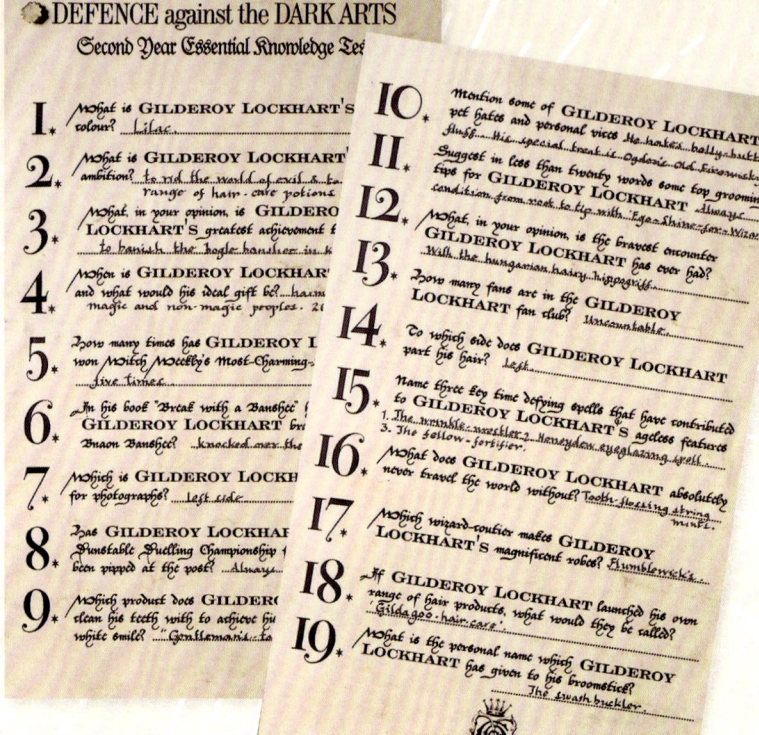

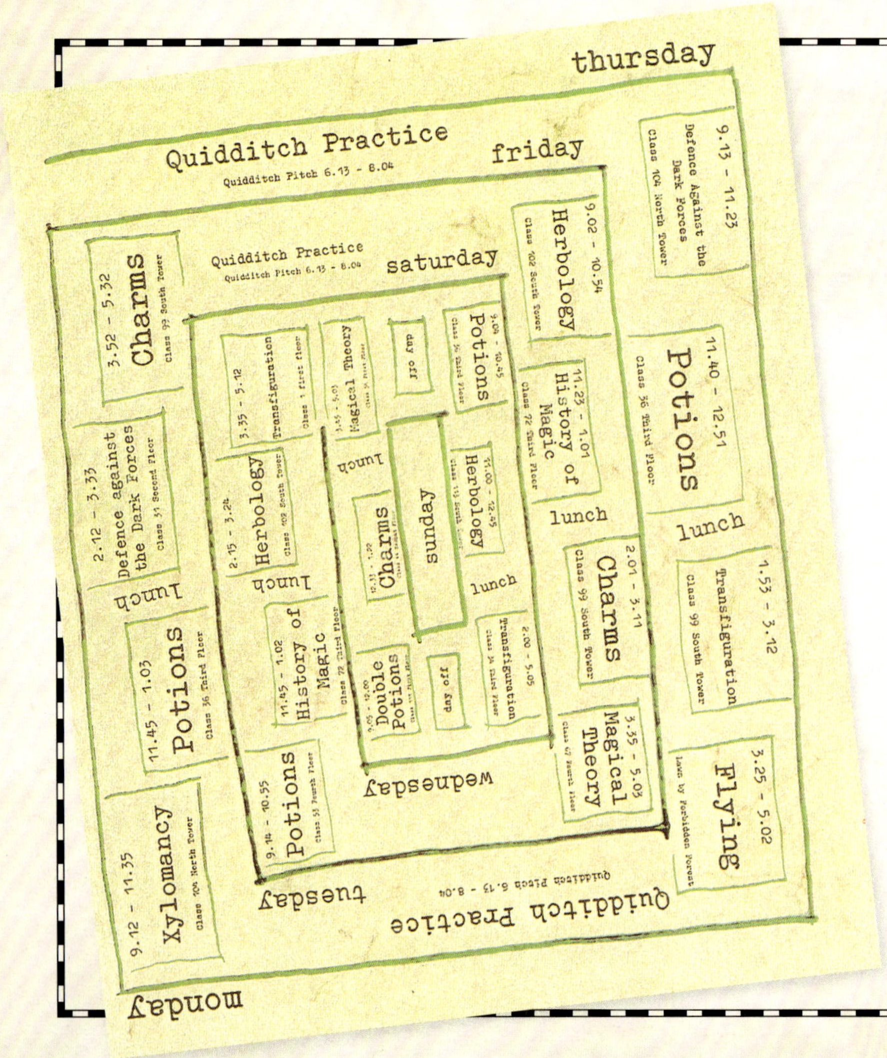

HORÁRIO DE AULAS DE HERMIONE GRANGER

"A exatamente quantas aulas está assistindo?"
—Rony Weasley, *Harry Potter e o Prisioneiro de Azkaban*

Embora alguns adereços de heróis nunca sejam vistos de perto pela plateia dos filmes, eles ainda foram criados com atenção exemplar aos detalhes. Por exemplo: o horário de aulas de Hermione Granger em *Harry Potter e o Prisioneiro de Azkaban*, que teve a vantagem do uso de um Vira-Tempo.

CARTAZ DE COISAS PERDIDAS DE LUNA LOVEGOOD

*"Você não quer mesmo ajuda para procurar?"
"Não precisa. Sabe, minha mãe dizia que as coisas que perdemos acabam voltando para nós."*
— Harry Potter e Luna Lovegood, *Harry Potter e a Ordem da Fênix*

Em *Harry Potter e a Ordem da Fênix*, a lista de coisas perdidas de Luna inclui livros, penas e roupas. Essa foi mais uma criação do departamento gráfico, que elaborou caligrafias individuais para os personagens.

CARTÃO DE DIA DOS NAMORADOS

"Tá bom! Você está apaixonado por ela! Vocês, pelo menos, se conhecem?"
— Harry Potter, *Harry Potter e o Enigma do Príncipe*

Em *Harry Potter e o Enigma do Príncipe*, Romilda Vane manda um cartão para Harry Potter no Dia dos Namorados, acompanhado de chocolates incrementados com uma poção do amor que são interceptados por Rony Weasley.

ANTERIOR, NO ALTO: Em uma cena cortada de *Harry Potter e a Câmara Secreta*, o professor Gilderoy Lockhart distribuiu um questionário sobre… ele mesmo. O teste completo de Hermione Granger está com todas as respostas corretas; ANTERIOR, EMBAIXO: O horário de aulas de Hermione Granger influenciado pelo Vira-Tempo em *Harry Potter e o Prisioneiro de Azkaban* foi elaborado pela artista gráfica Ruth Winick; NO ALTO, ACIMA E À ESQUERDA: Os artistas de design gráfico criaram a caligrafia de muitos alunos de Hogwarts, inclusive de Luna Lovegood e Romilda Vane.

EM HOGWARTS

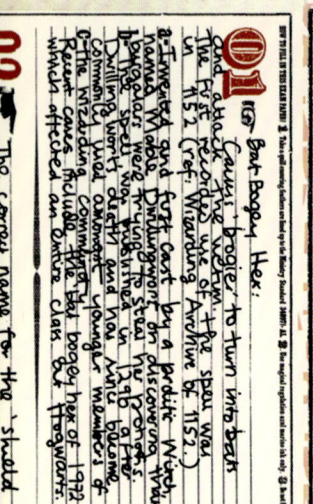

GUIA DE REVISÃO E EXAME N.O.M.

"Níveis Ordinários de Magia, são provas. N.O.M.s. Mais conhecidos como NOMS."
— Dolores Umbridge, *Harry Potter e a Ordem da Fênix*

Ao longo dos filmes, os departamentos gráfico e de adereços ficaram muito atentos ao decorar os sets com adereços que incrementariam a história por terem relação com os personagens. Mina e Lima encheram a Sala Comunal da Grifinória com artefatos típicos da vida de estudante, inclusive um guia para passar no teste N.O.M. feito em *Harry Potter e a Ordem da Fênix*.

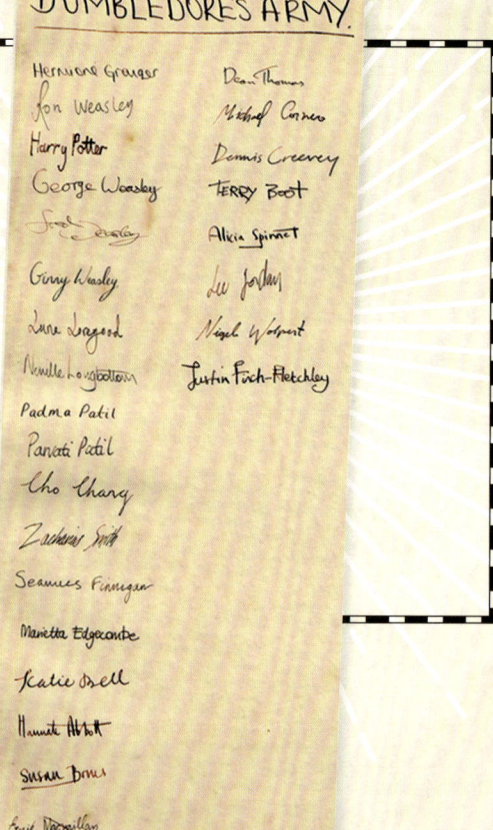

PERGAMINHO DA ARMADA DE DUMBLEDORE

Um pedaço de pergaminho contém os nomes da Armada de Dumbledore, que se reuniu pela primeira vez em uma ida a Hogsmeade em *Harry Potter e a Ordem da Fênix*. Esse pedaço de papel define o momento fundamental em que Harry Potter aceita o papel de líder na luta contra as Forças das Trevas. A maioria das assinaturas foi feita pelos próprios atores.

ACIMA E SEGUINTE: Quando os testes de Níveis Ordinários de Magia são aplicados aos alunos do quinto ano, um Guia de Revisão pode ser visto na Sala Comunal da Grifinória em *Harry Potter e a Ordem da Fênix*, oferecendo a versão bruxa de correção ortográfica; À DIREITA: Assinaturas dos integrantes da Armada de Dumbledore, que encontraram um jeito de aprender Defesa Contra as Artes das Trevas em *Harry Potter e a Ordem da Fênix* quando a professora Umbridge não quis ensinar.

TRANSFIGURATION
cram it!
ARITHMANCY
HERBOLOGY
OUTSTANDING
EXCEEDS EXPECTATIONS
ACCEPTABLE
POOR
DREADFUL
TROLL
O.W.L.S
divination
ARITHMANCY
HERBOLOGY
TRANSFIGURATION
HERBOLOGY
Enchantment Spell Check
ALLURE
BEGUILE
BEWITCH
DELECTATE
ENCORCELL
HEX
SLAY
SPELLBIND
VILE
divination
ARITHMANCY
Conjuration Spell Check
AMULET
HOODOO
JINX
SORCERY
PRESAGE
PRESTIDIGITATION
SOOTHSAYER
THAUMATURGIC
TELEKINETIC
NECROMANCY
HOCUS POCUS
HERBOLOGY

Space for note taking & top revision tips
HERBOLOGY
Enchantment Spell Check
AMULET
HOODOO
JINX
SORCERY
PRESAGE
PRESTIDIGITATION
SOOTHSAYER
THAUMATURGIC
TELEKINETIC
NECROMANCY
HOCUS POCUS
HERBOLOGY
divination
Conjuration Spell Check
ALLURE
BEGUILE
BEWITCH
DELECTATE
ENCORCELL
HEX
SLAY
SPELLBIND
VILE
ARITHMANCY

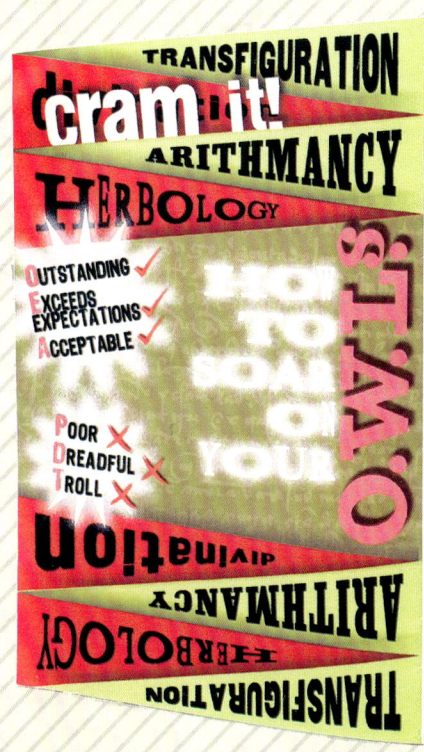

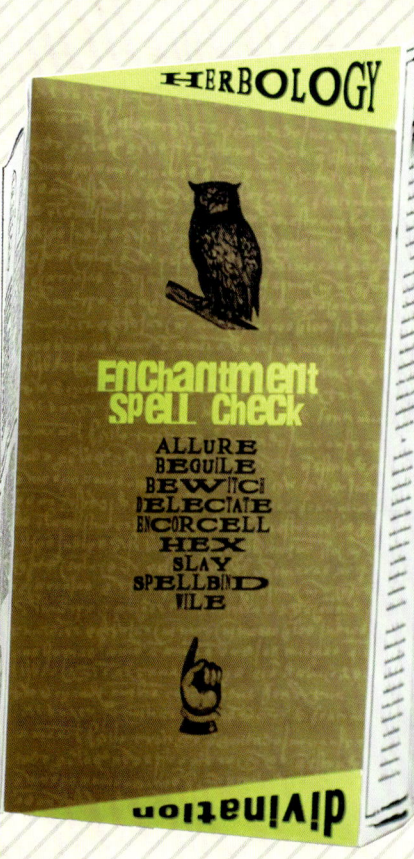

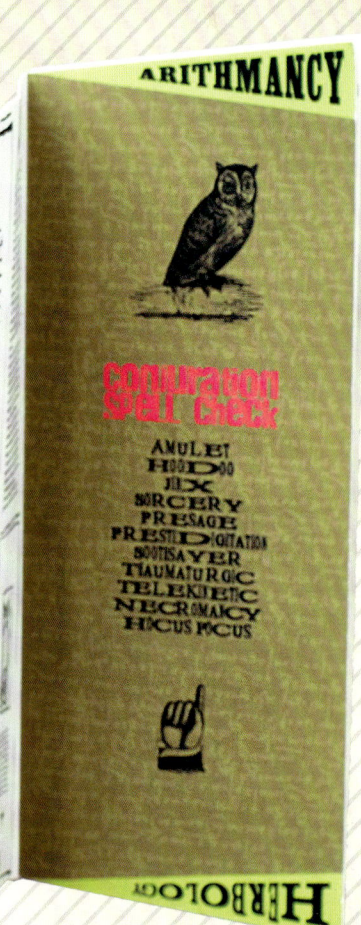

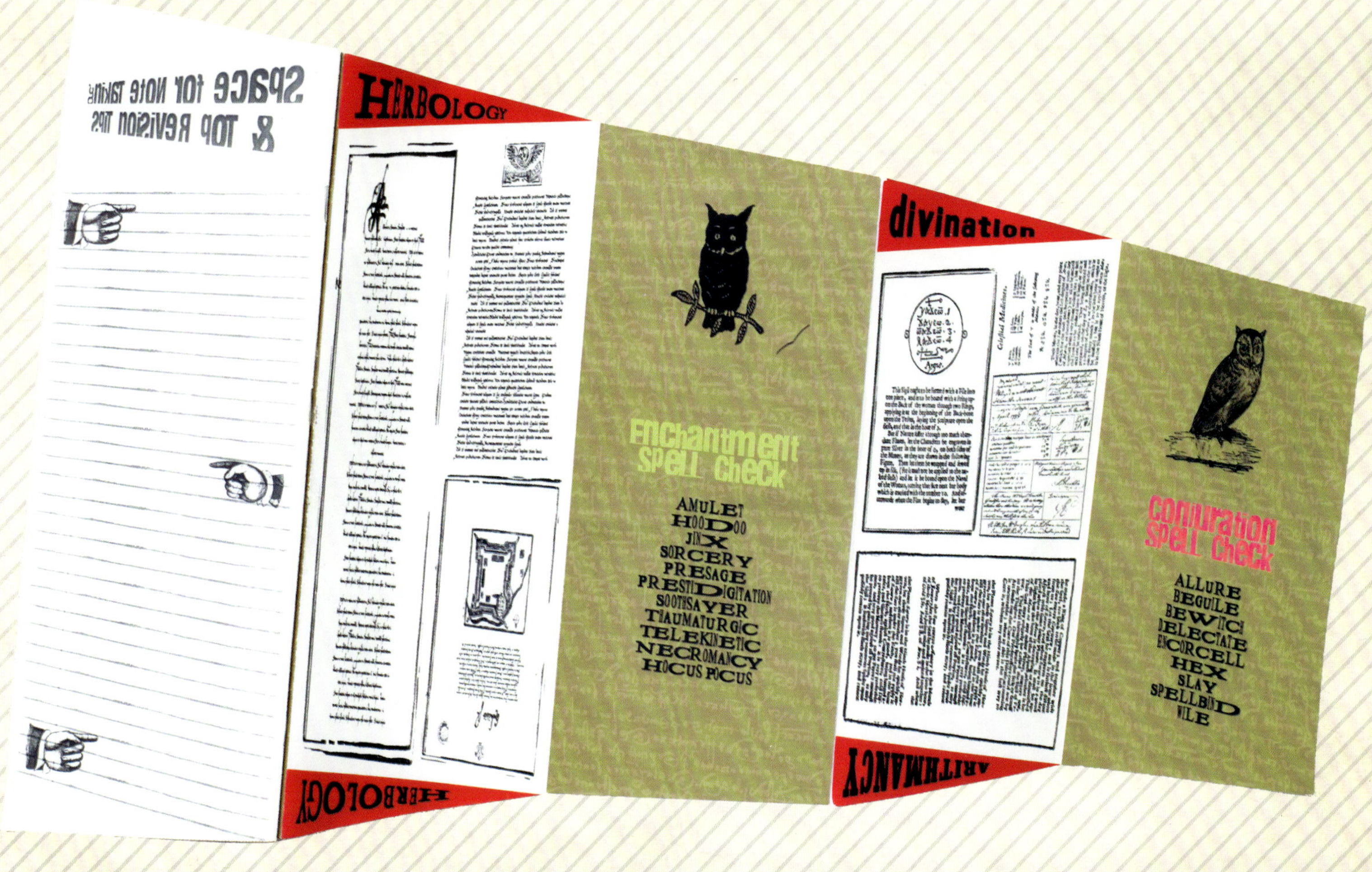

ARTIGOS DO BAILE DE INVERNO

"Na véspera de Natal, nós e nossos convidados nos reunimos no Grande Salão para uma noite de diversão bem-comportada."

— Minerva McGonagall, *Harry Potter e o Cálice de Fogo*

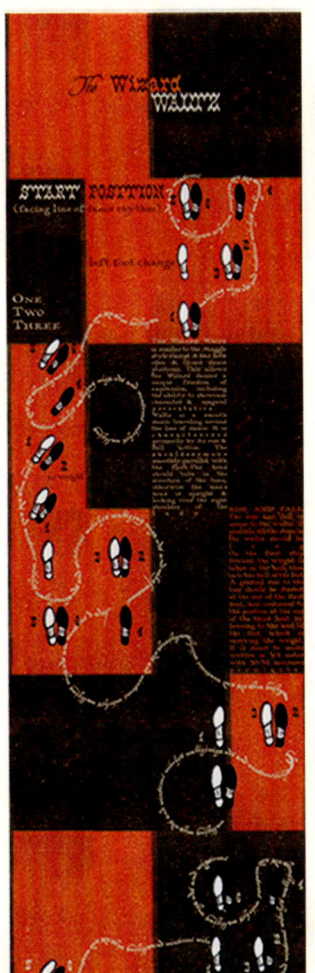
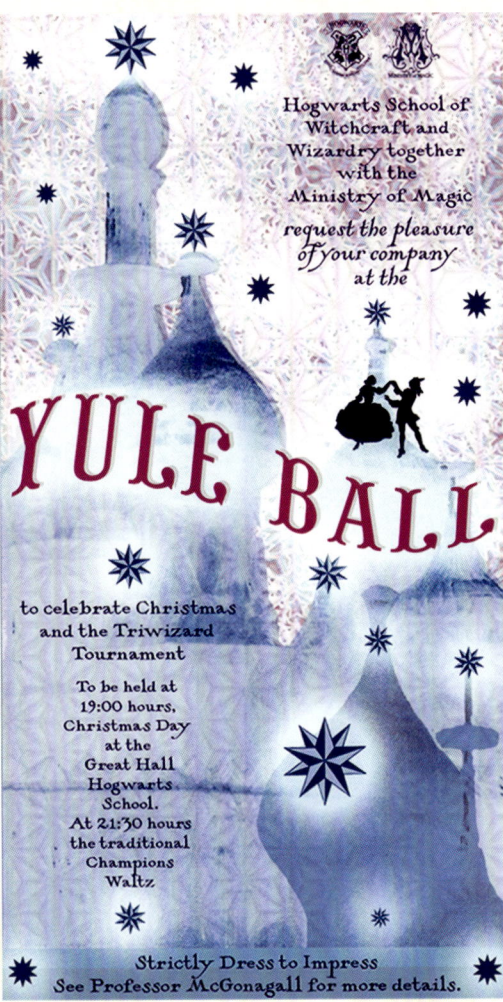

Como é comum se guardar recordações para relembrar os eventos importantes na vida de um estudante, Mina e Lima criaram um programa para o Baile de Inverno listando os eventos e horários que aconteceriam durante a noite. Ao primeiro movimento de varinha, os alunos levavam os parceiros até a pista de dança, e esperava-se que tivessem aprendido alguma coisa com o cartão de aula de dança distribuído anteriormente. Ao segundo, bebidas eram servidas, e ao terceiro vinha o banquete. Assim como em um baile de trouxas, o quarto movimento de varinha precedia o anúncio da bruxa e do bruxo do baile, que era seguido de um desfile de habilidades com a varinha no quinto. O toque final era o da última dança, e então, "boa noite para todos os nossos convidados muito especiais".

ACIMA E ANTERIOR: O programa do Baile de Inverno, criado por Miraphora Mina e Eduardo Lima para *Harry Potter e o Cálice de Fogo*, foi feito com delicadas letras de papel cortado e flocos de neve. O contorno arquitetônico remete às elaboradas esculturas de gelo que decoravam o Salão Principal para o baile; À ESQUERDA: Um pôster do Baile de Inverno encorajando os alunos a "se vestirem para impressionar" e, felizmente, instruções de dança foram distribuídas para a Valsa Bruxa.

EM HOGWARTS 23

ADEREÇOS: PROFESSORES

GUARDA-CHUVAS

Como Hogwarts fica em um ponto geográfico frio e frequentemente chuvoso, os criadores de adereços se encarregaram de criar guarda-chuvas para vários personagens.

NO ALTO, À ESQUERDA: Um gato com as costas arqueadas forma o cabo de um guarda-chuva criado para a professora McGonagall que remete à forma dela de Animaga; À ESQUERDA: Dois guarda-chuvas que são claramente da casa Corvinal, com o pássaro que dá nome a ela no cabo, em arte de desenvolvimento visual de Dermot Power; ACIMA: Para a lembrança da Penseira do primeiro encontro de Dumbledore com Tom Riddle em *Harry Potter e o Enigma do Príncipe*, o artista conceitual Rob Bliss elaborou seu conceito para o que chamava de Dumblechove, que combinava com o terno roxo de muito estilo usado pelo professor.

BENGALAS

ACIMA E À ESQUERDA: Harry Potter e o professor Alastor "Olho-Tonto" Moody (Brendan Gleeson) esperam a tarefa final em *Harry Potter e o Cálice de Fogo*. O cajado de Moody complementava sua varinha elaborada. Tem uma cabeça bem estilizada, originalmente concebida como um esqueleto, mas que acabou virando uma cabeça abstrata de carneiro, que combina com o pé com casco na ponta de baixo; ABAIXO, À ESQUERDA: O professor Remo Lupin assumiu a turma de Defesa Contra as Artes das Trevas em Hogwarts em *Harry Potter e o Prisioneiro de Azkaban*. Como símbolo do peso que ser lobisomem tem sobre ele, na forma de uma doença crônica, Lupin usa uma bengala. Há símbolos astronômicos e do zodíaco no alto da bengala, e um cabo que lembra uma garra de lobo; ABAIXO, À DIREITA: A bengala de Lúcio Malfoy guarda a varinha dele no alto, como concebido pelo ator que o interpretou, Jason Isaacs. O cabo de cobra com olhos de esmeralda reflete sua casa na escola, a Sonserina. As presas da cobra tinham dentes falsos removíveis para não arranharem os atores, principalmente porque Malfoy pai às vezes batia no filho, Draco, em uma cena.

EM HOGWARTS

MALÕES

Assim como todos os alunos levam um malão para Hogwarts cheio de materiais escolares, os professores fazem o mesmo. À ESQUERDA, NO ALTO: O pobre professor Remo Lupin usa roupas gastas e de qualidade digna de pena, e seu malão segue o mesmo estilo. É uma construção marrom simples, definitivamente gasta. Efeitos práticos foram usados para fazer as malas quando ele conta para Harry que pediu demissão no fim do ano letivo; À ESQUERDA E ACIMA: O malão de couro com sete camadas de trancas que Bartô Crouch Jr. usa para prender o verdadeiro Alastor "Olho-Tonto" Moody durante os eventos de *Harry Potter e o Cálice de Fogo* foi um adereço real construído pelo departamento de efeitos especiais. Cada camada do malão se abria mecanicamente e revelava um nível menor acima no adereço com funcionamento real, visto aqui em um desenho de Stuart Craig (esquerda) e na arte de desenvolvimento visual de Rob Bliss (acima, à esquerda); ACIMA E SEGUINTE: Apesar de o malão que Horácio Slughorn leva quando volta ao posto de professor de Poções em *Harry Potter e o Enigma do Príncipe* exibir anos de uso, a cor roxa aveludada e os contornos dourados são indicativos do estilo do professor. Em um lado do malão há fileiras e fileiras de vidros de poções e de ingredientes, que o artista gráfico Eduardo Lima descreve como "objetos que existem há anos e anos".

VIDROS DE POÇÕES DE SEVERO SNAPE E HORÁCIO SLUGHORN

"Eu nunca vi uma poção tão complicada."
— Hermione Granger, *Harry Potter e a Câmara Secreta*

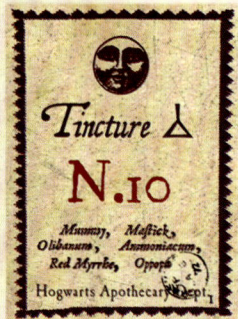

Essência de ditamno. Pinhão descascado. Elixir estimulante. As poções e seus ingredientes vistos nos filmes de Harry Potter ficavam guardados em todo tipo de recipiente, de frascos de centímetros a jarras de mais de um metro. Os quinhentos frascos originais da sala de aula do professor Severo Snape em *Harry Potter e a Pedra Filosofal* foram preenchidos com ervas secas e outras plantas, ossos cozidos de animais de um açougue e brinquedos de plástico em formato de animais da lojinha do zoológico de Londres. Em seguida, a equipe de design gráfico fez rótulos, cada um escrito e feito a mão, incluindo números de série, listas de ingredientes e manchas e respingos de líquidos. O número de frascos de poções aumentou quando Snape ganhou uma sala em *Harry Potter e a Câmara Secreta*, e em *Harry Potter e o Cálice de Fogo*, o público tem um vislumbre do depósito lotado de Snape. Quando o professor Slughorn assumiu o cargo de professor de Poções e passou para uma sala de aula maior em *Harry Potter e o Enigma do Príncipe*, o número dos frascos de poções passava de mil. Os menores eram criados pelo aderecista Pierre Bohanna, que adqueria tubos de ensaio e criava tampas e fundos de formatos diferentes para criar visuais interessantes. Um frasco especialmente elaborado foi criado para a poção Felix Felicis, complementado por um caldeirão em miniatura e uma trava elaborada na tampa. E o que havia nos frascos quando os personagens precisavam beber uma poção? Sopa! Os sabores favoritos incluíam cenoura e coentro.

EMBAIXO, À ESQUERDA, E NO ALTO, À DIREITA: As centenas de frascos de poções vistos nos filmes de Harry Potter, elaborados em uma colaboração entre os departamentos de adereços e de design gráfico, foram rotuladas individualmente e continham líquidos, plantas e brinquedos de plástico. NESTAS PÁGINAS: Embora a maioria das poções viessem dos estoques de Hogwarts reunidos por Severo Snape e por outros professores de Poções, as poções de Horácio Slughorn eram rotuladas como pertencendo ao estoque pessoal dele e, por isso, exibiam uma caligrafia e um estilo de rótulo específicos criados pelos artistas gráficos.

28 O LIVRO DOS ARTEFATOS MÁGICOS

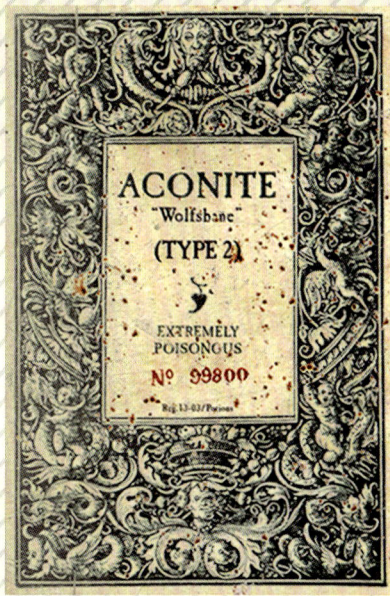

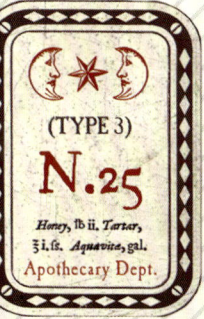

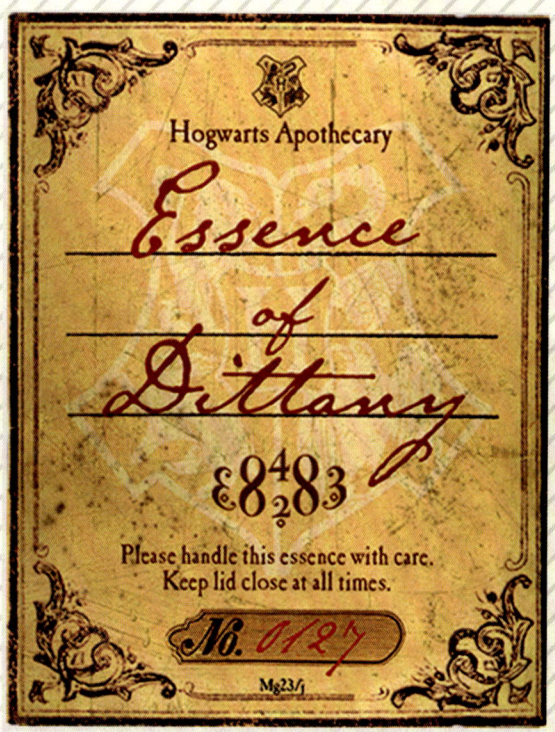

PENSEIRA E GABINETE DE LEMBRANÇAS DE ALVO DUMBLEDORE

"Isso é uma Penseira. Muito útil se você, como eu, tem pensamentos demais na cabeça."
— **Alvo Dumbledore**, *Harry Potter e o Cálice de Fogo*

Uma Penseira permite que seu usuário veja lembranças que foram extraídas da mente de um bruxo. Harry Potter descobre acidentalmente seu uso quando "cai" nela, em *Harry Potter e o Cálice de Fogo*, na lembrança de Dumbledore em que ele vê Karkaroff e Bartô Crouch Jr. nos julgamentos dos Comensais da Morte. Os artistas digitais criaram uma superfície líquida complexa para a Penseira, que incluía não só "geração de onda" realista, mas também fios de fluido prateado espiralando na bacia rasa e no reflexo de Harry Potter antes de tudo se dissolver na lembrança.

A tigela da Penseira em *Harry Potter e o Enigma do Príncipe* não ficava mais embutida em um tampo de mesa, mas suspensa no ar em uma versão gerada por computador. Quando as lembranças eram derramadas no receptáculo, elas viravam fiapos pretos como tinta que desciam pelo líquido. Quando o rosto de Harry ficava imerso, as espirais formavam a lembrança. A Penseira foi crucial para a visualização da conversa entre Horácio Slughorn e Tom Riddle sobre Horcruxes, e em *Harry Potter e as Relíquias da Morte — Parte 2* para Harry saber sobre a ligação de Severo Snape com sua mãe, assim como sobre seu próprio destino de derrotar Voldemort.

As lembranças usadas na Penseira são guardadas em frascos criados por Pierre Bohanna da mesma forma que ele criou os pequenos frascos das poções. Os rótulos foram elaborados por Miraphora Mina; cada um foi escrito por uma pessoa do departamento de adereços, que depois os grudou nos frascos a mão. Havia algo entre oitocentos e novecentos frascos colocados cuidadosamente no gabinete de lembranças de estilo gótico. Uma atenção meticulosa foi dedicada a iluminar as lembranças de dentro do gabinete cilíndrico, que complementava o ambiente circular da sala de Dumbledore.

ANTERIOR: Harry mergulha o rosto na Penseira para ver a lembrança do primeiro encontro entre o professor Dumbledore e Tom Riddle na arte de Rob Bliss para *Harry Potter e o Enigma do Príncipe*; ACIMA: Michael Gambon (Dumbledore, à esquerda) e Daniel Radcliffe (Harry Potter) filmam a mesma cena. O adereço real da Penseira é marcado com pontos de referência que serão usados pela equipe de efeitos visuais ao criar o artefato na pós-produção; MEIO: O frasco da lembrança de Tom Riddle.

ANTERIOR: O gabinete de lembranças na sala de Dumbledore, em *Harry Potter e o Enigma do Príncipe*. A porta e as paredes eram removíveis — os frascos eram colocados nas prateleiras primeiro, para que a equipe de adereços pudesse trabalhar de todos os lados, depois a porta e as paredes eram colocadas no lugar; NO ALTO: Cada prateleira continha vários níveis de frascos de lembranças com rótulos escritos a mão um a um; À ESQUERDA: a arte de storyboard para *Harry Potter e as Relíquias da Morte — Parte 2* mostra como Harry Potter vai capturar as lágrimas cheias de lembranças de Severo Snape em um frasco para ver na Penseira, em uma cena que acontece originalmente na Casa dos Gritos; ACIMA: Harry Potter se prepara para ver a lembrança do professor Snape em *Harry Potter e as Relíquias da Morte — Parte 2*.

EM HOGWARTS

GRAMOFONE E DISCOS DE REMO LUPIN

"Riddikulus!"
— **Remo Lupin,** *Harry Potter e o Prisioneiro de Azkaban*

O professor Lupin acompanha a aula de como executar um feitiço simples para afastar um bicho-papão em *Harry Potter e o Prisioneiro de Azkaban* com uma canção animada de jazz tocada em um gramofone, uma forma de mostrá-lo como o professor de Defesa Contra as Artes das Trevas mais divertido e amoroso. O toca-discos que realmente funcionava foi fabricado por C. Gilbert & Co. sob a marca econômica "Geisha" nos anos 1920 e tem uma corneta em forma de flor presa à base. O nome da música que Lupin bota para tocar é "Witchita Banana".

A professora McGonagall também usa um gramofone em *Harry Potter e o Cálice de Fogo*, para a aula de dança antes do Baile de Inverno. A corneta gigantesca foi criada pelo departamento de adereços, mas, mais uma vez, a base abrigava um modelo de funcionamento real. A música tocando nele era "Wizard Waltz", do selo Spell-O-Fonix.

AMPULHETA DE HORÁCIO SLUGHORN

"Um objeto muito intrigante. A areia escorre de acordo com a qualidade da conversa. Quando é estimulante, ela escorre devagar..."
— Horácio Slughorn, *Harry Potter e o Enigma do Príncipe*

A ampulheta admirada por Harry Potter quando ele visita a sala do professor Slughorn em *Harry Potter e o Enigma do Príncipe* para convencê-lo a revelar a lembrança não violada de Tom Riddle foi uma criação para o filme. Três cobras de cabeça prateada se encontram no final de uma ampulheta de tons verdes em homenagem à Sonserina, casa de Slughorn.

ANTERIOR, NO ALTO À ESQUERDA: Seleções populares do selo Spell-O-Fonix; ANTERIOR, NO ALTO À DIREITA: O gramofone do professor Lupin, visto em *Harry Potter e o Prisioneiro de Azkaban*; ANTERIOR, EMBAIXO: O gramofone usado nas aulas de dança em *Harry Potter e o Cálice de Fogo* estava entre uma variedade de artefatos colocados no cenário da Sala Precisa em *Harry Potter e o Enigma do Príncipe* e *Harry Potter e as Relíquias da Morte — Parte 2*; À ESQUERDA: Uma versão vazia da ampulheta de Slughorn mostrando o preto e o verde das cores da casa da Sonserina. As línguas das cobras se esticam e se unem para aninhar o vidro; ABAIXO: Arte de desenvolvimento visual da ampulheta, feita por Miraphora Mina; FUNDO: um desenho detalhado da ampulheta feito por Amanda Leggatt.

EM HOGWARTS

TESTAMENTO DE ALVO DUMBLEDORE

"Aqui se encontra o Testamento Final de Alvo Percival Wulfrico Brian Dumbledore..."

— Rufo Scrimgeour, *Harry Potter e as Relíquias da Morte — Parte 1*

Um tema-chave que Miraphora Mina gostava de empregar em seus desenhos era um senso de descoberta. As camadas do testamento de Alvo Dumbledore, lido para Harry Potter, Rony Weasley e Hermione Granger pelo Ministro da Magia Rufo Scrimgeour em *Harry Potter e as Relíquias da Morte — Parte 1* alcança esse objetivo. Para Mina, "as camadas vieram da ideia de que talvez no último minuto ele tivesse acrescentado as coisas para os três adolescentes". Depois que o papel foi manchado e envelhecido pelo departamento gráfico, a tarefa mais difícil foi colocar um selo de cera. "Com certos papéis", explica Mina, "a cera pode ser absorvida por ele ou deixar marcas de gordura. Aquele papel era muito resistente, e o selo ficava caindo." Finalmente, ela mudou para um tipo de cera usado pelo Bank of England, e o selo grudou.

ALTO: O Ministro da Magia, Rufo Scrimgeour (Bill Nighy), lê as heranças do testamento de Dumbledore para Hermione Granger (Emma Watson), Rony Weasley e Harry Potter em *Harry Potter e as Relíquias da Morte — Parte 1*; À DIREITA: O testamento de Dumbledore. Como os artefatos de papel na série de Harry Potter precisavam ser produzidos em duplicata para a filmagem, as fontes foram produzidas digitalmente, por questão de consistência.

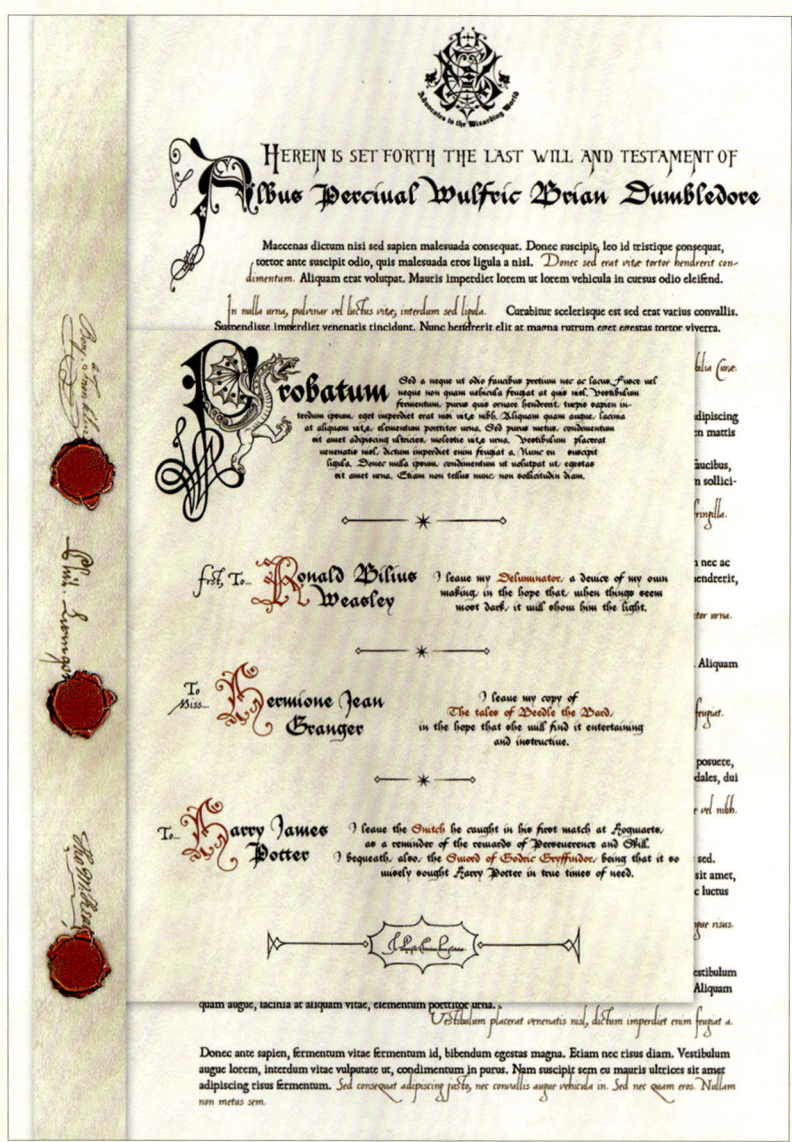

ADEREÇOS: ALUNOS

VIRA-TEMPO

"Não seja bobo, Rony!
Como alguém estaria em duas aulas ao mesmo tempo?"

— **Hermione Granger,** *Harry Potter e o Prisioneiro de Azkaban*

Quando a artista gráfica Miraphora Mina recebeu orientação sobre a criação do Vira-Tempo que Hermione Granger usa em *Harry Potter e o Prisioneiro de Azkaban* para dar conta de um horário de aulas que parece exaustivo, ela soube que queria uma peça que parecesse inocente, mas também tivesse um elemento móvel nela. Além de relógios de parede e de pulso, Mina investigou instrumentos astrológicos como fonte de inspiração. "Observei astrolábios, e o legal neles era que eram instrumentos achatados, o que me pareceu discreto", relembra ela. Esse Vira-Tempo não podia ser muito óbvio quando Hermione o estivesse usando, até ela mostrar para Harry. "Mas, quando ela usa, ele ganha vida, passa a ser em três dimensões, porque é um anel dentro de um anel que se abre e permite que parte dele gire." Mina também precisava levar em conta a forma como a corrente do Vira-Tempo era usada. "O roteiro descrevia uma ação em que Hermione estica a corrente para envolver a ela e Harry", continua Mina, "então ela foi criada com um fecho duplo que permitia que a corrente aumentasse para caber ao redor dos dois. Mas normalmente não ficava pendurado em uma corrente muito longa no pescoço dela." Os toques finais da peça de ouro eram duas frases sobre o tempo que Mina gravou nela. O anel exterior diz: "Eu marco as horas uma a uma, mas nunca ultrapassei o sol" e, no anel interior: "Meu uso e valor para você depende do que você tem que fazer."

ABAIXO: A arte de desenvolvimento de Dermot Power para *Harry Potter e o Prisioneiro de Azkaban* imaginou o Vira-Tempo de várias formas, colocando o elemento giratório em forma de ampulheta dentro de relógios, frascos e pingentes; ACIMA: O Vira-Tempo final, elaborado por Miraphora Mina.

EM HOGWARTS 37

O MAPA DO MAROTO

"Os senhores Aluado, Rabicho, Almofadinhas e Pontas têm o orgulho de apresentar o Mapa do Maroto."
— Thiago Potter, Sirius Black, Remo Lupin e Pedro Pettigrew, *Harry Potter e o Prisioneiro de Azkaban*

Ao longo dos filmes, Harry adquire ferramentas que o ajudam na jornada para derrotar Voldemort. Um desses artefatos é o Mapa do Maroto, que é um catalisador de uma série de pontos do enredo que definem a história de *Harry Potter e o Prisioneiro de Azkaban*. Ter o mapa o permite ir a Hogsmeade, onde ele ouve informações terríveis sobre Sirius Black. O mapa então revela a presença de Pedro Pettigrew em Hogwarts, e Harry alerta Remo Lupin sobre isso, o que gera o confronto dos Marotos que restaram, onde novas verdades sobre a morte dos pais de Harry são descobertas.

Quando orientada sobre a tarefa de criar o Mapa do Maroto dado a Harry Potter pelos gêmeos Weasley em *Harry Potter e o Prisioneiro de Azkaban*, Miraphora Mina soube que precisava ter em mente os alunos que criaram o mapa na história. "Foi criado por quatro garotos espertos", explica ela, "que eram inteligentes e sabiam o que estavam fazendo. Nós não queríamos que fosse um mapa tipo ilha do tesouro com beiradas queimadas e enroladas." Mina e Eduardo Lima decidiram que o mapa precisava ser dobrado e ter múltiplas camadas, "porque Hogwarts parece não ter fim. Essa era a impressão que eu tinha a partir das descrições da escola, que era meio sem limite. Nós achamos que o mapa tinha que ter uma forma tridimensional para dar a sensação de que cada vez que você o desdobrava, podia estar indo para outra camada da escola, e sempre podia haver uma camada que você ainda não tinha descoberto". Mina também foi influenciada pelas escadas que se moviam em *Harry Potter e a Pedra Filosofal*, e achou que um mapa dobrado daria a sensação de degraus tridimensionais. E, finalmente, o diretor de arte da série, Stuart Craig, "sempre gostou de manter o relacionamento entre a arquitetura da escola e qualquer coisa que chegasse perto dela". Para criar o mapa, Mina usou os desenhos técnicos da arquitetura dos cenários e fez seus traços por cima deles. "Assim, o Mapa do Maroto é arquitetonicamente correto", afirma ela. "Nós tentamos mostrar as camadas complicadas do mapa, mas apesar de todo o trabalho e pesquisa que fizemos, ainda cometemos erros. Por bastante tempo a Sala Precisa fazia parte do desenho, até que alguém percebeu!" A Sala foi logo apagada, para que não pudesse ser encontrada (a não ser que você soubesse onde procurar). Como a maioria dos adereços e especialmente os adereços de herói tinham que ser feitos múltiplas vezes, Mina e Lima cuidaram para que a estrutura do mapa pudesse ser facilmente fotocopiada. O mapa também precisaria

ACIMA: O professor Remo Lupin devolve o Mapa do Maroto para Harry Potter no final de *Harry Potter e o Prisioneiro de Azkaban*. O mapa se dobrou por meio de um efeito prático simples usando fios; SEGUINTE: Um detalhe da primeira versão do Mapa do Maroto mostra os três andares da sala circular de Dumbledore. O design do mapa foi evoluindo ao longo dos filmes, assim como o Castelo de Hogwarts.

STATVE of the ONE-EYED WITCH

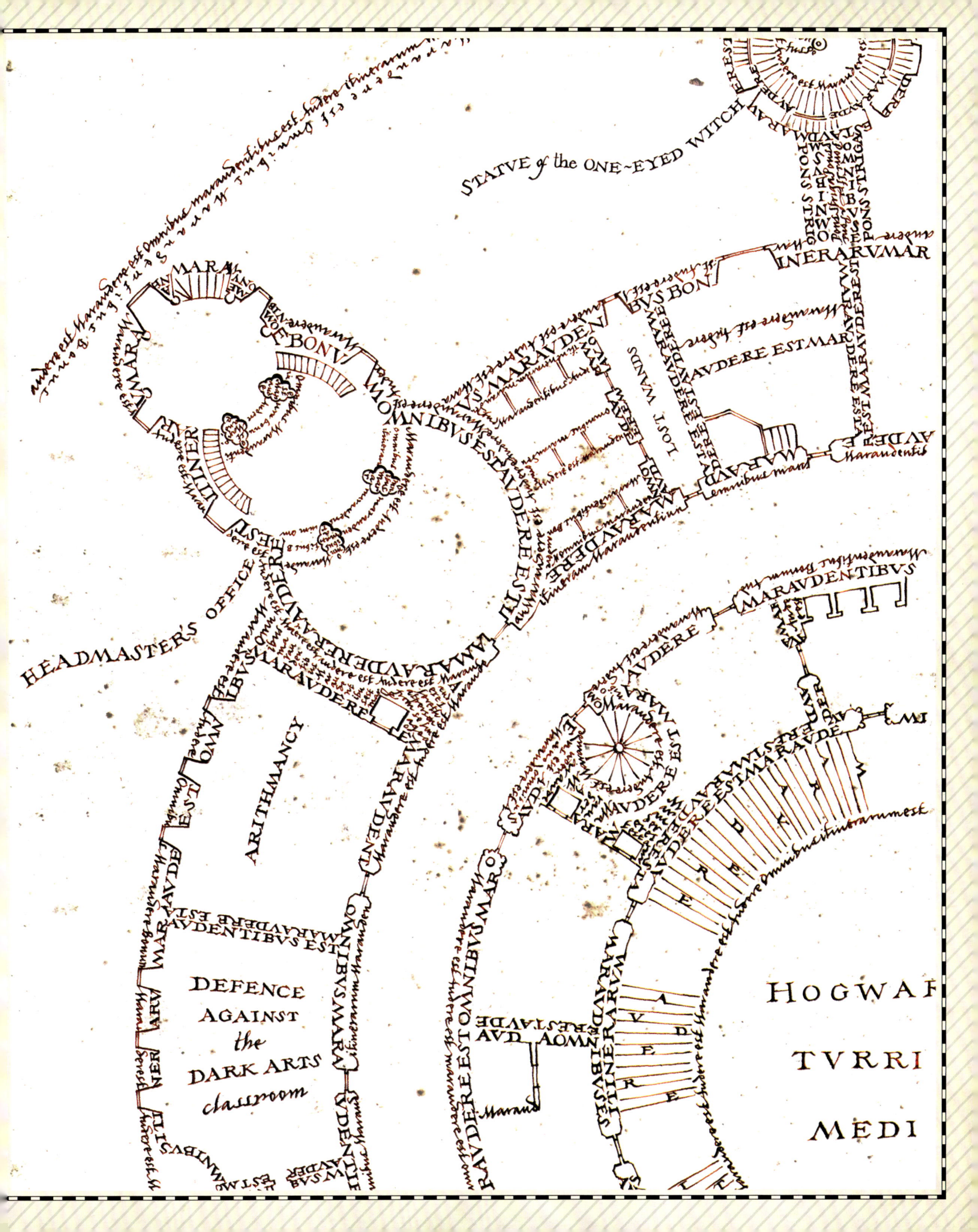

HEADMASTER'S OFFICE

ARITHMANCY

DEFENCE AGAINST the DARK ARTS classroom

HOGWA&
TVRRI
MEDI

40   O LIVRO DOS ARTEFATOS MÁGICOS

"Eu juro solenemente que não vou fazer nada de bom."
— Fred e Jorge Weasley, *Harry Potter e o Prisioneiro de Azkaban*

se dobrar magicamente em um determinado momento de *Harry Potter e o Prisioneiro de Azkaban*, o que foi conseguido por meio de um efeito prático usando fios. Os únicos efeitos digitais foram os passos e as palavras onduladas quando vistas de perto.

Obviamente, o Mapa do Maroto não estava totalmente finalizado quando apareceu pela primeira vez no terceiro filme. "Quando começamos a elaborar o mapa", diz Lima, "nós não sabíamos como ele voltaria nos outros filmes, então precisávamos fazê-lo de uma forma em que pudéssemos ir acrescentando as outras partes do castelo." Ele foi revisado para *Harry Potter e a Ordem da Fênix*, quando a sala de Dumbledore, o pátio e alguns novos corredores foram acrescentados, assim como em *Harry Potter e o Enigma do Príncipe* e em *Harry Potter e as Relíquias da Morte — Parte 1 e Parte 2*.

Uma das características mais chamativas do mapa é a aparência envelhecida em tons de sépia. "Não dá para imprimir envelhecimento", explica Mina. "Às vezes, imprimimos uma cor nas páginas internas de um livro que vão parecer velhas, mas em geral cada folha de papel precisa passar por um processo." "Temos uma fórmula secreta", acrescenta Lima. "Basicamente, é uma combinação de café, lixa e amor", diz ele com uma gargalhada. (O café na fórmula secreta era Nescafé Gold.) Algumas manchas e pontos foram impressos no papel por questão de consistência, mas cada página era individualmente "mergulhada" em uma solução de água e café e secada antes da montagem. Mina e Lima enchiam os corredores do departamento de arte com folhas de papel cheirando a café.

A partir da pesquisa que fez, Mina desenvolveu outra ideia para o mapa: usar palavras e letras em vez de linhas para delinear as áreas. "É em latim", explica ela. "Eduardo e eu colocamos coisas sobre os marotos e outros conceitos furtivos." Os designers também encontraram uma frase que traduziram e usaram para demarcar como paredes de salas e torres e como borda que inclui os conceitos de ousadia (*audere*) e de bondade (*bonum*). As frases em inglês (que, se não foram escritas pelos marotos, foram por Fred e Jorge) incluem "rota secreta para a cozinha" e "rota de fuga da detenção". "Mais uma vez, a ideia era de que as pessoas que criaram o mapa eram insolentes", explica Mina. "Mas também eram intelectualmente avançadas o bastante para querer fazer uma coisa inteligente e visual." Por exemplo, as duas palavras "Salgueiro Lutador" são escritas repetidamente para formar os galhos e o tronco da árvore. As letras foram transformadas em fonte para poupar tempo na produção do mapa. Símbolos de runas aparecem em alguns lugares sem qualquer rima ou motivo, o que, Mina diz, "foi muitas vezes um tipo de alternativa visual para fazermos as coisas parecerem interessantes".

NESTAS PÁGINAS: Outra camada do Mapa do Maroto, criado por Miraphora Mina e Eduardo Lima, visto em *Harry Potter e a Ordem da Fênix*. O ator Daniel Radcliffe (Harry Potter) teve que fazer com que os elementos necessários da história ficassem visíveis quando ele dobrava ou desdobrava o mapa.

EM HOGWARTS 41

OS TESOUROS DE TOM RIDDLE

"Roubar não é permitido em Hogwarts, Tom."
— Alvo Dumbledore, *Harry Potter e o Enigma do Príncipe*

Em *Harry Potter e o Enigma do Príncipe*, Harry Potter vê a lembrança guardada do primeiro encontro de Alvo Dumbledore com Tom Riddle, no Orfanato Wool. Lá, Dumbledore fica sabendo do hábito de roubar de Tom, nesse caso, de outras pessoas do orfanato. Uma caixinha de metal pertencente a Tom contém, dentre outros artefatos, um dedal, uma gaita e um ioiô. Ao longo dos filmes de Harry Potter, quando precisava criar alguma coisa que não era especificada nos livros, os artistas gráficos construíam de forma inteligente a partir de pesquisa ou, dependendo do artefato, dos arredores e dos amigos e familiares. A gaita é da marca "Lucamelody", mais do que provavelmente uma referência ao filho de Miraphora Mina, Luca. Strawberry Hill, o local de fabricação da gaita, é o nome de uma propriedade que pertenceu a Horace Walpole, filho do Primeiro-Ministro britânico e colecionador compulsivo, que fica a uma hora de onde os filmes foram feitos, o Leavesden Studios.

ARMÁRIO SUMIDOURO

"Acho que, pelo que você descreveu... o objeto no qual Draco está tão interessado é um Armário Sumidouro."
— Arthur Weasley, *Harry Potter e o Enigma do Príncipe*

Em um plano para permitir que os Comensais da Morte entrassem no Castelo de Hogwarts em *Harry Potter e o Enigma do Príncipe*, um Armário Sumidouro é colocado na Sala Precisa por Draco Malfoy. Dois armários desse tipo permitem a passagem entre eles, e Draco precisa ter certeza de que eles estão funcionando de forma adequada antes da invasão. O diretor David Yates queria que o armário parecesse ao mesmo tempo misterioso e ameaçador, pois era um artigo de magia das trevas. "Stuart Craig achava que uma silhueta simples e forte era a melhor forma de passar essa sensação", explica a diretora de arte de adereços, "principalmente em um cenário lotado com uma variedade eclética de outros adereços e móveis." O armário imponente em forma de obelisco tem uma camada escura coberta com o efeito de tinta antiga descascando. Exibe um complicado mecanismo de tranca feito em bronze desgastado elaborado e desenvolvido por Mark Bullimore, o técnico de efeitos especiais que também criou as trancas do banco Gringotes e da Câmara Secreta.

ANTERIOR: Tom Riddle guardava seus "tesouros" (tirados de outros alunos) em uma caixa azul e prateada de metal em *Harry Potter e o Enigma do Príncipe*. A caixa exibe uma cena de bruxos e bruxas segurando aves de rapina enquanto cavalgam por uma floresta; À ESQUERDA: O Armário Sumidouro na arte conceitual de Andrew Williamson para *Harry Potter e o Enigma do Príncipe* é bem maior do que outros artefatos guardados na Sala Precisa; ABAIXO: A arte de desenvolvimento visual criada digitalmente por Williamson exibe Draco Malfoy ao lado do armário, quase perdido na amplidão da sala; FUNDO: rascunhos do armário, de Hattie Storey.

QUADRIBOL

"O quadribol é demais. É o melhor jogo que existe!"
— Rony Weasley, *Harry Potter e a Pedra Filosofal*

O popular esporte bruxo quadribol tem um papel importante na história de Harry Potter. O objetivo do jogo é marcar o máximo de pontos jogando uma goles por um dos três aros ou pegando o pomo de ouro. Cada time de sete jogadores tem três artilheiros que tentam marcar gols com a goles, dois batedores que batem em dois balaços para acertar o time adversário ou impedem que os balaços lançados pelo outro time acertem o deles, um goleiro que protege os gols e um apanhador, cujo trabalho é pegar o pomo de ouro. A habilidade natural de Harry para andar de vassoura — vista pela primeira vez quando ele recupera um lembrol jogado no ar por Draco Malfoy em *Harry Potter e a Pedra Filosofal* — o leva a virar, como Rony Weasley o informa, "o apanhador mais jovem em um século" na história do time. O talento de Harry é brilhante, apesar de ele pegar o primeiro pomo de ouro com a boca, um acontecimento importante da história que só mostra sua importância no último filme.

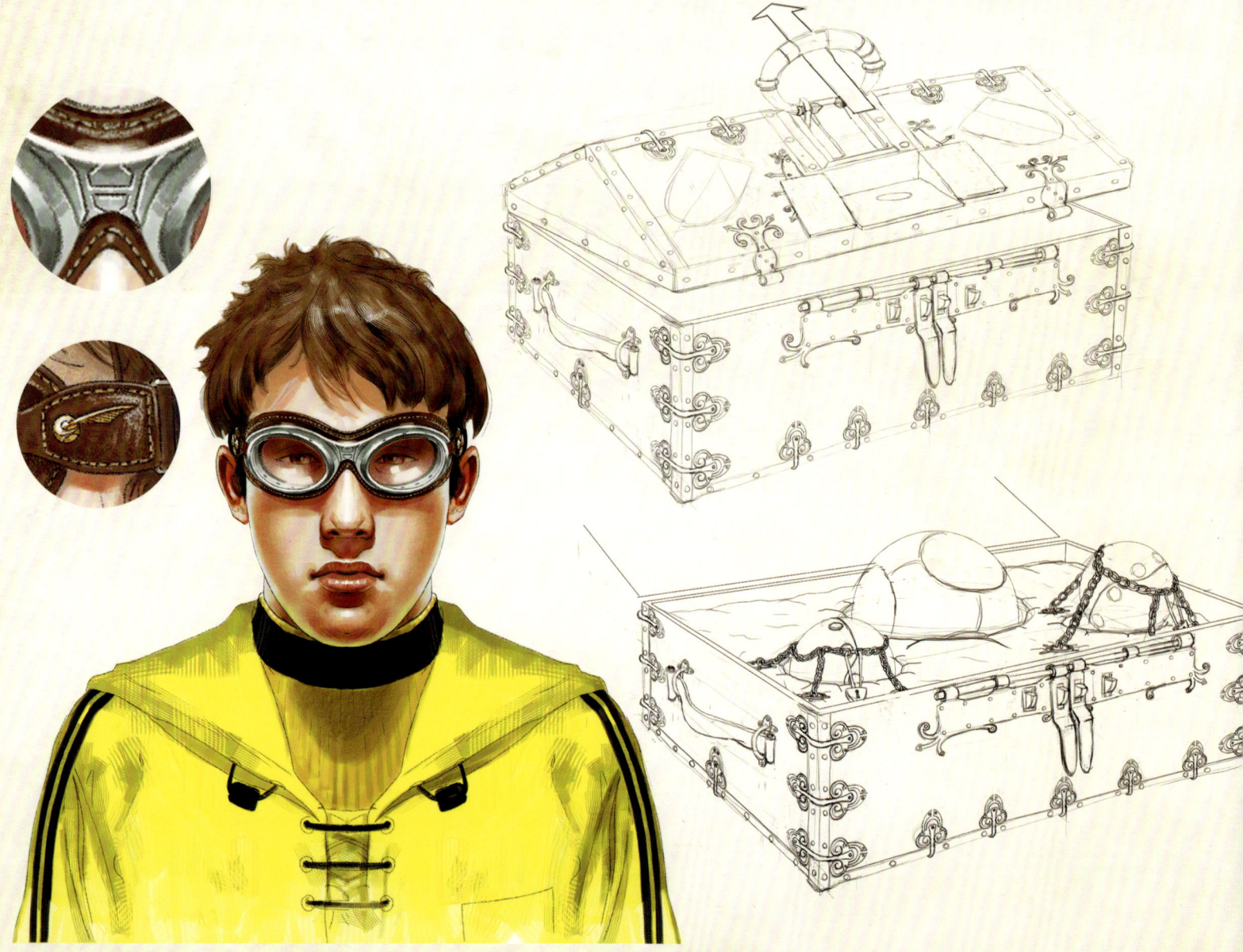

44 O LIVRO DOS ARTEFATOS MÁGICOS

GOLES E BALAÇOS

"Balaços. São bem chatinhos."
— Olívio Wood, *Harry Potter e a Pedra Filosofal*

No mundo real, uma goles pareceria um cruzamento de bola de basquete e de futebol. O diretor de arte Stuart Craig criou a arte conceitual de todo o equipamento de quadribol, incluindo o tamanho (a goles tinha 23 centímetros de diâmetro) e ideias de textura, depois os criadores de adereços pegaram os desenhos aprovados e os transformaram em equipamento esportivo real. As quatro goles que foram criadas para os filmes tinham uma cobertura de couro avermelhado em volta de um centro de espuma. A costura é escondida, e o brasão de Hogwarts aparece em alto-relevo em lados opostos da bola, apagado e arranhado com os anos de uso.

Os balaços foram feitos para ser bem mais pesados do que as goles. As esferas pretas e pequenas são velozes, densas e muito perigosas, pois são rebatidas pelos batedores com bastões curtos de madeira. "Bays", que são protetores especiais de braço usados em partidas de cricket, foram um item importante de segurança nos uniformes dos jogadores. Os bays começavam no ombro e iam até o pulso. Como as jogadas foram ficando mais agressivas ao longo dos anos, mais e mais acolchoamento nos uniformes e até um capacete foram acrescentados.

Cada bola usada no quadribol precisava ter seu som próprio quando voava pelo ar. Como a goles é a maior bola do jogo, ela faz um baque alto quando é capturada ou um jogador bate nela. Os designers de som decidiram que, como os balaços eram "bem chatinhos", como diz o capitão da Grifinória, Olívio Wood, eles tinham que soar como um animal zangado quando são acertados.

ANTERIOR, NO ALTO: Harry Potter foge de um balaço errante em *Harry Potter e a Câmara Secreta*; ANTERIOR, EMBAIXO À DIREITA: Desenhos conceituais de um malão para guardar o equipamento de quadribol com correntes que seguram os impacientes balaços no lugar; ANTERIOR, À ESQUERDA: A arte conceitual de Adam Brockbank para um par de óculos a ser usado quando o tempo ruim atrapalhava as partidas de quadribol; ACIMA, DA ESQUERDA PARA A DIREITA: Designs conceituais de um balaço, um bastão, uma goles, uma proteção de braço e outro balaço; ABAIXO, À DIREITA: Desenho de um bastão, tudo criação de Stuart Craig em desenhos de Gert Stevens; ABAIXO, À ESQUERDA: A detalhada arte de desenvolvimento visual da forma final da goles indica a localização do brasão de Hogwarts na bola.

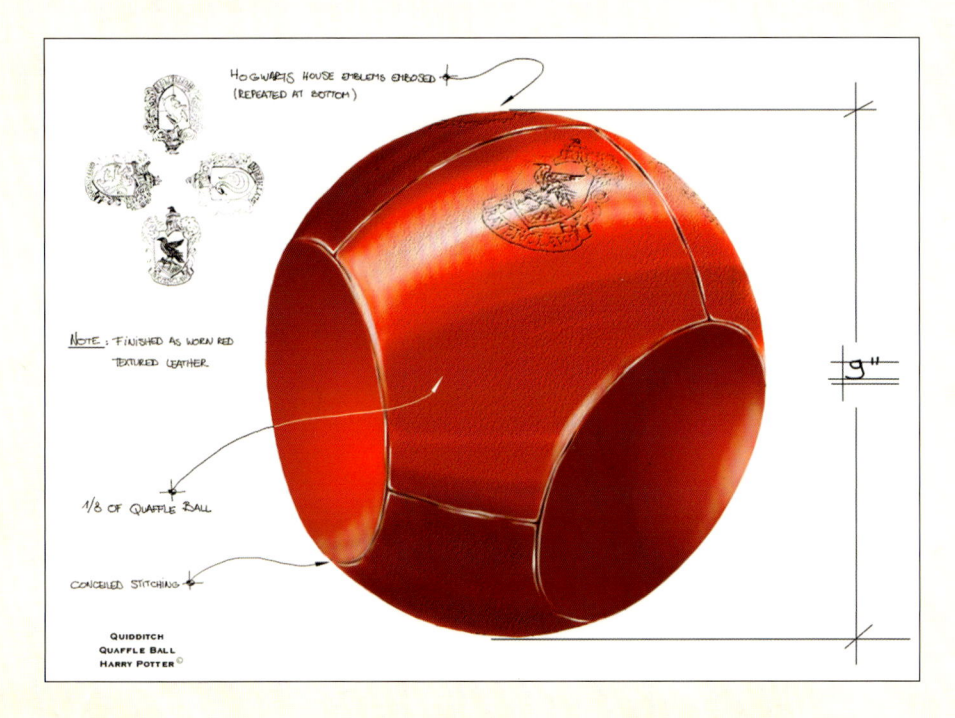

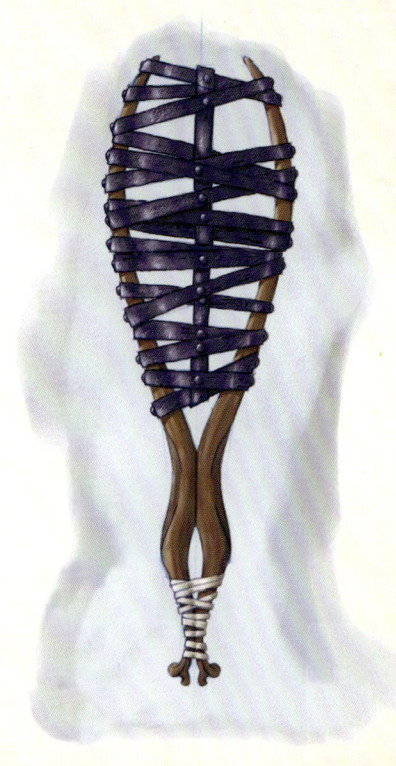

EM HOGWARTS 45

O POMO DE OURO

"A única bola com que tem que se preocupar é esta... o pomo de ouro."
— Olívio Wood, *Harry Potter e a Pedra Filosofal*

O pomo de ouro voa pela arena de quadribol com velocidade incrível, as asas batendo furiosamente enquanto ele sobe e desce e vai de um lado para o outro, fugindo e provando o apanhador de cada time. Vários designs foram avaliados tanto para as asas quanto para o corpo do pomo de ouro para dar a ele uma aerodinâmica verossímil; algumas asas tinham formato de mariposa enquanto outras tinham forma de vela, com frisos horizontais ou verticais. Um pomo de ouro tinha um leme que parecia a barbatana de um peixe. A bola do tamanho de uma noz do pomo de ouro também passou por várias ideias de design, mas o adereço final acabou incluindo asas finas com frisos em uma forma abreviada de vela presas a um corpo estilo art nouveau. A mecânica das asas de se retrair e se expandir também era importante para o design. "Em teoria", diz Stuart Craig, "as asas encolhem para as ranhuras na esfera, para que ele volte a ser só uma bola." As múltiplas versões do adereço do pomo de ouro foram formadas por eletrodeposição em cobre e cobertas de ouro. No entanto, foi a equipe de efeitos especiais que fez o pomo de ouro voar e a equipe de efeitos sonoros que deu à bola pequena e elegante um som de beija-flor. Quando necessário, os artistas digitais também criavam um reflexo do pomo de ouro nos óculos de Harry, para deixar a ilusão completa.

NO ALTO E ACIMA, À DIREITA: Um adereço de herói para um verdadeiro herói. A arte de desenvolvimento visual de Gert Stevens para o pomo de ouro em *Harry Potter e a Pedra Filosofal* oferecia diferentes possibilidades para os designs da asa e do leme, e posições para a forma como as asas envolveriam a bola; À DIREITA: O pomo de ouro visto em *Pedra Filosofal*; SEGUINTE: O pomo de ouro final.

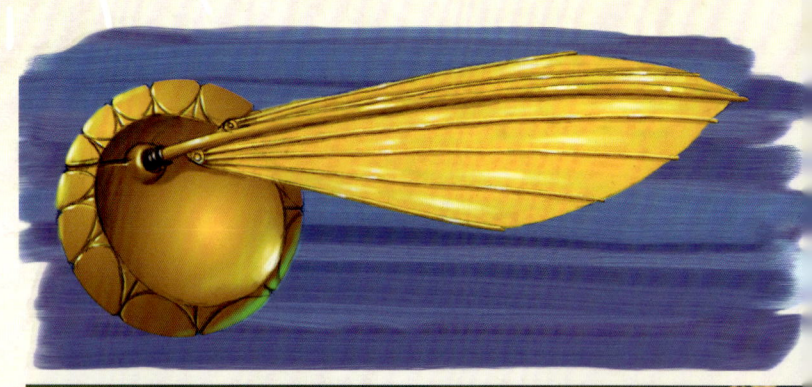

O LIVRO DOS ARTEFATOS MÁGICOS

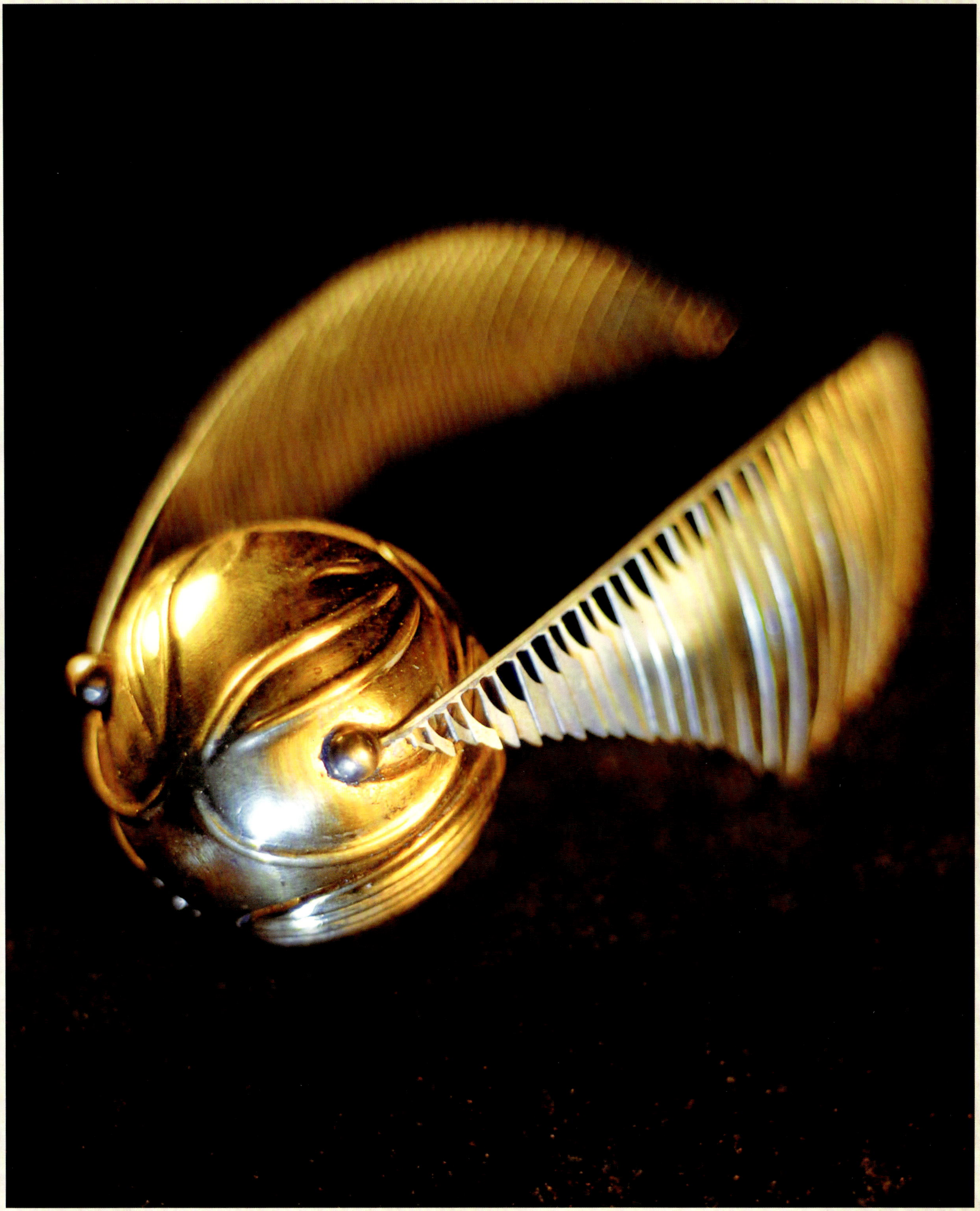

O SALÃO PRINCIPAL

AMPULHETAS COM OS PONTOS DAS CASAS

"Seus triunfos irão render pontos. Se quebrarem alguma regra, irão perder pontos. No final do ano, a casa que tiver mais pontos irá ganhar a Taça das Casas."
— **Minerva McGonagall**, *Harry Potter e a Pedra Filosofal*

Presos à parede à direita da mesa dos professores no Salão Principal há quatro cilindros grandes em formato de ampulheta representando as casas da escola, respectivamente na ordem Sonserina, Lufa-Lufa, Grifinória e Corvinal. Cheias de "pedras" preciosas (esmeraldas, diamantes amarelos, rubis e safiras), as ampulhetas liberam essas pedras ou as recolhem de volta para indicar pontos ganhados e perdidos pelos alunos de cada casa. Em vez de pedras preciosas, o diretor de arte Stuart Craig encheu as ampulhetas com dezenas de milhares de contas de vidro, o que provocou uma escassez em toda a Inglaterra. As ampulhetas funcionavam totalmente; no começo de cada ano letivo, prestava-se atenção para que as contas ocupassem só a porção menor do alto das ampulhetas até as aulas começarem.

OS CAVALEIROS LUTADORES DE HOGWARTS

"Piertotum locomotor!"

— **Minerva McGonagall,** *Harry Potter e as Relíquias da Morte — Parte 2*

Em *Harry Potter e as Relíquias da Morte — Parte 2*, a batalha final entre o bem e as Forças das Trevas — e o confronto final entre Harry Potter e Lord Voldemort — acontece nos arredores e nos corredores de Hogwarts. Professores, alunos e outros funcionários da escola participam, inclusive defensores ainda não vistos até aquele momento: as estátuas de cavaleiros de armaduras que ganham vida para proteger a escola. Depois de pular de seus lugares, eles marcham para a batalha sob o comando da professora McGonagall (que sempre quis usar o feitiço para fazer isso). Os artistas conceituais Adam Brockbank e Andrew Williamson criaram cavaleiros equipados com cotas de malha, maças, machados e escudos, sendo que vários exibem lealdade evidente a uma das quatro casas de Hogwarts. Um exibe uma pochete do tipo que faz parte do traje típico das terras altas da Escócia e que costuma ser usada por cima do kilt, e outro parece usar um traje mais adequado a uma partida de quadribol. Os cavaleiros ganharam vida graças a uma combinação de efeitos práticos e digitais. Modelos de fibra de vidro dos cavaleiros foram criados e pintados para parecerem pedra. Esses modelos foram posteriormente digitalizados para o computador para a locomoção ser gerada.

ANTERIOR: As ampulhetas dos pontos das casas, com a Corvinal na frente, naquele momento, para ganhar a Taça das Casas; NO ALTO: Arte de desenvolvimento visual dos Cavaleiros Lutadores por Adam Brockbank exibindo armas e escudos individualizados; ACIMA: Após a batalha, a versão em fibra de vidro dos cavaleiros está caída em pedaços no campo.

EM HOGWARTS 49

ARMADURAS DE ELFOS E TRASGOS

Os produtores exploravam constantemente ideias que podiam incrementar as locações ou as cenas de ação. Em *Harry Potter e o Prisioneiro de Azkaban* foi sugerido que estátuas de trasgos e elfos de armaduras na escada do saguão e entrada ganhassem vida por meio de animação digital. Esse conceito em particular acabou não entrando no filme, mas foi usado em *Harry Potter e as Relíquias da Morte — Parte 2* nos cavaleiros lutadores. A arte conceitual de *Relíquias da Morte — Parte 2* mostra que elfos de armaduras talvez tivessem se juntado a eles. Olhos atentos conseguem ver as armaduras fabricadas de trasgos e elfos na Sala Precisa antes de ela ser destruída por fogomaldito.

NESTA PÁGINA: O desenvolvimento visual do artista conceitual Rob Bliss para a armadura de trasgos em *Harry Potter e o Enigma do Príncipe* ao lado da arte de desenvolvimento da armadura dos elfos para *Harry Potter e as Relíquias da Morte — Parte 2*. As duas armaduras não estão em escala; o elfo mal chegaria ao topo da bota da armadura do trasgo; FUNDO: rascunhos de Emma Vane da armadura dos trasgos; SEGUINTE: A arte de storyboard desenvolve uma possível cena para *Enigma do Príncipe*, na qual o sr. Filch e Madame Nora são distraídos por um rato que entra correndo em uma armadura de trasgo enquanto Harry Potter passa sem ser visto.

50 O LIVRO DOS ARTEFATOS MÁGICOS

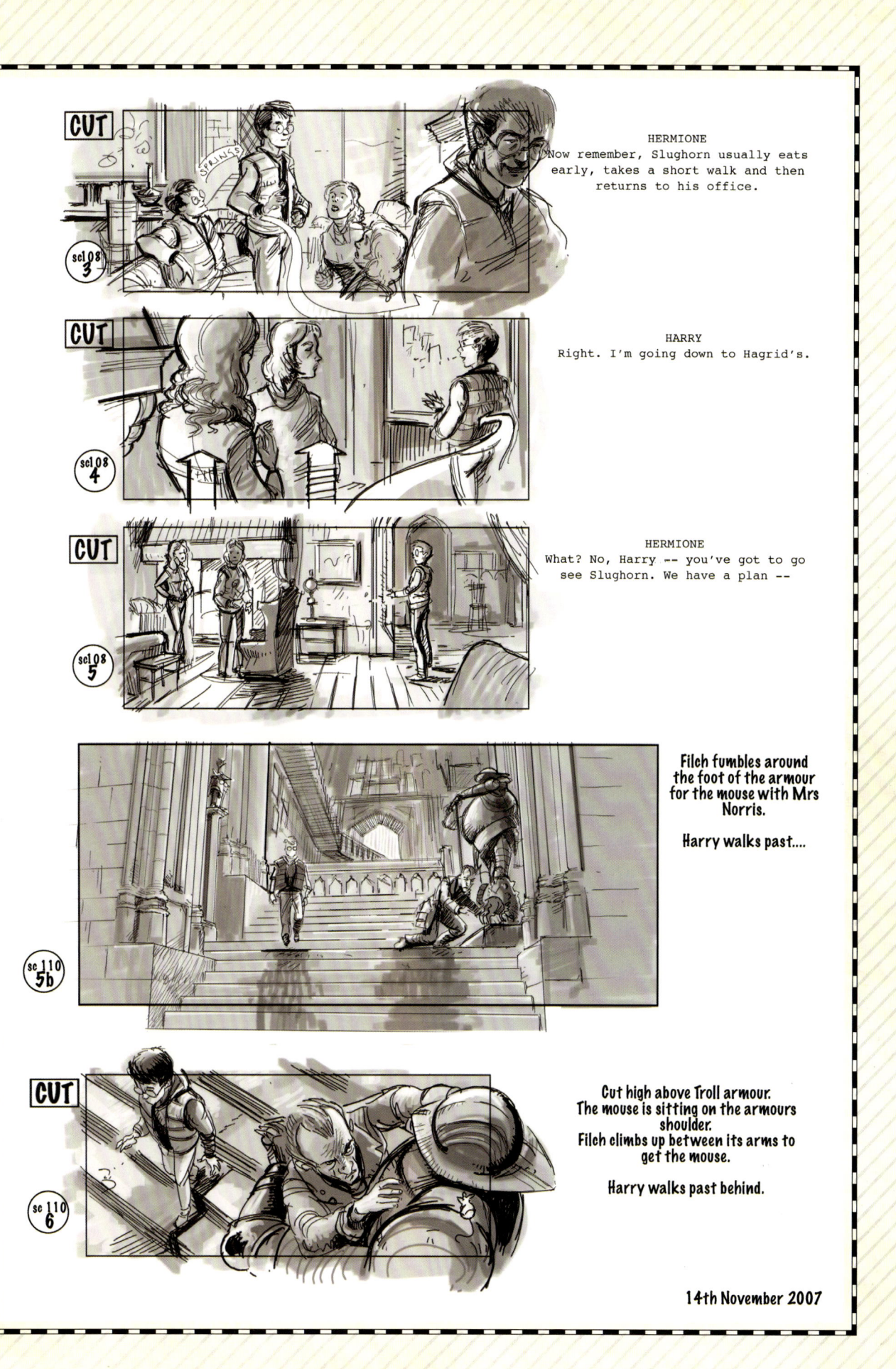

CUT sc108 3	HERMIONE Now remember, Slughorn usually eats early, takes a short walk and then returns to his office.
CUT sc108 4	HARRY Right. I'm going down to Hagrid's.
CUT sc108 5	HERMIONE What? No, Harry -- you've got to go see Slughorn. We have a plan --

sc 110 5b

Filch fumbles around the foot of the armour for the mouse with Mrs Norris.

Harry walks past....

CUT sc 110 6

Cut high above Troll armour.
The mouse is sitting on the armours shoulder.
Filch climbs up between its arms to get the mouse.

Harry walks past behind.

14th November 2007

52 O LIVRO DOS ARTEFATOS MÁGICOS

OS QUADROS DO CASTELO DE HOGWARTS

"Simas, aquele quadro está se mexendo!"
— Neville Longbottom, *Harry Potter e a Pedra Filosofal*

Um dos momentos mais mágicos do primeiro dia de Harry Potter em Hogwarts em *Harry Potter e a Pedra Filosofal*, que significa inequivocamente uma imersão no mundo bruxo, é o encontro dos alunos com os quadros e retratos em movimento nas paredes da escadaria principal. A tecnologia moderna pode ter nos dado o vídeo e as "live photos", mas não existe nada que supere um quadro com o qual você pode ter uma conversa de verdade. "Uma das principais tarefas do diretor de arte responsável pelos adereços", explica a cenografista Stephenie McMillan, "era pesquisar e organizar e mandar pintar os quadros." Ao longo da série, Lucinda Thomson, Alex Walker e Hattie Storey tiveram essa responsabilidade. A pesquisa deles cobriu todos os períodos e estilos da história. "Nós examinamos toda a história da pintura, na verdade", diz o diretor de arte Stuart Craig, "desde o egípcio clássico até o século XX." Muitos dos quadros imóveis foram baseados em retratos conhecidos de realeza ou celebridades da literatura, arte e sociedade. Criar as obras de

Os quadros no Salão Principal de Hogwarts incluem: ANTERIOR, À ESQUERDA: Elizabeth Burke, que pode ser parente de Caractacus Burke, cofundador da Borgin & Burke's; ANTERIOR, NO ALTO À DIREITA: Dame Antonia Creaseworthy; ANTERIOR, EMBAIXO, À DIREITA: Percival Pratt, um poeta bem apreciado; ACIMA: Filmagem em uma escadaria que se move em *Harry Potter e a Pedra Filosofal*. Na pós-produção, o andaime e o piso são removidos digitalmente ou substituídos na cena final, e os quadros são montados com os elementos em movimento; À ESQUERDA: Modelos de "cartão branco" eram criados para a consistência da localização dos quadros e para o bloqueio (coreografia) de cenas.

arte envolveu vários processos. "Uma das nossas artistas, Sally Dray, preferia pintar em uma tela branca. Muito impressionante, em minha opinião", diz Craig. "Nós dávamos o tema a ela, e ela criava do nada." Outros "trapaceavam". "Nós começávamos com uma foto, e o artista dava uma textura de pintura, inclusive com a aparência da tinta envelhecida, então parecia exatamente uma pintura a óleo." Dez artistas pintaram em torno de duzentos quadros para o primeiro filme; outros foram acrescentados ao longo da série para acompanhar detalhes da história.

Para os retratos que se moviam, o mesmo processo era seguido de alguns passos adicionais. Quando o quadro estava com o conceito rascunhado, o fundo era pintado e filmado. As pessoas que se movimentariam eram escaladas — atores e muitas vezes pessoas da equipe eram recrutadas para os papéis. O departamento de figurino criava as roupas, a cenografia trabalhava junto com o departamento de adereços para montar um cenário, se necessário, e a ação era filmada pela segunda unidade na frente de uma tela verde. Jany Temime, designer de figurinos de *Harry Potter e o Prisioneiro de Azkaban* até o fim da série, considerava uma tarefa divertida. "Eu gostei de fazer os retratos, de criar pequenas exibições de um bruxo do século XVI ou XVIII. Às vezes, pegávamos uma pintura clássica e transformávamos as pessoas nela em bruxos."

Para garantir que a pessoa no retrato teria a linha de visão correta em relação aos atores ou à ação, a cena era filmada primeiro com uma tela verde dentro da moldura. Depois, a equipe de efeitos visuais podia filmar o ator ou os atores "dentro" do quadro, sabendo para onde eles deviam estar olhando. Quando todos os elementos eram montados juntos pela equipe de efeitos especiais, "o quadro em movimento ganhava uma textura digitalmente", explica a produtora de efeitos espe-

ALTO, À ESQUERDA: A arte de storyboard de Stephen Forrest-Smith para *Harry Potter e o Enigma do Príncipe* mostra uma cena não filmada em que Harry Potter sai escondido de Hogwarts depois de ter ingerido Felix Felicis; NO ALTO À DIREITA E SEGUINTE, EMBAIXO, À DIREITA: Um diretor não identificado. À DIREITA: Arte de desenvolvimento visual para Sir Cadogan de Olga Dugina e Andrej Dugin para um retrato em movimento visto em *Harry Potter e o Prisioneiro de Azkaban*. Infelizmente, as cenas desse corajoso cavaleiro foram cortadas na edição; SEGUINTE, NO ALTO À DIREITA: O professor Armando Dippet, diretor quando Tom Riddle estudou em Hogwarts e quando a Câmara Secreta foi aberta pela primeira vez; SEGUINTE, NO ALTO E EMBAIXO, À ESQUERDA: Newt Scamander, autor de *Animais Fantásticos e Onde Habitam*, livro adotado pela turma de Tratos das Criaturas Mágicas.

54 O LIVRO DOS ARTEFATOS MÁGICOS

EM HOGWARTS 55

ciais Emma Norton, "uma fonte de luz para fazer sombra ou reflexo, e muitas vezes aquele efeito craquelado que se vê em quadros a óleo velhos". O retrato final também podia ser duplicado em uma forma imóvel se o quadro precisasse ficar em sua posição na parede no fundo de uma cena. Assim que estivesse longe o bastante para que não fosse percebido, não ganhava mais movimento. Para as cenas nas escadas, em que não havia interação entre os retratos e os personagens, as paredes eram cobertas de quadros, mas poucos seriam animados. "Você está olhando os personagens", continua Norton. "Não está olhando os retratos, e não queremos muitos em movimento para não desviar a atenção de quem vê. Era preciso haver alguns que pudessem demonstrar reação à conversa ou à ação, mas só se eles estivessem ali para incrementar a história, não só porque era possível colocá-los na cena."

Iluminar os retratos era de extrema importância. Por exemplo, a entrada do escritório de Dumbledore tinha paredes cobertas de retratos dos diretores e diretoras anteriores de Hogwarts, e muitos desses quadros foram pendurados na porção superior das paredes entre as janelas, então a fonte de luz tinha que ser avaliada com cuidado. Por causa da altura da sala, o diretor de fotografia Roger Pratt teve que criar várias fontes de luz distintas. "Eu não queria usar velas para a iluminação", explica ele, "porque sempre achei que velas tiravam o foco de atenção. Então, optamos por lampiões a óleo, que ficariam em cima e ao redor das mesas e me permitiriam criar certa quantidade de calor e suavidade." Mais acima, a antessala seria iluminada pela luz fria da lua entrando delicadamente pelas janelas.

Outra tarefa para os departamentos de arte, adereços e figurinos foi a sala de aula do professor de Defesa Contra as Artes das Trevas Gilderoy Lockhart em *Harry Potter e a Câmara Secreta*, que exibia um quadro enorme de Lockhart pintando um retrato… dele mesmo. Esse retrato estático dentro do quadro é reminiscente de uma pintura de Anthony van Dick de 1638; o Lockhart maior foi filmado da mesma forma que todos os outros retratos que se movem. Inicialmente, Stuart Craig e Stephenie McMillan propuseram que, em um efeito especial, Lockhart saísse do

NO ALTO: Um diretor não identificado; ACIMA, À DIREITA: A atriz Elizabeth Spriggs posa para seu retrato como Mulher Gorda com figurino completo e algumas decorações de cenário para *Harry Potter e a Pedra Filosofal*; À DIREITA: O professor Gilderoy Lockhart pinta o próprio retrato em *Harry Potter e a Câmara Secreta*; SEGUINTE: O retrato do professor Alvo Dumbledore (Michael Gambon) foi colocado na sala do diretor depois dos eventos de *Harry Potter e o Enigma do Príncipe*.

56   O LIVRO DOS ARTEFATOS MÁGICOS

Albus Percival Wulfric Brian Dumbledore

58 O LIVRO DOS ARTEFATOS MÁGICOS

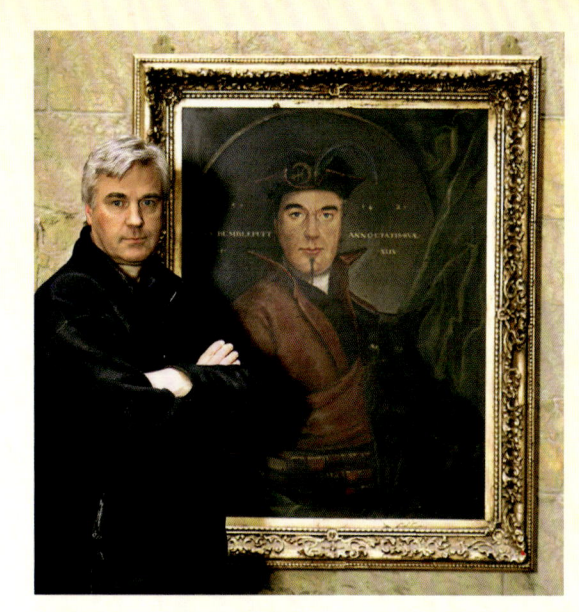

retrato e entrasse na sala, mas no final ficou resolvido que Lockhart desceria da escadaria que vinha da sala dele em uma entrada dramática e só trocaria uma piscadela com o Lockhart do quadro.

Em dois dos filmes, muitas pessoas dos quadros saem das molduras: em *Harry Potter e o Prisioneiro de Azkaban*, por medo da possibilidade de Sirius Black estar no castelo; e em *Harry Potter e as Relíquias da Morte — Parte 2*, por medo durante a Batalha de Hogwarts. "A inspiração para isso foi uma combinação do que estava no roteiro e das ideias do diretor", diz McMillan. Em *Harry Potter e o Prisioneiro de Azkaban*, "o diretor Alfonso Cuarón coreografou com cuidado todas as pequenas situações ridículas e as pessoas fugindo", continua ela. "Depois, a diretora de arte Hattie Storey trabalhou com um artista conceitual para criar um plano para a coreografia, de acordo com o qual várias pessoas iam de um quadro para o seguinte." A perspectiva tinha que ser acrescentada com cuidado. "Os movimentos eram muito complexos", diz Emma Norton, "porque você também estava mudando a escala. As pessoas dos quadros se moviam por relações de dimensões diferentes, então tínhamos que trabalhar com esses detalhes."

Além dos atores e membros da equipe usados como pessoas nos retratos, alguns dos "transformadas em bruxos" incluíam os produtores do filme e os chefes de departamento, como relembra Stuart Craig: "Na sala de Dumbledore tem o aderecista Barry Wilkinson. O produtor David Heyman está na escadaria de mármore, em posição muito proeminente, assim como o produtor David Barron. Eu estou lá. A esposa e o bebê do diretor de *Harry Potter e o Prisioneiro de Azkaban*, Alfonso Cuarón, estão em um, e outro exibe o diretor de arte Alex Walker. Um retrato do diretor de *Harry Potter e a Pedra Filosofal* Chris Columbus foi pintado, mas não apareceu no filme. Era um retrato ótimo, tenho que dizer." Mas há uma Columbus na parede de Hogwarts. Violet Columbus, a filha do diretor, é a garota segurando flores que faz uma reverência para os alunos do primeiro ano em *Harry Potter e a Pedra Filosofal*.

ANTERIOR, NO ALTO, À DIREITA: Uma partida de xadrez de bruxo pendurada na Sala Comunal da Grifinória vista em uma cena de *Harry Potter e o Prisioneiro de Azkaban* demonstra o trabalho conjunto dos departamentos de direção de arte, cenografia e arte: os quadros na parede *desse quadro* também são visíveis nas paredes de Hogwarts, incluindo: ANTERIOR, NO ALTO, À ESQUERDA: Uma bruxa não identificada; ANTERIOR, EMBAIXO: Dois diretores não identificados; ACIMA, À ESQUERDA: Cottismore Croyne, mais conhecido como David Heyman, o produtor dos filmes de Harry Potter; ACIMA, À DIREITA: Stuart Craig, diretor de arte dos filmes de Harry Potter, está imortalizado na grande escadaria como Henry Bumblepuft; NA EXTREMA ESQUERDA: A Garota com Flores foi pintada a partir de Violet Columbus, filha do diretor Chris Columbus; À ESQUERDA: Barry Wilkinson, aderecista dos filmes de Harry Potter, foi o modelo para Tobias Misslethorpe, fundador do *Semanário dos bruxos*.

EM HOGWARTS 59

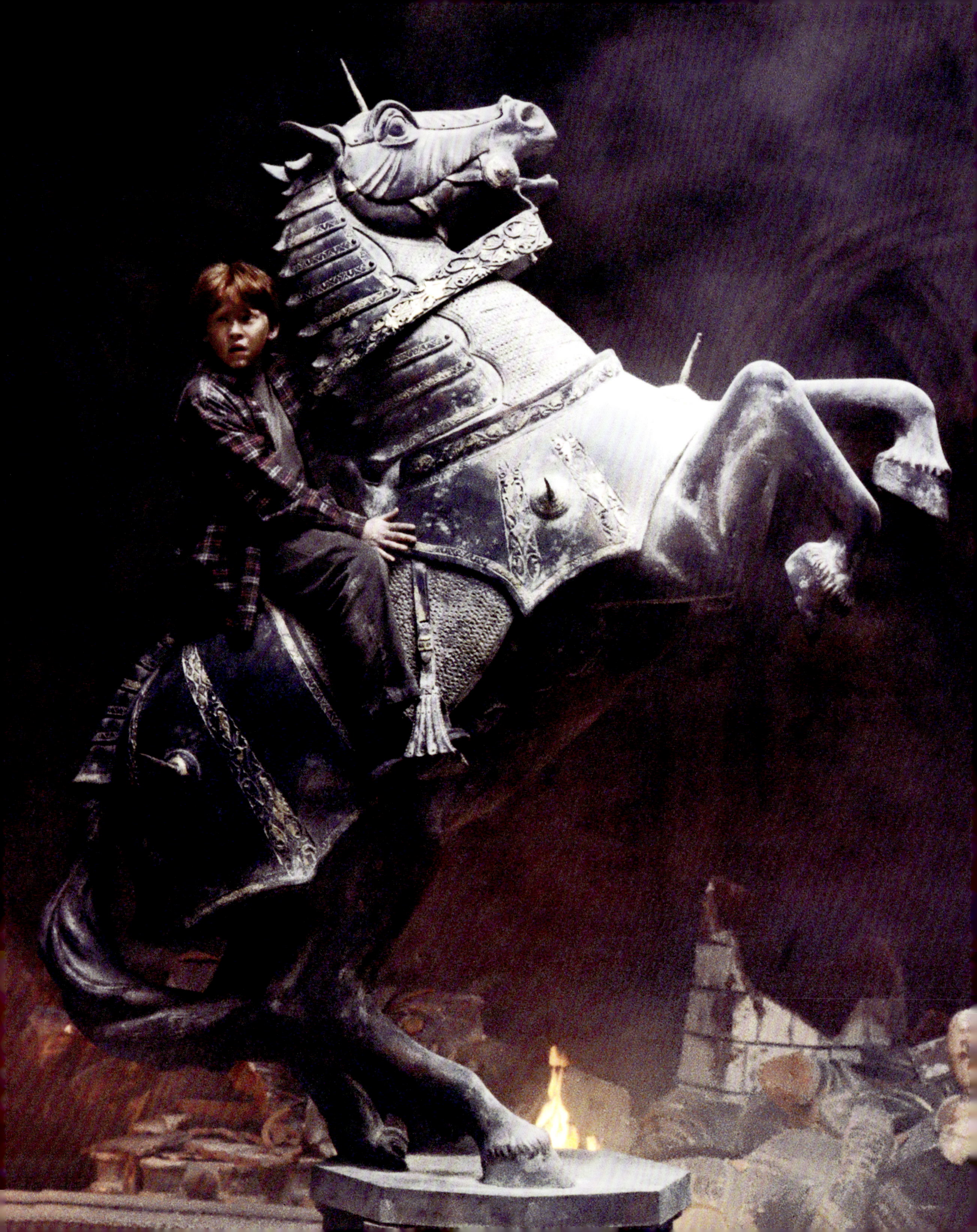

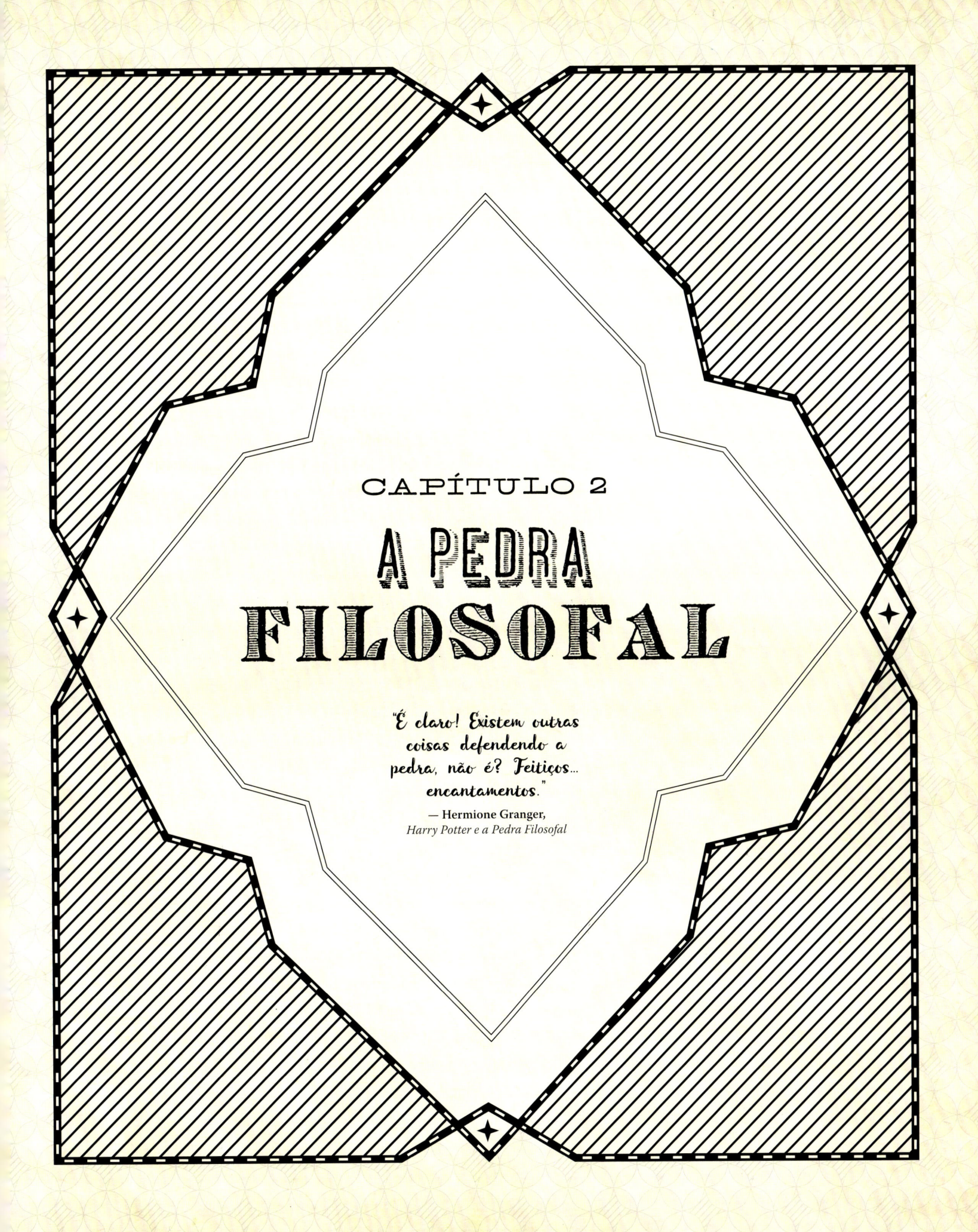

CAPÍTULO 2
A PEDRA FILOSOFAL

"É claro! Existem outras coisas defendendo a pedra, não é? Feitiços... encantamentos."

— Hermione Granger,
Harry Potter e a Pedra Filosofal

EM BUSCA DA PEDRA FILOSOFAL

Como o título do livro e do filme sugere, a história de *Harry Potter e a Pedra Filosofal* é a procura de Harry Potter, Rony Weasley e Hermione Granger por um objeto mágico que é, como Hermione descreve, "uma substância lendária com poderes impressionantes. Transforma qualquer metal em ouro puro e produz o Elixir da Vida, que torna quem o bebe imortal". Para impedir Voldemort de tomar posse da pedra, os funcionários de Hogwarts a esconderam e criaram quatro obstáculos de segurança: Fofo, o cachorro de três cabeças, uma planta temperamental chamada visgo do diabo, uma porta que só pode ser aberta por uma chave alada e um jogo de xadrez em tamanho real que precisa ser vencido. Voldemort, que ainda está em forma etérea e habita parte do corpo do professor Quirinus Quirrell, passou por todos. Os testes vão exigir que cada herói contribua com uma habilidade que delineia sua personalidade: Hermione e seu conhecimento de feitiços, Harry e sua habilidade de voar na vassoura e Rony por seu talento no jogo de xadrez de bruxo.

O quase cem por cento digital Fofo (a baba dele foi efeito prático) podia ser controlado com música. Passar pelo visgo do diabo envolvia relaxar (impossível para Harry e Rony quando envoltos nos tentáculos da planta) ou uma fonte de luz, criada por Hermione. O visgo do diabo foi, surpreendentemente, um efeito prático (pois um digital seria incrivelmente caro). Titereiros posicionados embaixo da planta puxavam lentamente os talos que foram enrolados nos atores. Depois, o filme foi passado de trás para a frente, para parecer que a planta os estava envolvendo em vez de sendo puxada.

62   O LIVRO DOS ARTEFATOS MÁGICOS

AS CHAVES ALADAS

"Curioso. Eu nunca vi pássaros assim."
"Não são pássaros, são chaves."

— Hermione Granger e Harry Potter, *Harry Potter e a Pedra Filosofal*

Depois de passarem por Fofo e caírem pelo visgo do diabo, o desafio seguinte para chegar mais perto da Pedra Filosofal é passar por uma porta trancada. Depois que Hermione tenta usar o feitiço *Alohomora*, que, para a frustração dela, não funciona, Rony e Harry percebem que precisam encontrar e pegar a chave certa em uma profusão de chaves aladas voando pela sala. Enquanto o design das chaves foi relativamente simples, elas "tinham que ser assustadoras e selvagens, mas não assustadoras e selvagens *demais*", explica o supervisor de efeitos visuais Robert Legato. "Quanto mais bonita você faz uma coisa, mais não ameaçadora ela fica." Legato sabia que a linha entre assustador e intimidador era tênue. Outra consideração era o movimento das chaves: "Elas estão, em essência, presas juntas, pelo jeito como se movem, o que afeta a forma como vão ficar e a forma como ficam iluminadas na tela", diz ele. Depois que o desenho final foi testado e aprovado em animação digital, as muitas chaves tiveram que se mover em sincronia, como um bando de aves. As asas da chave que abre a porta foram feitas em seda mesclada transparente.

PÁGINA 60: Rony Weasley joga a partida de xadrez de bruxo de tamanho real de cima do cavalo. Rony sacrifica sua peça para que Harry Potter possa vencer e pegar a Pedra Filosofal, no primeiro filme; ANTERIOR, NO ALTO: Uma imagem de Rony, Hermione e Harry depois de caírem no visgo do diabo; ANTERIOR, EMBAIXO: A arte de desenvolvimento visual de Cyrille Nomberg ilustra a chegada de Harry, Hermione e Rony na sala do desafio do jogo de xadrez; NO ALTO: Arte conceitual das chaves aladas de Gert Stevens; ACIMA: Harry Potter voa entre um monte de chaves aladas; NO ALTO, À DIREITA: O adereço da chave alada usada para abrir a porta trancada.

A PEDRA FILOSOFAL 63

AS PEÇAS DE XADREZ

"É óbvio, não acha? Jogamos para chegar do outro lado. Muito bem. Harry, você fica no lugar do bispo. Hermione, fique na casa da torre da rainha. Quanto a mim, eu vou ser o cavalo."
— **Rony Weasley**, *Harry Potter e a Pedra Filosofal*

O desafio final antes do confronto de Harry Potter com Voldemort é vencer um jogo de xadrez de bruxo. A preferência do diretor Chris Columbus era sempre ver se a ação podia ser criada de forma prática, em vez de usando recursos digitais, e os departamentos de efeitos especiais e de adereços ficavam felizes em fazer isso. Modelos de tamanho real das trinta e duas peças de xadrez, algumas com três metros e meio e pesando até 225 quilos, foram esculpidos em argila e cobertos de vários materiais, de acordo com o uso. Os adereçistas produziram as espadas, maças, armaduras e até os cajados que eram os armamentos dos bispos. "Depois, nós tivemos que fazer as peças de xadrez se mexerem", diz o supervisor de efeitos especiais John Richardson, "o que foi um desafio por causa do tamanho e do peso, e do fato que as bases eram muito pequenas." Richardson e sua equipe equiparam as peças que precisavam se mover com controles por rádio. "Nós conseguíamos fazer um cavalo se deslocar para a frente e parar, depois mover para o lado e parar sem interferências."

"Apesar de as peças do xadrez estarem construídas e poderem se mover pelo tabuleiro", diz a produtora de efeitos visuais Emma Norton, "elas não eram articuladas. Então, quando você vê uma dessas peças fazer mais

ABAIXO E NO ALTO, À DIREITA: Artes de desenvolvimento visual das peças de xadrez do lado preto, peão e rainha, feitas por Cyrille Nomberg e Ravi Bansal; EMBAIXO, À DIREITA: Toques finais são acrescentados a um dos reis do xadrez; SEGUINTE: Uma foto de referência das peças de xadrez do lado branco mostrando a torre, o cavalo, o bispo e peões, alguns que se moviam com controle por rádio.

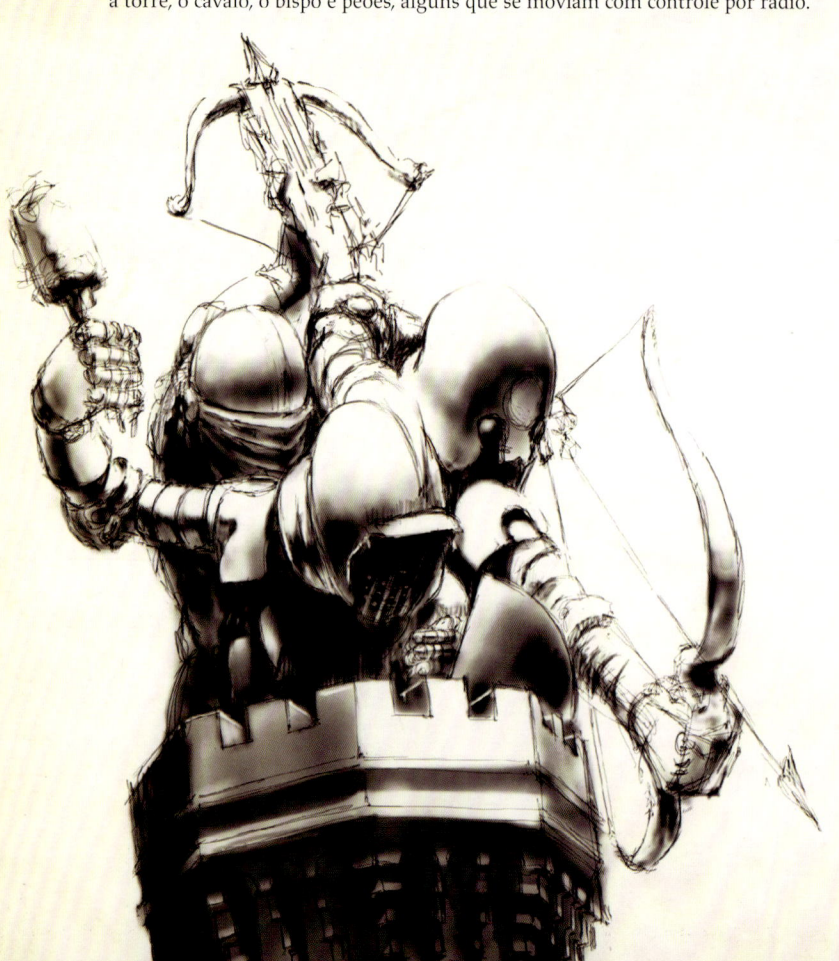

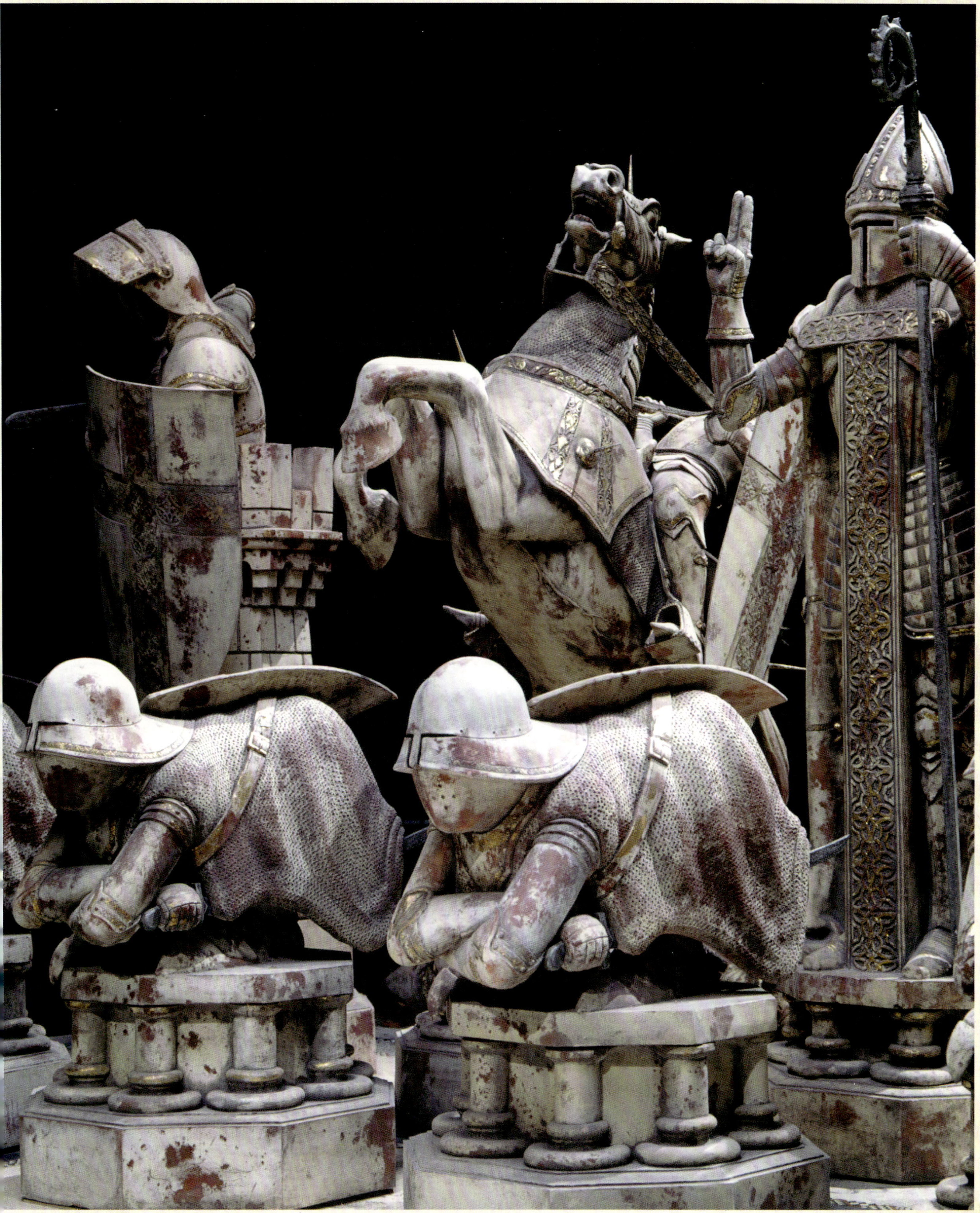

do que apenas deslizar para a frente, é porque são versões geradas por computador. Mas quando criamos alguma coisa por computador, usamos o máximo que podemos do modelo, que foi pintado para ser fotografado na tela. Então, nós o fotografamos, digitalizamos, pegamos texturas do adereço e de tudo que o departamento de arte ofereceu e tratamos como pele, textura de pele. Depois, construímos um modelo em computação gráfica e aplicamos a textura. Então, para todos os efeitos, você está vendo a coisa de verdade."

A consideração mais importante na cena era que quando uma peça fosse tomada pelo adversário, ela explodia, o que queria dizer que os jovens atores estariam presentes em uma cena com explosões e estouros e destroços voadores. Em vez de pirotecnia, Richardson e sua equipe usaram dispositivos de ar comprimido ativados via controle remoto para explodir as peças de uma forma muito controlada. "Havia um pouco de fogo no cenário, fumaça também, então tínhamos ar e fogo e estrondos e praticamente um pouco de tudo que podemos ter em efeitos", explica Richardson. As peças "quebradas" vistas depois das explosões foram esculpidas e moldadas individualmente, e não simplesmente originais quebrados. Poeira e detritos digitais foram acrescentados depois que a cena foi filmada. O "mármore" dos quadrados do tabuleiro de xadrez foi criado usando uma técnica de arte bem conhecida de borrifar tinta a óleo em uma tina de água — nesse caso, um tanque de meio metro quadrado — e depois colocar papel em cima para absorver as cores em espiral. As melhores versões foram digitalizadas, incrementadas digitalmente e colocadas no cenário. "Aquele cenário era incrível", relembra o ator Rupert Grint (Rony Weasley). "E a cena foi tão legal, com peças se quebrando e explodindo ao nosso redor. Ainda tenho um pedaço do cavalo que montei!"

NO ALTO, À DIREITA E SEGUINTE, NO ALTO: Arte conceitual de Cyrille Nomberg e Ravi Bansal das peças de xadrez de bruxo, experimentando com armas, posturas e medidas diferentes; ACIMA, À DIREITA: Harry Potter se aproxima da rainha branca de três metros e meio em uma fotografia de referência tirada no set de *Harry Potter e a Pedra Filosofal*; SEGUINTE, EMBAIXO: Atrás de cada lado do tabuleiro de xadrez havia cavidades onde as peças explodidas e vencidas eram empilhadas.

66 O LIVRO DOS ARTEFATOS MÁGICOS

A PEDRA FILOSOFAL 67

A PEDRA FILOSOFAL

"Eu me vejo segurando a pedra. Mas como posso pegá-la?"
— Quirinus Quirrell, *Harry Potter e a Pedra Filosofal*

Que adereço poderia ser mais importante no primeiro filme do que a Pedra Filosofal do título? Quando o departamento de design perguntou a J. K. Rowling como a pedra devia ser, ela a descreveu como um rubi não lapidado. Várias pedras foram criadas a partir de plástico, que tem uma tendência de parecer mais uma bala grande do que um rubi. Então, para dar a aparência tremeluzente e cintilante de uma pedra preciosa de verdade, os produtores se voltaram aos ensinamentos básicos de iluminação. O reflexo da luz visto na pedra era de uma pequena chama colocada acima da câmera quando ela foi filmada.

O ESPELHO DE OJESED

"Ele nos mostra nada mais, nada menos do que os desejos mais profundos e desesperados de nossos corações."
— Alvo Dumbledore, *Harry Potter e a Pedra Filosofal*

Embora o Espelho de Ojesed tenha um papel importante na derrota de Harry Potter contra a combinação professor Quirrell/Lord Voldemort, ele o encontra pela primeira vez durante sua fuga da Seção Restrita da biblioteca depois de uma busca interrompida por informações sobre Nicolau Flamel, o fabricante da Pedra Filosofal. O espelho é uma mistura de diferentes estilos arquitetônicos: os lados externos são colunas coríntias que protegem um interior de colunas dóricas menores entalhadas com um desenho de nós. O estilo principal é gótico; sete arcos graduados em estilo lanceta são emoldurados por um maior. (O número sete aparece com frequência no mundo bruxo.) Acima disso há um arco triangular adornado com palmetas que sustentam os adornos finais, dois obeliscos. A escrita que aparece acima do maior arco do espelho diz: *Oãça rocu esme ojesed osamo tso rueso ortso moãn*. Não é uma língua mágica, só uma imagem espelhada da frase "não mostro o seu rosto, mas o desejo em seu coração", com as letras reunidas em combinações peculiares. Diferentemente da maioria dos adereços, que são duplicados para usos diferentes e para o caso de quebrarem durante as filmagens, só um Espelho de Ojesed foi criado.

NO ALTO, À DIREITA: Em uma imagem do filme *Harry Potter e a Pedra Filosofal*, Harry segura a Pedra Filosofal, que aparece, para a surpresa dele, no bolso de sua calça; NO ALTO, À ESQUERDA: Um close da Pedra Filosofal; ACIMA: O professor Quirrell (Ian Hart) vê seu reflexo no Espelho de Ojesed; SEGUINTE: Uma imagem de referência do Espelho de Ojesed.

68 O LIVRO DOS ARTEFATOS MÁGICOS

A PEDRA FILOSOFAL 69

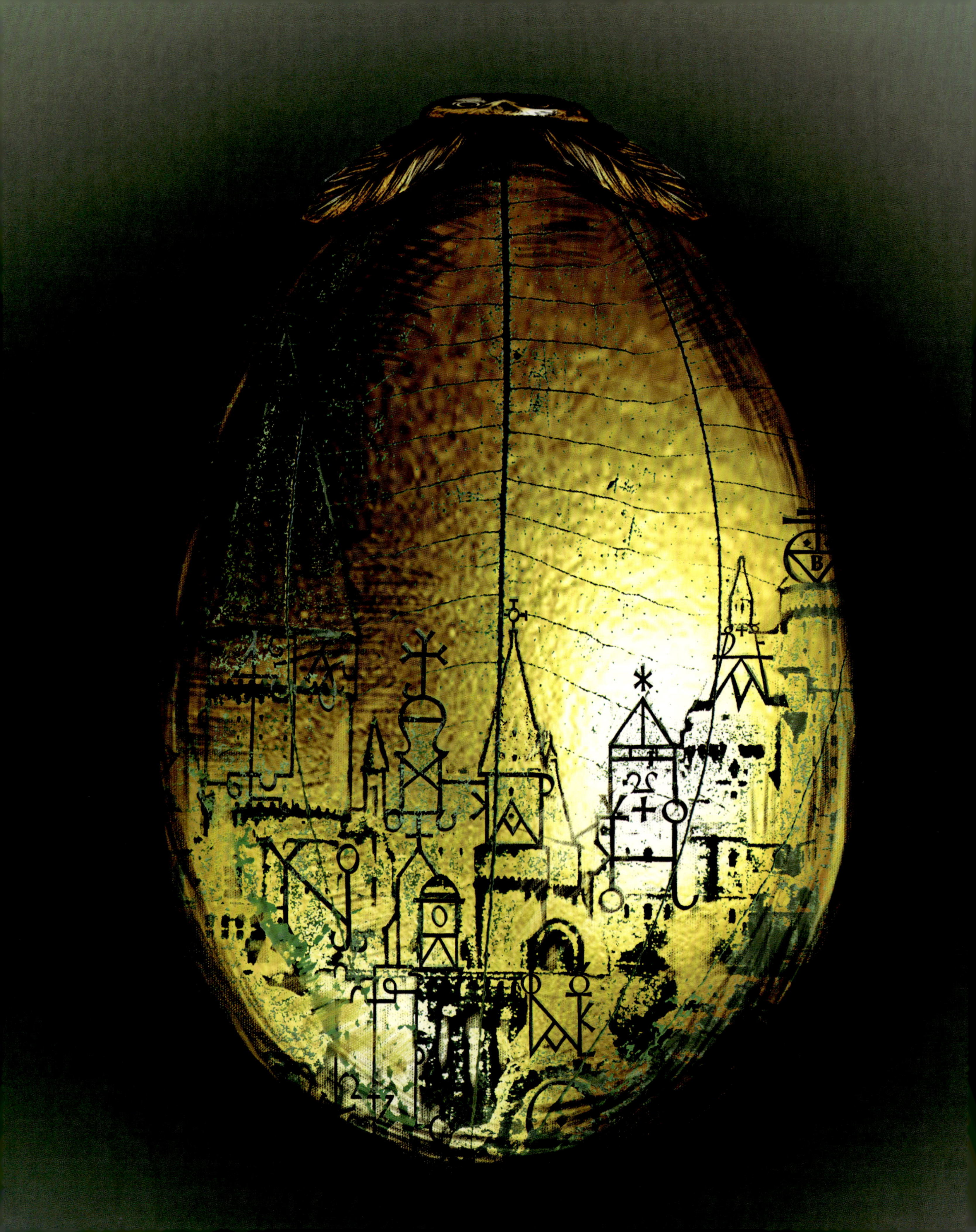

CAPÍTULO 3
O TORNEIO TRIBRUXO

"Hogwarts foi escolhida para sediar um evento lendário: o Torneio Tribruxo!"

— Alvo Dumbledore,
Harry Potter e o Cálice de Fogo

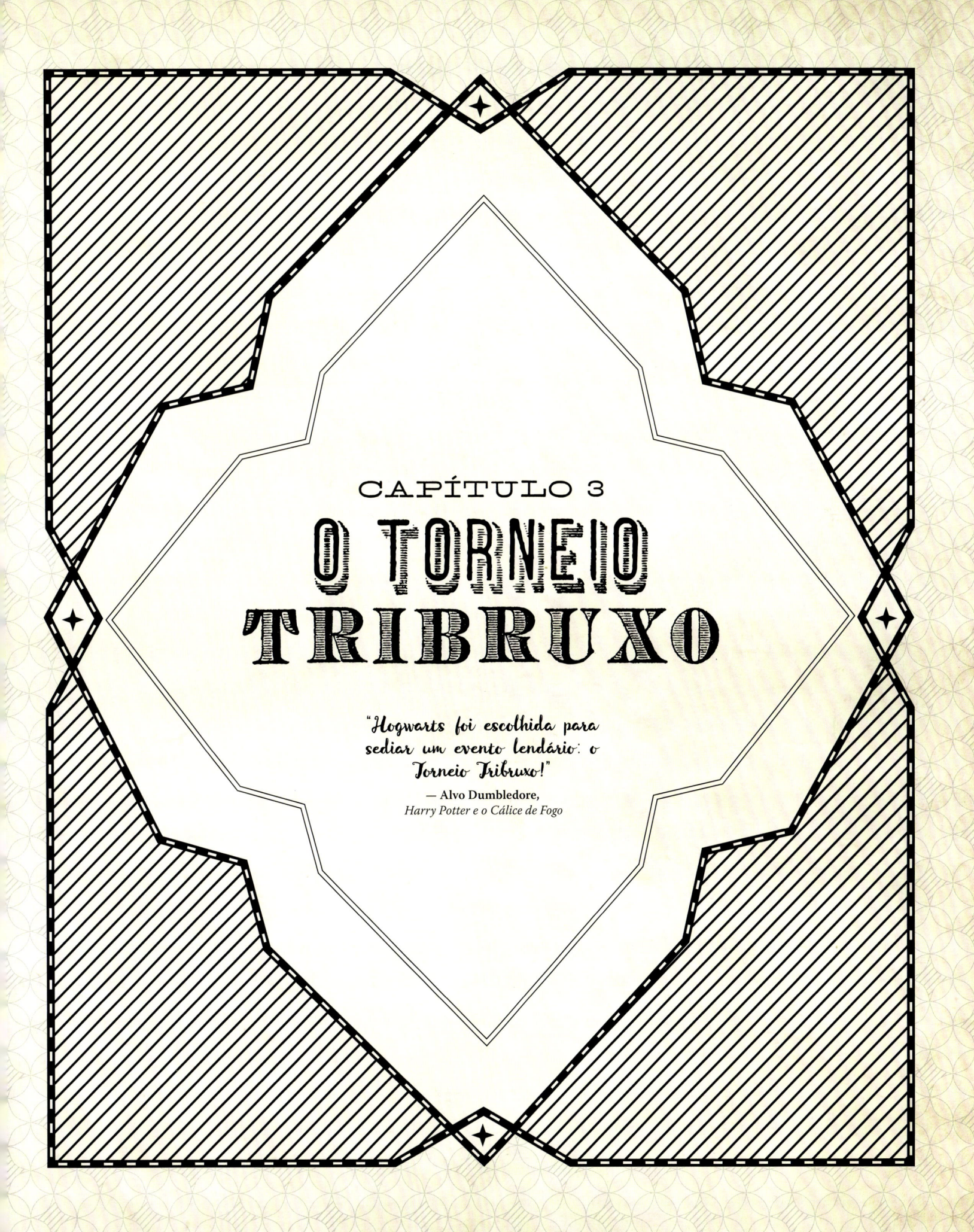

O CÁLICE DE FOGO

"Quem quiser se candidatar ao torneio só precisa escrever o nome num pedaço de pergaminho e depositá-lo na chama... Não se inscreva levianamente. Uma vez escolhido, não poderá desistir."

— Alvo Dumbledore, *Harry Potter e o Cálice de Fogo*

Durante centenas de anos, as três maiores escolas bruxas da Europa — a Escola de Magia e Bruxaria de Hogwarts, a Academia de Magia de Beauxbatons e o Instituto Durmstrang — organizaram uma competição perigosa, o Torneio Tribruxo. Um campeão de cada escola compete em três tarefas que testam sua coragem, habilidade e talentos mágicos. O torneio começa com a revelação do Cálice de Fogo, no qual os candidatos a campeões de cada uma das três escolas vão colocar seus nomes. O Cálice de Fogo é apresentado pela primeira vez envolto em um recipiente com ouro e pedras preciosas. Para o design, o diretor de arte Stuart Craig e a artista gráfica Miraphora Mina misturaram suas referências de arquitetura medieval e decoração de igrejas ortodoxas russas e inglesas. "A partir dessas inspirações", diz Mina, "eu tive a ideia de uma construção empilhada com arcos, um em cima do outro. Eu também queria que tivesse muitas pedras, como mosaicos de igreja, pois isso seria afetado pela luz ao redor." O adereçista Pierre Bohanna moldou as partes com inscrições de runas ou símbolos de alquimia, e eles foram incrustados de forma variada com folha de ouro e pedras pintadas, ou com outros materiais que capturavam a luz. "É quase um relicário religioso", diz Craig, "mas de um tipo que nunca foi visto antes." O envoltório só é visto por um tempo curto, e depois "derrete" e revela o cálice. Mina se lembra de terem perguntado a ela se aquilo podia ser efeito prático, mas logo foi decidido que seria mais fácil fazer digitalmente. "Mas o envoltório é um objeto real, sem dúvida", proclama Mina. "Tive que carregá-lo para o Salão Principal!"

A intenção original de Craig era que o cálice fosse pequeno e encrustado com pedras bem pequenas. Mas depois da pesquisa, o Cálice de Fogo se tornou "uma taça gótica enorme decorada com desenhos góticos que foram criados em madeira", explica ele. "Nós encontramos a melhor madeira possível, com nós e dobras e rachaduras. Isso cria uma qualidade incrivelmente antiga, mas ao mesmo tempo orgânica." Pierre Bohanna e sua equipe esculpiram o cálice de um metro e meio a partir de um tronco de olmo inglês, com alguns moldes de plástico acrescentados. A ideia de Mina por trás do cálice era que, como a parte de baixo era de madeira, que sobe até alcançar a curva da base do cálice, não dava para ter certeza se ainda estava crescendo. "A impressão que eu tenho é que está parcialmente completo", diz Craig. "Metade arquitetura e metade natural, como se o entalhe ainda não tivesse sido terminado. E acho tão incrível em silhueta quanto em detalhe, quando você o examina de perto."

A TAÇA DO TORNEIO TRIBRUXO

"Só um irá levantar esse cálice de campeões, esta taça da vitória, a Taça Tribruxo!"
— **Alvo Dumbledore**, *Harry Potter e o Cálice de Fogo*

Sendo um artefato muito antigo, a Taça Tribruxo e seu desenho ecoam a qualidade orgânica do Cálice de Fogo, ao mesmo tempo que exibem uma habilidade artística fascinante. A pesquisa de Miraphora Mina revelou um precedente entre design trouxa e mágico, acentuando que temas com dragões prevaleciam nas relíquias e cálices que ela pesquisou. O "tri" do Tribruxo fica evidente nos três dragões, que representam as três escolas que participam, e nos três painéis de cristal que formam o troféu. Ao receber a tarefa de criar a Taça física, o adereçista Pierre Bohanna achou que o conceito de Mina dava a ele uma forte impressão de como deveria ser a parte de metal. "Nós não queríamos que fosse de prata", explica ele. "Não queríamos que fosse bem-acabada demais. Queríamos que parecesse pesada e muito antiga. Não dá para se obter isso com acabamento de prata." Bohanna descobriu um processo que combinava metais e que criaria um acabamento quase como chumbo, com uma coloração azul-cinzenta desejada. Cada peça da taça tinha um molde que permitia que fosse criada em materiais diferentes para usos diferentes. Várias foram feitas de látex e borracha, porque tinham que sair voando quando a taça é usada como Chave de Portal. Outros foram feitos de metal e de resina. Os três painéis entalhados com a palavra dividida TRI-BRU-XO eram similares ao Cálice de Fogo no sentido de que a relíquia também não está finalizada. "Há chamas estilizadas e detalhes como folhas de samambaia dentro do cristal, que considero que estão crescendo o tempo todo, então é como se houvesse alguma coisa viva", diz Mina. Bohanna usou uma mistura de diferentes produtos químicos que reagiam uns com os outros, provocando uma aparência fraturada e rachada. Mas seu ingrediente especial para criar o efeito foi… "Papel filme", admite ele. "Pedaços pequenininhos de plástico foram jogados no processo, o que faz com que os produtos químicos se afastem uns dos outros. "A ideia ocorreu a ele quando ele estava analisando materiais naturais que se dobram e racham. "A natureza sempre tem a resposta", afirma ele.

PÁGINA 70: O Ovo de Ouro que vai dar aos campeões do Torneio Tribruxo uma pista vital para a segunda tarefa — se eles conseguirem encontrar um jeito de abrir. Arte conceitual de Miraphora Mina para *Harry Potter e o Cálice de Fogo*; ANTERIOR, NO ALTO: Uma imagem do filme mostra a caixa resplandecente que envolve o Cálice; ANTERIOR, EMBAIXO: uma vista lateral do Cálice de Fogo construído; ABAIXO: Os quatro pedaços de papel jogados no Cálice de Fogo, com os nomes dos campeões de cada escola, foram cuspidos digitalmente, mas segurados de forma física por Alvo Dumbledore; DIREITA: Uma imagem de referência do objetivo do Torneio Tribruxo: a Taça Tribruxo.

O TORNEIO TRIBRUXO

TROFÉUS ESCOLARES

"Que quarteto carismático..."

— Rita Skeeter, *Harry Potter e o Cálice de Fogo*

A Sala dos Troféus em Hogwarts é vista rapidamente em *Harry Potter e o Cálice de Fogo*; é onde os campeões do Torneio Tribruxo se reúnem depois que são anunciados no Salão Principal. Lotada com centenas de troféus, a sala pode parecer familiar: em *Harry Potter e a Ordem da Fênix*, foi transformada na Sala Precisa, e em *Harry Potter e o Enigma do Príncipe*, foi usada como sala de Horácio Slughorn. O departamento de adereços procurou inspiração nos livros quando foi criar originais e alterar troféus comprados para ficarem com jeito bruxo. Além dos troféus de quadribol, havia Medalhas de Mérito Mágico, Prêmios de Serviços Especiais a Hogwarts e outras placas e escudos de Transfiguração, Xadrez, Poções, Coragem e Esforço. Os aderecistas escreveram neles nomes tirados dos livros e de pessoas da equipe dos filmes.

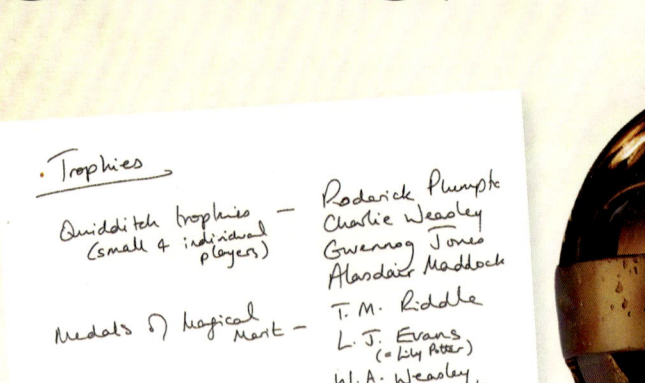

74 • O LIVRO DOS ARTEFATOS MÁGICOS

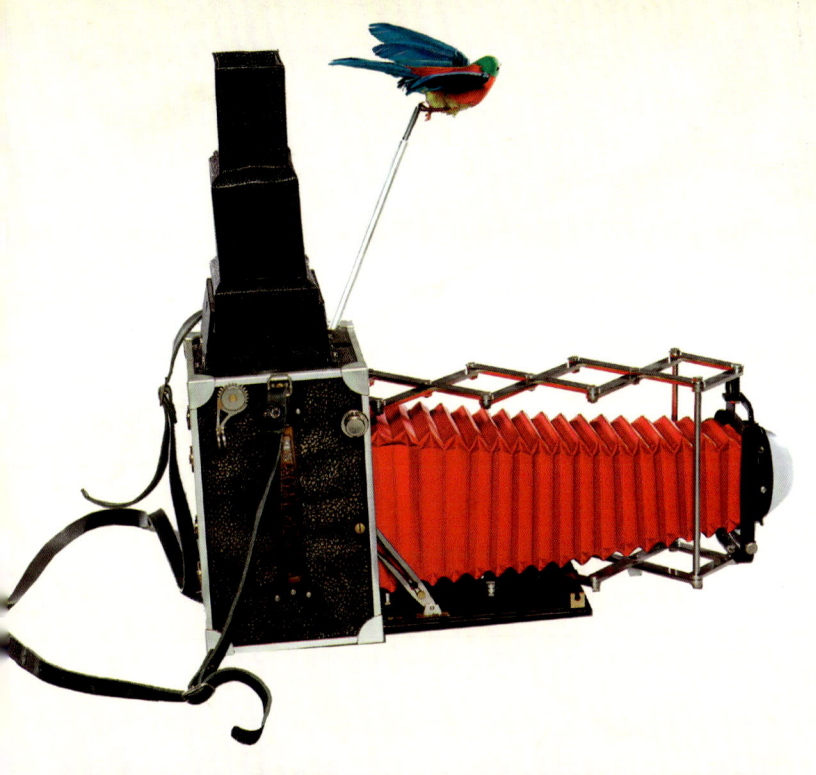

PENA DE REPETIÇÃO RÁPIDA

"Posso usar a pena de repetição rápida?"
— Rita Skeeter, *Harry Potter e o Cálice de Fogo*

As táticas investigativas questionáveis de Rita Skeeter, repórter do *Profeta Diário*, ficam bem evidentes quando ela entrevista Harry Potter, o campeão mais jovem do Torneio Tribruxo, em *Harry Potter e o Cálice de Fogo*. Skeeter usa uma Pena de Repetição Rápida, que reescreve as respostas de uma pessoa em formato de jornalismo sensacionalista. A ponta animada é ligada a uma pena pintada de verde intenso que complementa o traje dela.

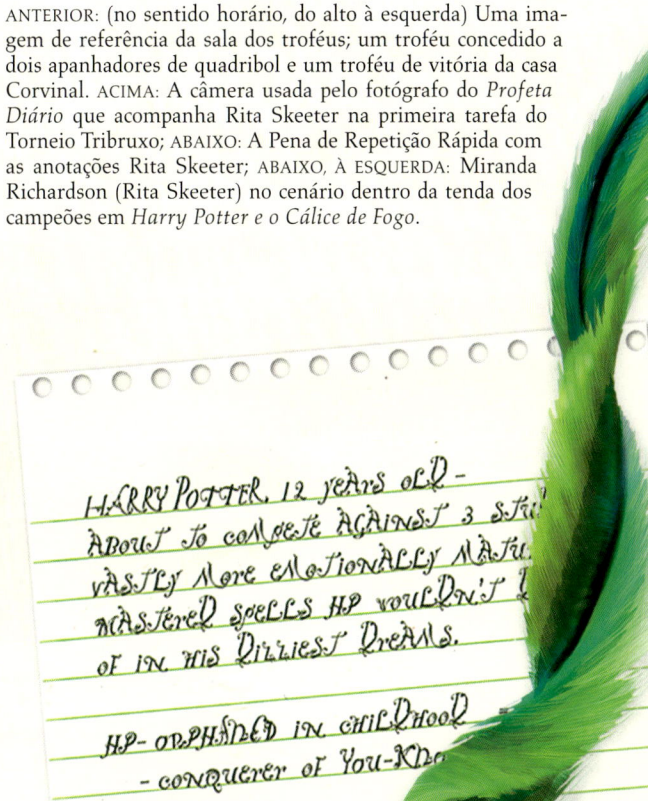

ANTERIOR: (no sentido horário, do alto à esquerda) Uma imagem de referência da sala dos troféus; um troféu concedido a dois apanhadores de quadribol e um troféu de vitória da casa Corvinal. ACIMA: A câmera usada pelo fotógrafo do *Profeta Diário* que acompanha Rita Skeeter na primeira tarefa do Torneio Tribruxo; ABAIXO: A Pena de Repetição Rápida com as anotações Rita Skeeter; ABAIXO, À ESQUERDA: Miranda Richardson (Rita Skeeter) no cenário dentro da tenda dos campeões em *Harry Potter e o Cálice de Fogo*.

O TORNEIO TRIBRUXO 75

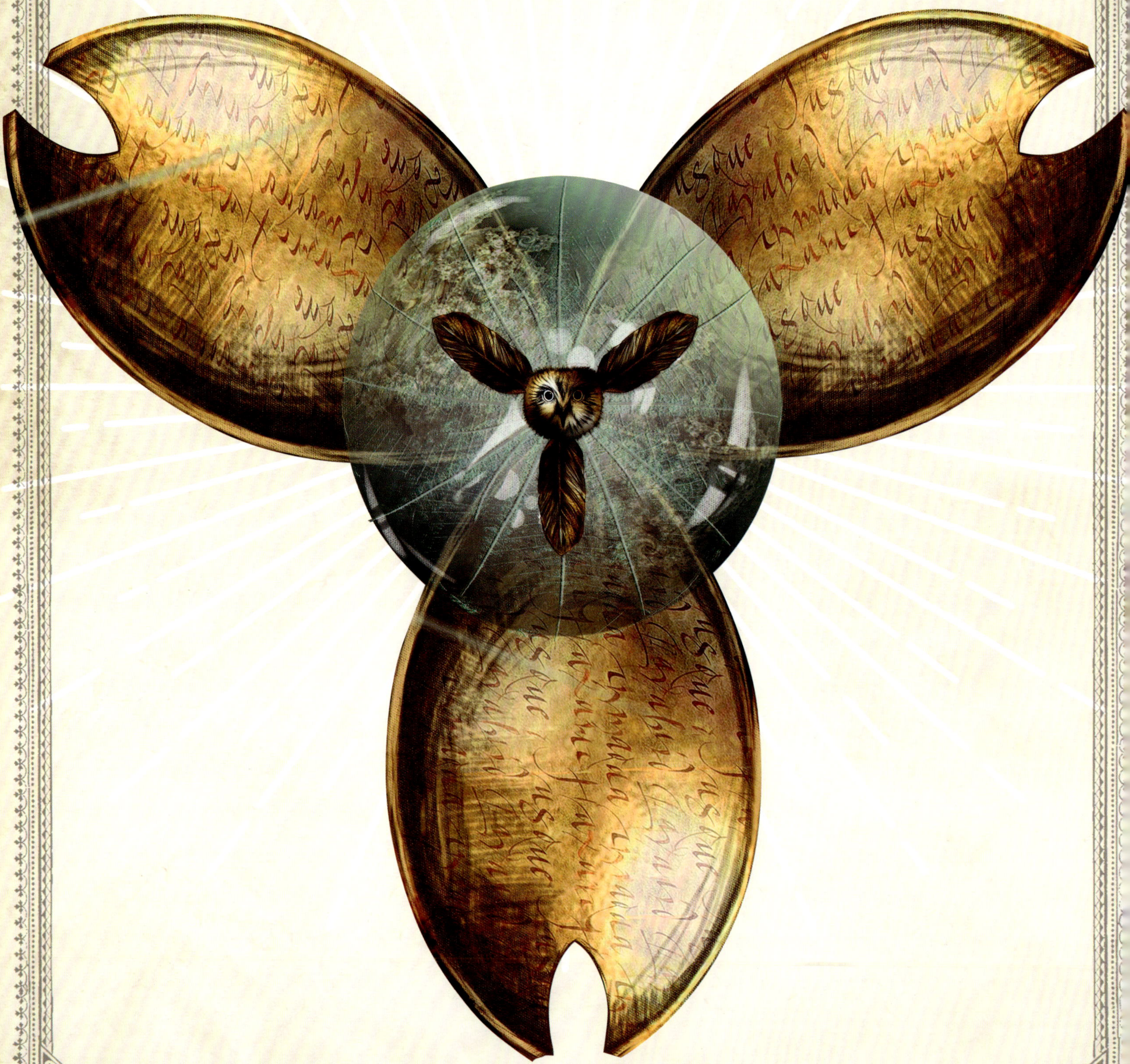

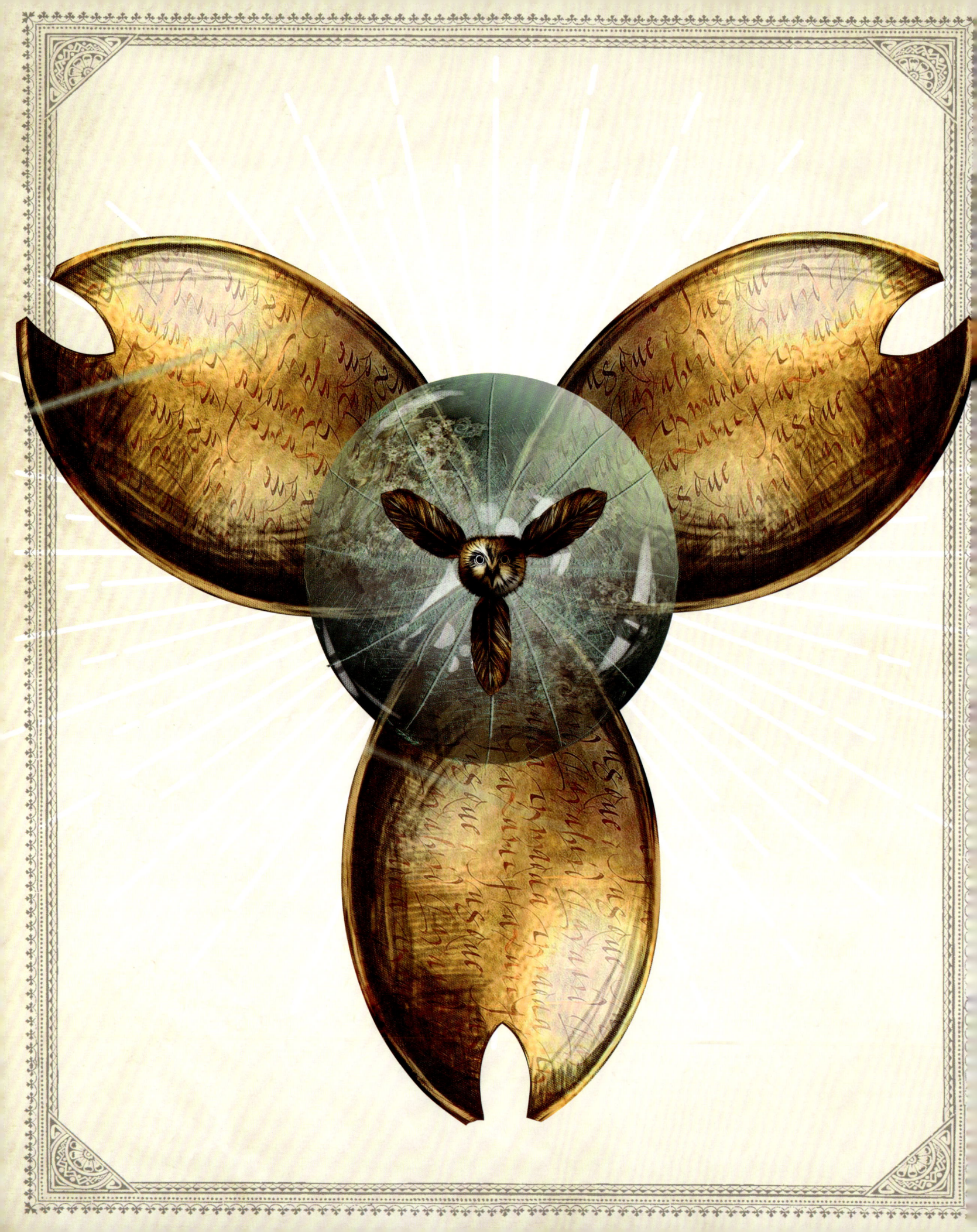

O OVO DE OURO

*"Onde ouvir da nossa voz o tom, na superfície não há som.
Durante uma hora deve buscar, e o que quer vai encontrar."*

— pista dos sereianos para a segunda tarefa, *Harry Potter e o Cálice de Fogo*

A primeira tarefa do Torneio Tribruxo é capturar um ovo de ouro protegido por um dragão. Quando aberto, o ovo revela uma pista para a segunda tarefa. A designer Miraphora Mina decidiu primeiro que a decoração externa do ovo seria bem formal: "Tem o contorno de uma cidade, não uma cidade mítica e mágica, mas talvez um lugar histórico em algum lugar." Mina gostou da ideia de o exterior do adereço parecer ser esmaltado (embora na verdade não fosse) e de ter símbolos alquímicos entalhados nele. No livro *Harry Potter e o Cálice de Fogo*, o interior do ovo é descrito como uma música. "Por isso, precisava ser uma coisa etérea", diz Mina. "Uma coisa em que não dá para entender direito se a música é o conteúdo ou se está na superfície. Assim, imaginamos uma estrutura de cristal em que coisas podiam estar acontecendo dentro, mas não dava para identificar com facilidade que coisas eram."

Outro tema que Mina tentou incorporar nos designs para o filme foi a ideia de descoberta. Para o ovo de ouro, uma das áreas de pesquisa foram os ovos Fabergé, criados para a família imperial russa dos anos 1880 até as primeiras décadas do século XX. Esses ovos de ouro e prata se abriam e revelavam cenas criadas com pedras preciosas e esmalte. "Acho que, para descobrir uma coisa, você tem que se esforçar", diz Mina. O mecanismo para abrir o ovo foi um efeito prático. "É bem simples, na verdade", revela ela. "Eu queria uma coisa que se abrisse automaticamente, como se você tivesse a senha certa." Mina elaborou o dispositivo como uma pequena cabeça de coruja acima de três asas, o número recorrente do Torneio Tribruxo. "E é sempre interessante ter um número ímpar", acrescenta ela, "então eu sabia que se abriria em três segmentos. Não era como se você estivesse quebrando um ovo no meio!" O dispositivo tinha dobradiças por dentro com uma asa cantiléver, para que a camada de cima girasse, se levantasse e soltasse as três asas de metal. O exterior do ovo era folheado a ouro. "Nós usamos muito folheados a ouro", diz o adereçista Pierre Bohanna, "porque esse adereço e outros têm a reputação de serem especiais. Não é barato, mas não é *tão* caro, e funciona lindamente nos filmes. Tem uma qualidade que reflete a luz que não dá para obter com tinta."

Quando a parte de cima é girada, "é como se você passasse para outra camada", diz Mina. "Eu queria que houvesse contraste entre a casca exterior e o interior. Parece que, de certa forma, o ovo está vivo por dentro." As bolhas dentro do ovo "não são bolhas de verdade no sentido do que bolhas são", acrescenta Bohanna. As bolhas foram criadas usando pequenas bolas de acrílico que ficaram suspensas na solução de resina usada para fazer o centro. "Quando qualquer substância, como a resina que nós usamos, vai de estado líquido a um estado sólido", continua Bohanna, "ela tende a encolher ou se expandir. Esse produto em especial não grudou nas bolas de plástico; na verdade, se afastou delas, e obtivemos um efeito de bolhas muito convincente." Durante o mesmo processo, pigmentos perolados foram acrescentados e, em sua própria conversão de líquido a sólido, "rodopiaram" na mistura. "Nosso modelador principal, Adrian Getley, conseguiu introduzir o pigmento no momento exato em que se misturou e permitiu que fosse criado um movimento que parecia redemoinhos e correntes, mas parar antes que fosse muito a fundo durante a solidificação."

O ovo era completamente à prova d'água, pois precisaria ser submerso durante as muitas tomadas da cena. Ele também pesava quase cinco quilos. "Afundaria na mesma hora se houvesse oportunidade", admite Bohanna. Para impedir que o ovo virasse quando era aberto embaixo da água, Daniel Radcliffe (Harry Potter) usou um prendedor plástico invisível em uma das mãos, que estava ligado a um prendedor no ovo. Isso liberava os dedos, para que ele pudesse mexer no ovo sem ter que usar as duas mãos.

ANTERIOR: A arte conceitual da designer Miraphora Mina para *Harry Potter e o Cálice de Fogo* mostra uma visão aérea do Ovo de Ouro aberto; ACIMA: A foto de referência do Ovo de Ouro revela o incrível efeito de bolhas criado pelos adereçistas com pequenas esferas de acrílico e pigmentos perolados dentro de um molde de resina.

O TORNEIO TRIBRUXO

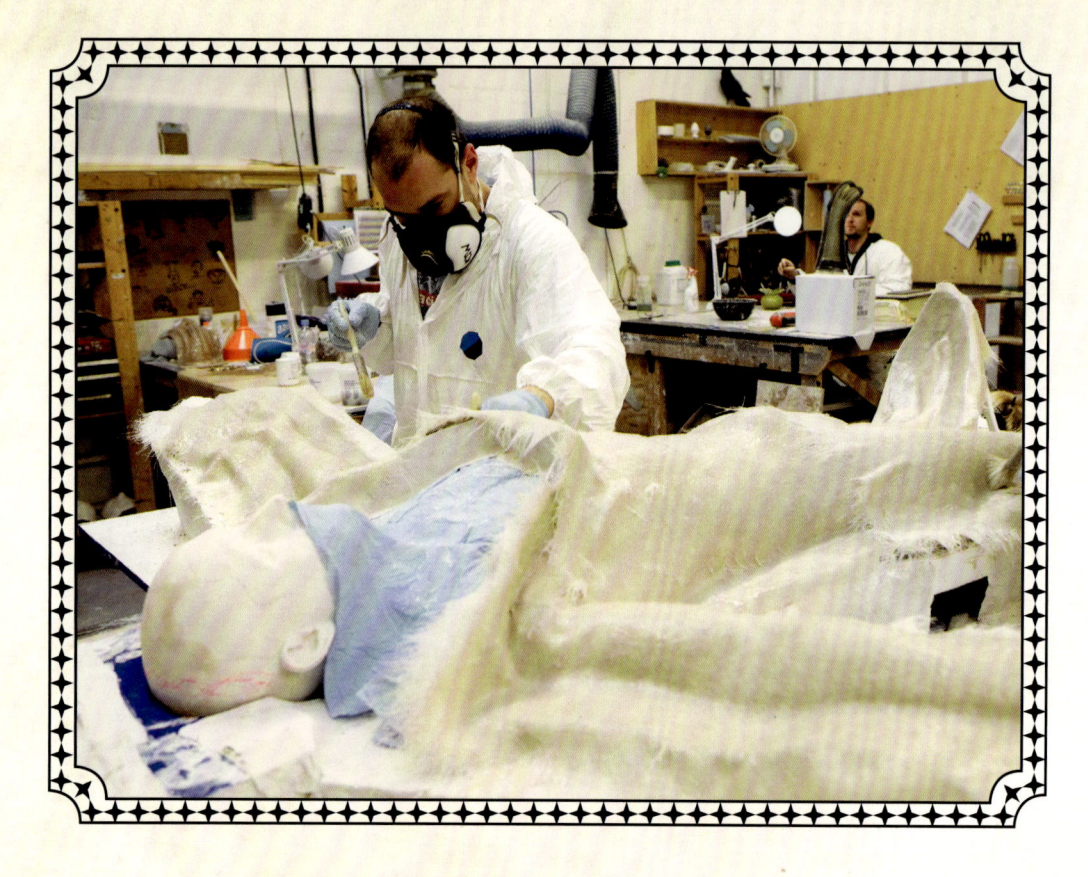

MODELOS HUMANOS

"Ontem à noite, uma coisa foi roubada de cada um dos nossos campeões. Um tesouro. Esses quatro tesouros, um de cada campeão, estão agora no fundo do Lago Negro."

— **Alvo Dumbledore,** *Harry Potter e o Cálice de Fogo*

A segunda tarefa do Torneio Tribruxo aconteceu debaixo das águas turvas do Lago Negro, onde os campeões precisavam recuperar pessoas queridas que foram enfeitiçadas em um sono encantado e estavam flutuando na cidade dos sereianos. "Não havia a menor possibilidade de nós amarrarmos um ator no fundo de um tanque para três semanas de filmagem!", exclama Nick Dudman, artista de maquiagem de efeitos especiais na série de filmes de Harry Potter. E assim, modelos dos quatro atores foram feitos e usados para criar os bonecos submersos.

Criar um modelo de um ator para um filme é uma técnica que remete aos primórdios do cinema e é mais comum atualmente do que nunca. Modelos são feitos quando é preciso elaborar próteses para maquiagens complicadas ou para criar máscaras faciais para o dublê do ator. As necessidades de agora incluem um modelo para efeitos animatrônicos ou de computação gráfica. "O motivo para isso é bem simples" explica Dudman. "É comum que precisemos digitalizar alguém, e quando você digitaliza alguém usando laser, é inevitável que essa pessoa acabe se mexendo. Não dá para ficar tão imóvel. Se você digitaliza e manda fazer uma taça, a cópia vai ficar perfeita. Se você digitaliza a cabeça de uma pessoa, quando recebe de volta da empresa de digitalização, o resultado é borrado. Os detalhes ficam imprecisos, e é porque no tempo que a câmera leva para fazer a volta ou descer ou qualquer movimento que esteja fazendo, há pequeninos movimentos. No entanto, se fizermos um molde de uma pessoa e digitalizarmos isso, não há movimento nenhum. A qualidade da digitalização que o pessoal da computação gráfica recebe é dez vezes melhor."

O processo de modelagem evoluiu ao longo dos anos, mas o material básico — alginato odontológico — ainda é o principal ingrediente. Primeiro, uma toca de plástico é usada para proteger o cabelo do ator. Depois, o alginato, em forma de pó, é misturado com água. Isso adquire uma consistência borrachuda depois de três minutos. "Antes que se firme completamente", explica Dudman, "você coloca tudo em cima da cabeça toda e dos ombros, ou do corpo todo, se é disso que você precisa." Buracos para respiração são criados enquanto o alginato se solidifica. Em seguida, o alginato é coberto com uma camada de bandagens com gesso, que seguram o material no lugar até secar. "Quando termina de firmar", continua ele, "você corta em um local predeterminado, tira o ator de dentro, remonta as peças e preenche com gesso para fazer uma imitação perfeita. É um método bem antiquado, mas ainda não foi superado porque o gesso é o melhor material para oferecer as informações de que você precisa. O gesso fornece a textura da pele a um nível de detalhe absurdo: cada sarda, poro e ruga." O molde de gesso pode ser usado então para criar um dublê do material que for desejado. Cílios e sobrancelhas são colados individualmente, assim como os cabelos da cabeça toda, depois o modelo é pintado em um nível impressionante de detalhes. "Se feito direito", conclui Dudman, "são representações incrivelmente precisas."

Foram feitos modelos dos atores principais para o primeiro filme da série, mas o que foi único nos filmes de Harry Potter foi a necessidade de refazer no começo de *cada* filme, pois os jovens atores estavam crescendo. E os modelos eram uma necessidade fundamental para a história.

Quando as vítimas do basilisco que foi solto da câmara embaixo de Hogwarts em *Harry Potter e a Câmara Secreta* são petrificados pelo olhar da serpente, elas estão essencialmente transformadas em pedra, até que um antídoto possa reavivá-las. Seria insensato esperar que os atores que faziam o papel de Colin Creevey, Justino Finch-Fletchley, Nick Quase Sem Cabeça e Hermione Granger ficassem deitados ou de pé, imóveis por longos trechos do filme, então os modelos foram a salvação da pátria. (A Madame Nora petrificada foi uma versão animatrônica do gato.)

A mesma necessidade surgiu no quarto filme, para as cenas debaixo da água, mas os modelos de Rony Weasley, Hermione Granger, Cho Chang e da irmã de Fleur Delacour, Gabrielle, precisavam fazer alguns movimentos. Bonecos animatrônicos foram feitos a partir dos modelos dos atores, com um tanque de flutuação inseridos. O tanque podia receber ar bombeado e retirado, para criar a ilusão da flutuação, e também para soltar bolhas pela boca. Além disso, água era bombeada para dentro dos corpos de fora do tanque. Isso transferia a água de um lugar para outro dentro do boneco, mas como a água se move devagar, criava um movimento delicado e natural.

Modelos também foram usados para personagens que precisavam ficar suspensos no ar: Katie Bell em *Harry Potter e o Enigma do Príncipe* e Caridade Burbage em *Harry Potter e as Relíquias da Morte — Parte 1*. A produtora de efeitos visuais Emma Norton repete os sentimentos de Nick Dudman: "Não se pode pendurar uma atriz de cabeça para baixo por dez horas de filmagem por dia!" Os bonecos eram mecanizados, para que os corpos pudessem se contorcer e os rostos exibissem dor. Duas versões de um modelo de Michael Gambon foram criadas para *Harry Potter e o Enigma do Príncipe*. A intenção era que, depois da queda de Dumbledore da torre, Hagrid carregasse o bruxo falecido pelo terreno de Hogwarts. No entanto, como Hagrid é meio gigante, o modelo de Dumbledore precisava ser produzido uma segunda vez em versão reduzida para manter a escala dos personagens em mente, e no menor peso possível, pois Martin Bayfield, que fazia o Hagrid em tamanho real nas cenas longas, já estava carregando muitos quilos em figurino e animatrônica. Acabou sendo decidido que essa cena não seria feita, mas o aprendizado conquistado com a tarefa ajudou a equipe de Dudman quando eles criaram um Harry Potter supostamente falecido e em escala menor para ser carregado por Hagrid em *Harry Potter e as Relíquias da Morte — Parte 2*.

ANTERIOR: Estágios iniciais dos modelos de *Harry Potter e o Enigma do Príncipe*. Quando o alginato é removido, os moldes são cobertos com um tecido de fibra de vidro para estabilidade antes de serem preenchidos com gesso; À ESQUERDA: O modelo de Hermione Granger para *Harry Potter e o Cálice de Fogo* foi equipado com um tanque de flutuação interior que criava a ilusão de ela estar flutuando na água e emitindo bolhas de ar pela boca; NO ALTO: A segunda tarefa exigia que quatro alunos ficassem suspensos na água por muitos dias de filmagem: não é uma coisa que se possa pedir para os atores fazerem! ACIMA: Hagrid carrega um Harry Potter supostamente morto para o pátio de Hogwarts em *Harry Potter e as Relíquias da Morte — Parte 2*.

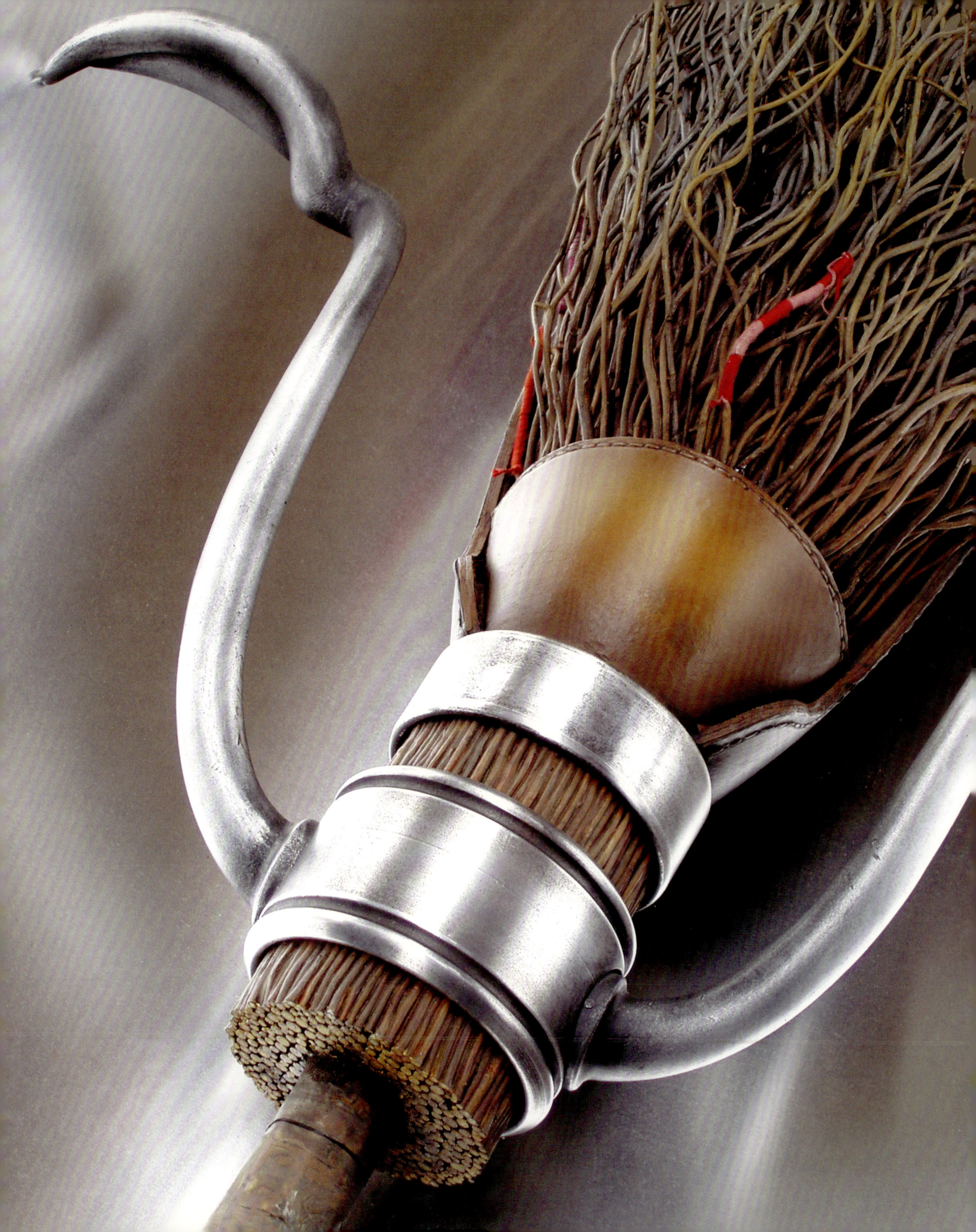

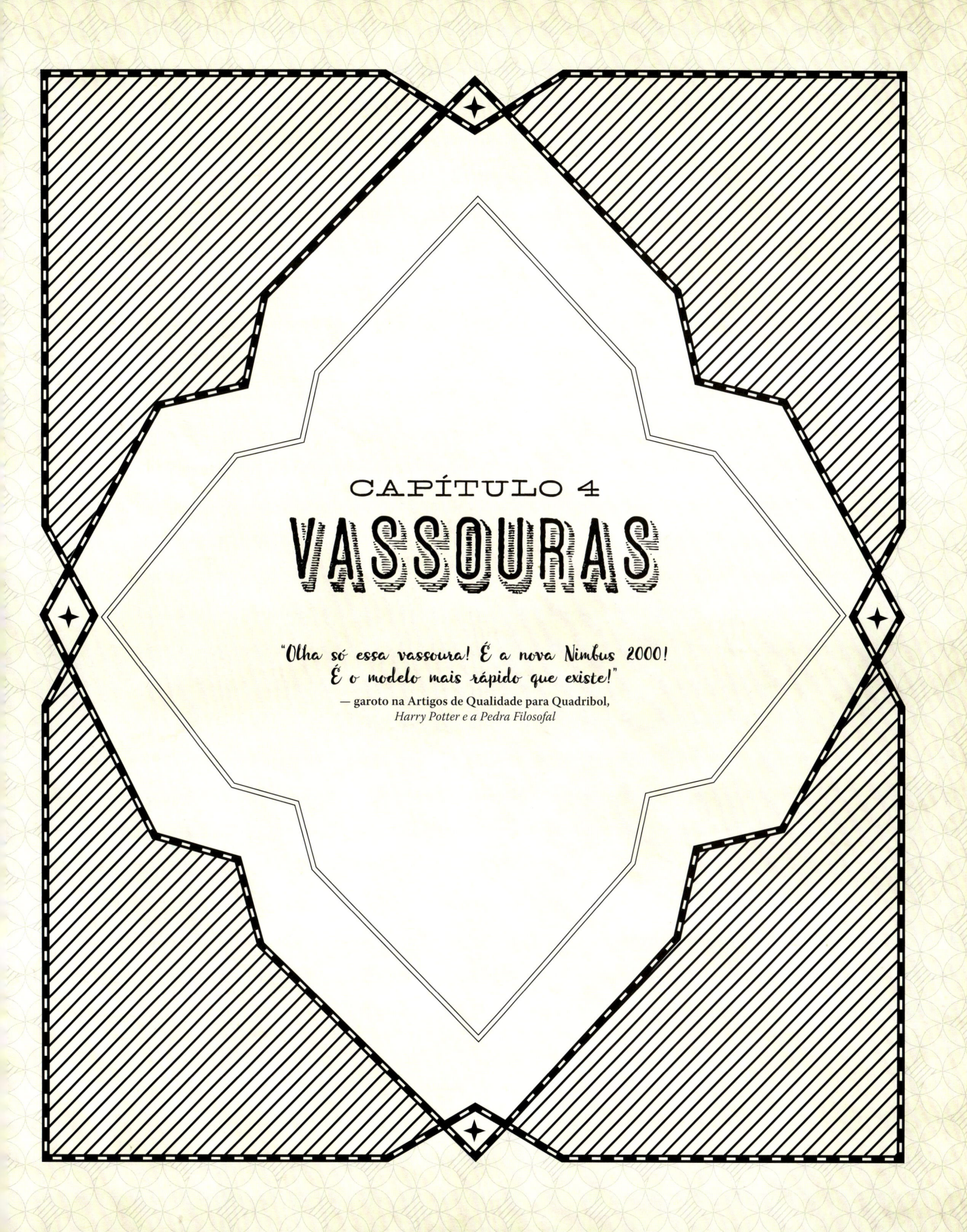

CAPÍTULO 4
VASSOURAS

"Olha só essa vassoura! É a nova Nimbus 2000!
É o modelo mais rápido que existe!"
— garoto na Artigos de Qualidade para Quadribol,
Harry Potter e a Pedra Filosofal

82   O LIVRO DOS ARTEFATOS MÁGICOS

Se existe um artefato onipresente em uma história que se passa em um universo bruxo, esse artefato são as vassouras voadoras. Para Harry Potter, aprender a voar em uma vassoura é como um rito de passagem na comunidade bruxa, e se superar no esporte mais popular deles, o quadribol, faz com que gostem dele e com que ele goste mais das pessoas. Mas os artistas conceituais, designers e aderecistas ainda dão um toque novo a um objeto tradicional.

As vassouras usadas pelos jovens bruxos na primeira aula de voo em *Harry Potter e a Pedra Filosofal* parecem tão velhas quanto a própria escola. Elas são nodosas, tortas e finas. Mas a aparência da vassoura não devia importar; o que importa é a habilidade de quem voa, e Harry demonstra imediatamente o quanto é talentoso nisso. Como elemento da história, os ganhos e perdas de vassouras de Harry são uma forma de desenvolver o personagem e os relacionamentos: quando a professora McGonagall observa as habilidades naturais de Harry na primeira aula de voo em *Harry Potter e a Pedra Filosofal*, e ele se torna o novo apanhador da equipe de quadribol da Grifinória, é ela que fornece a Harry a melhor vassoura do momento, a Nimbus 2000. De forma similar, quando ele perde essa vassoura durante um jogo em *Harry Potter e o Prisioneiro de Azkaban* por causa da vulnerabilidade aos Dementadores, é Sirius Black quem o presenteia com uma substituta, uma vassoura ainda melhor. A Firebolt que seu padrinho envia para ele é um símbolo claro de afeição no novo relacionamento.

Tanto a Nimbus quanto a Firebolt exibem a delicada arte da elaboração de vassouras, com sua construção aerodinâmica e cerdas bem aparadas. Mas "não eram só adereços que as crianças carregavam para lá e para cá", explica Pierre Bohanna. "Eles precisam se sentar nelas. Elas precisam ser colocadas em bases com controle de movimento para filmagens com efeitos especiais, e sacudidas e balançadas para imitar o voo, então elas tinham que ser muito finas e incrivelmente duráveis." Para fazer vassouras leves e fortes, um centro de titânio de aeronave foi usado na construção. Isso foi coberto de mogno, depois galhos de bétula foram acrescentados para formar as cerdas. Quanto melhor a vassoura, mais finos os galhos. Para tornar a montagem nas vassouras mais confortável, no terceiro filme, *Harry Potter e o Prisioneiro de Azkaban*, foram acrescentados pedais, e assentos de bicicleta, que ficavam escondidos pelas vestes dos jogadores, foram posicionados às vassouras. (Além disso, foi acrescentado um acolchoamento na parte de trás da calça do uniforme de quadribol.) Os selins de bicicleta nas

PÁGINA 80: Um detalhe da vassoura da integrante da Ordem da Fênix Ninfadora Tonks; ANTERIOR: Daniel Radcliffe (Harry Potter) com uma Nimbus 2000 e Tom Felton (Draco Malfoy) com uma Nimbus 2001 exibem suas vassouras de quadribol em uma foto publicitária de *Harry Potter e a Câmara Secreta*; ANTERIOR, NO FUNDO: Desenhos de vassouras usadas em *Harry Potter e o Enigma do Príncipe* feitos por Amanda Leggatt e Martin Foley; ACIMA: A Firebolt; ABAIXO (DA ESQUERDA PARA A DIREITA): Freddie Stroma (Cormac McLaggen), Daniel Radcliffe (Harry Potter) e Bonnie Wright (Gina Weasley) esperam o aviso de "Ação" enquanto as vassouras estão presas em braços computadorizados em uma tela azul especialmente preparada durante a filmagem de *Enigma do Príncipe*.

VASSOURAS 83

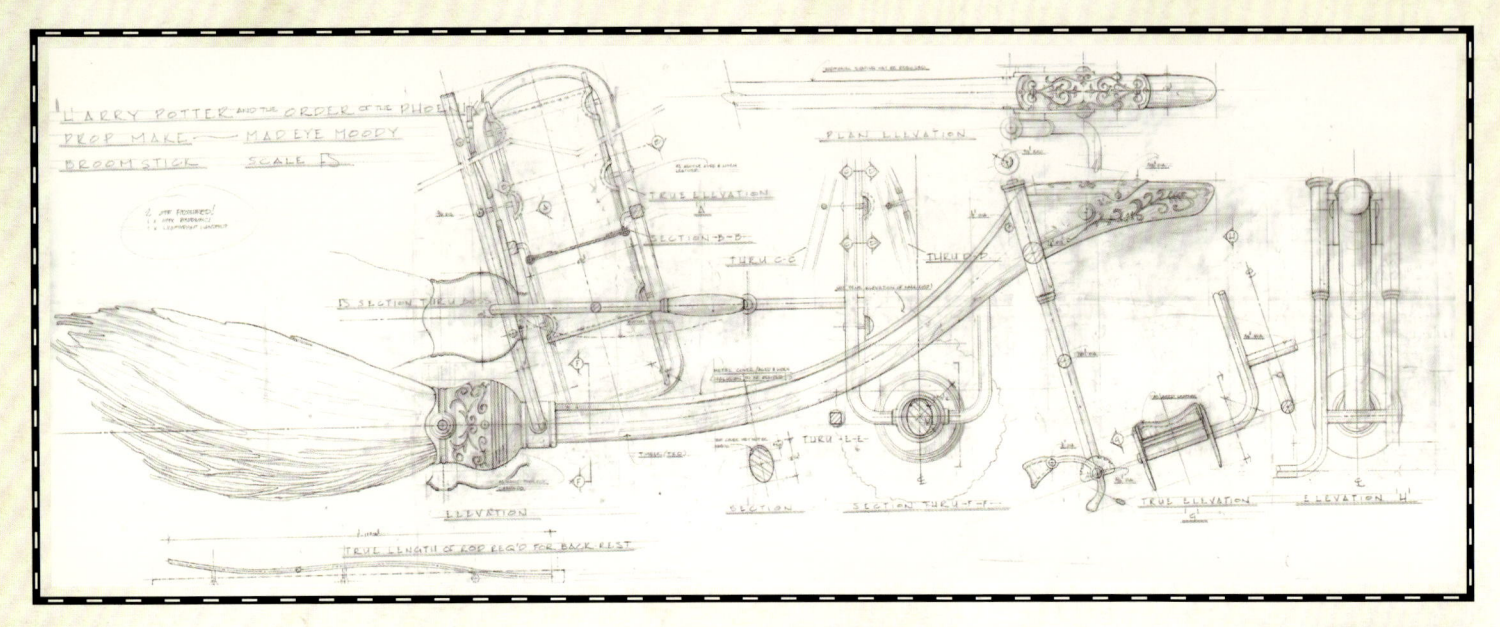

vassouras foram criados especialmente. "Cada ator veio", relembra o supervisor de efeitos visuais John Richardson, "fez a posição de voo em sua vassoura, e nós modelamos os traseiros deles e acrescentamos isso às vassouras. Então, todo mundo que usava vassoura, além de ter a sua própria, também tinha seu assento especialmente modelado."

As vassouras criadas para os integrantes da ordem do título de *Harry Potter e a Ordem da Fênix* foram criadas para combinar com a personalidade do personagem. "Se me lembro direito", diz o artista conceitual Adam Brockbank, "mostrei a Stuart Craig um desenho de uma espécie de vassoura no estilo do filme *Sem Destino* para Olho-Tonto Moody, em que ele se sentava com as pernas para a frente, como um motociclista." Craig refinou o conceito e a arte foi passada entre eles várias vezes até que eles chegassem a um acordo da versão final. "Foi feita de uma forma linda, mas não dá para ver muito [no filme]. Dá para ver muito pela forma como ele se senta que é diferente das outras."

Brockbank trabalhou em várias outras vassouras, inclusive na de Remo Lupin, que reflete a pobreza do personagem dele em sua aparência descuidada e maltratada, e na de Ninfadora Tonks, que em um momento anterior exibia fitas e outros adornos. A vassoura final de Tonks foi construída com galhos de cores diferentes formando as cerdas. A atriz Natalia Tena adorou o visual "surrado". "Sei que todo mundo queria levar suas varinhas no final das filmagens", relembra ela, "mas eu queria minha vassoura." Brockbank já tinha criado a vassoura do apanhador búlgaro de quadribol Vítor Krum em *Harry Potter e o Cálice de Fogo*. "Nós criamos uma vassoura especial para Krum", explica Brockbank, "apesar de o quadribol ser tão rápido que talvez nem dê para notar. Era mais aerodinâmica que a maioria e meio achatada no alto, com uma haste embaixo. A parte de cima e a de baixo eram de cores diferentes."

Mais integrantes da Ordem receberam suas vassouras em *Harry Potter e as Relíquias da Morte — Parte 1*, quando Harry é escoltado da

ALTO: Desenho da vassoura de Alastor "Olho-Tonto" Moody; MEIO, À DIREITA: Um close de uma vassoura na oficina de adereços; DIREITA: Vistas diferentes da vassoura de Moody, por Adam Brockbank; SEGUINTE (DE CIMA PARA BAIXO): Arte de desenvolvimento visual de Ninfadora Tonks, Kingsley Shacklebolt e Alastor "Olho-Tonto" Moody voando, de Adam Brockbank para *Harry Potter e a Ordem da Fênix*.

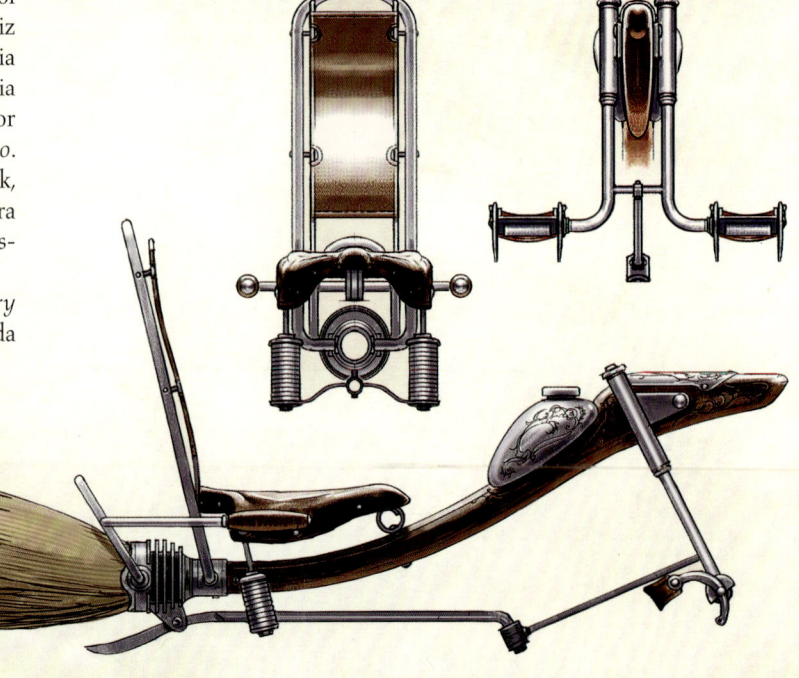

VASSOURAS 85

PAGE 4

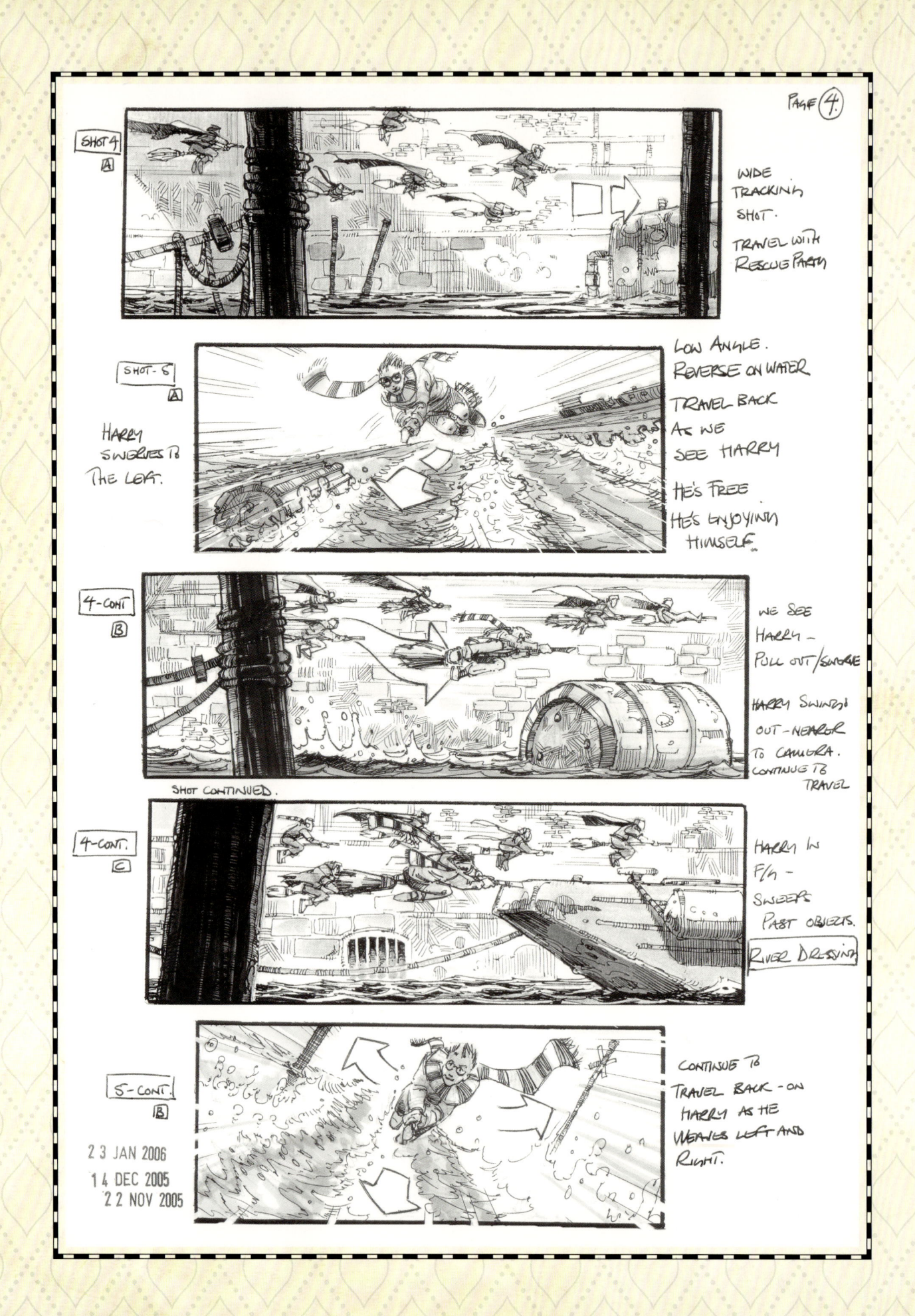

SHOT 4 / A — WIDE TRACKING SHOT. TRAVEL WITH RESCUE PARTY

SHOT-5 / A — LOW ANGLE. REVERSE ON WATER. TRAVEL BACK AS WE SEE HARRY. HE'S FREE. HE'S ENJOYING HIMSELF.
HARRY SWERVES TO THE LEFT.

4-CONT / B — WE SEE HARRY — PULL OUT/SWERVE. HARRY SWINGS OUT — NEARER TO CAMERA. CONTINUE TO TRAVEL.
SHOT CONTINUED.

4-CONT / C — HARRY IN F/G — SWEEPS PAST OBJECTS. RIVER DRESSING

5-CONT / B — CONTINUE TO TRAVEL BACK — ON HARRY AS HE WEAVES LEFT AND RIGHT.

2 3 JAN 2006
1 4 DEC 2005
2 2 NOV 2005

86 O LIVRO DOS ARTEFATOS MÁGICOS

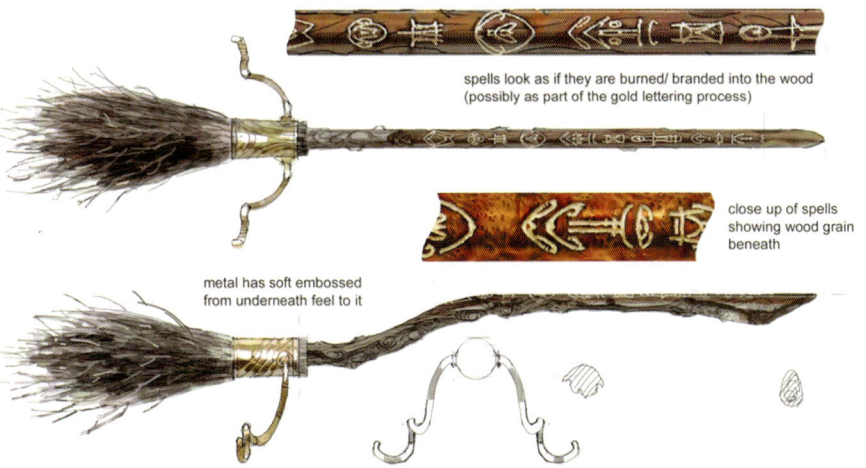

Broomstick 4 detail showing treatment of wood

spells look as if they are burned/ branded into the wood (possibly as part of the gold lettering process)

close up of spells showing wood grain beneath

metal has soft embossed from underneath feel to it

side view

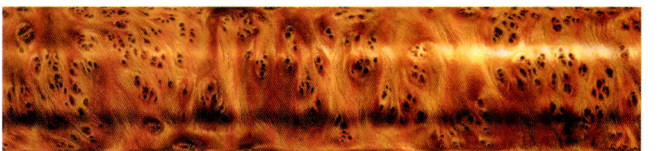

top view

ALTO: Integrantes da Ordem voam sobre a paisagem de Londres em *Harry Potter e a Ordem da Fênix*, na arte de Adam Brockbank; ACIMA: O trabalho do artista conceitual Dermot Power oferece texturas e acabamentos possíveis para o cabo da Firebolt em *Harry Potter e o Prisioneiro de Azkaban*, incluindo inscrições de símbolos de feitiços; ANTERIOR: Sequência, cena a cena, de storyboard de Harry Potter e os integrantes da Ordem voando sobre o rio Tâmisa depois que ele foi salvo da Rua dos Alfeneiros em *Ordem da Fênix*.

VASSOURAS 87

rua dos Alfeneiros, inclusive Arthur Weasley, cuja vassoura foi criada pela artista gráfica Miraphora Mina. Ela tem pedais de bicicleta trouxa em vez de apoios para os pés e um assento de bicicleta em vez da sela habitual. (Como qualquer boa bicicleta, também tem uma cestinha para carregar coisas.) Uma ideia inicial era que as vassouras carregando dois bruxos fossem adaptadas para acomodar dois assentos. A ideia foi deixada de lado, mas Mina admite que teria gostado de ter uma chance de incrementar a vassoura de Arthur Weasley. "Achei que pelo fato de ele adorar coisas trouxas, ele poderia ter transformado uma vassoura de dois assentos em algo como aqueles barcos a remo de duas pessoas, depois tivesse usado partes de outras coisas trouxas para inventar uma forma de impedir as vestes de prenderem em algum lugar."

Para fugir do fogomaldito na Sala Precisa em *Harry Potter e as Relíquias da Morte — Parte 2*, Rony Weasley encontra um esconderijo com vassouras antigas e joga uma para Harry e uma para Hermione (essa é a única vez em que vemos Hermione voar em uma vassoura durante a série de filmes). Adam Brockbank deu às vassouras uma silhueta mais reta, mas em vez de apoios para os pés, eles tinham estribos com filigranas e uma construção metálica mais complicada. A aparência quase de um rifle tem uma sela embutida e pode facilmente acomodar duas pessoas.

SEGUINTE: Continuação da sequência em storyboard do voo sobre Londres pela Ordem da Fênix; À EXTREMA DIREITA: A vassoura de Arthur Weasley, criada para *Harry Potter e as Relíquias da Morte — Parte 1* por Miraphora Mina; À DIREITA E NO MEIO: O artista conceitual Adam Brockbank criou uma vassoura antiga capaz de carregar dois passageiros para *Harry Potter e as Relíquias da Morte — Parte 2*; NO ALTO: Os desenhos conceituais de Adam Brockbank mostram como Rony Weasley (esquerda) e Harry Potter, com Draco Malfoy, escapariam do fogomaldito na Sala Precisa nas vassouras de dois passageiros em *Relíquias da Morte — Parte 2*; ACIMA: Uma imagem do filme mostra a Ordem da Fênix se preparando para sair da rua dos Alfeneiros.

88 O LIVRO DOS ARTEFATOS MÁGICOS

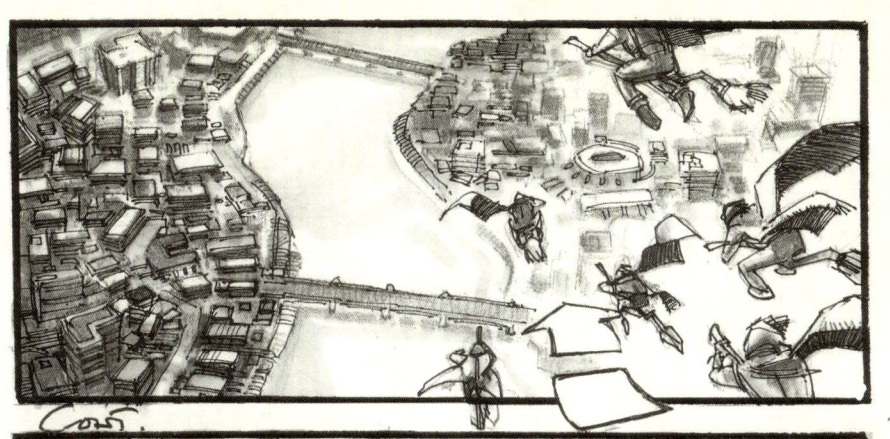

As the rescue party drops into shot.

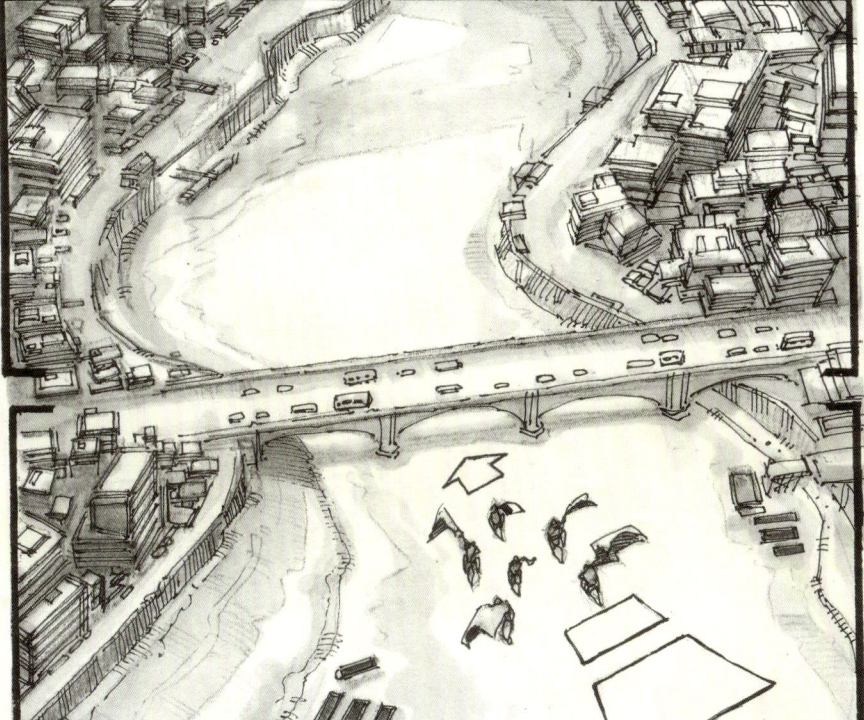

Travel with them as they dive toward the river.

The rescue party pulls away from camera.

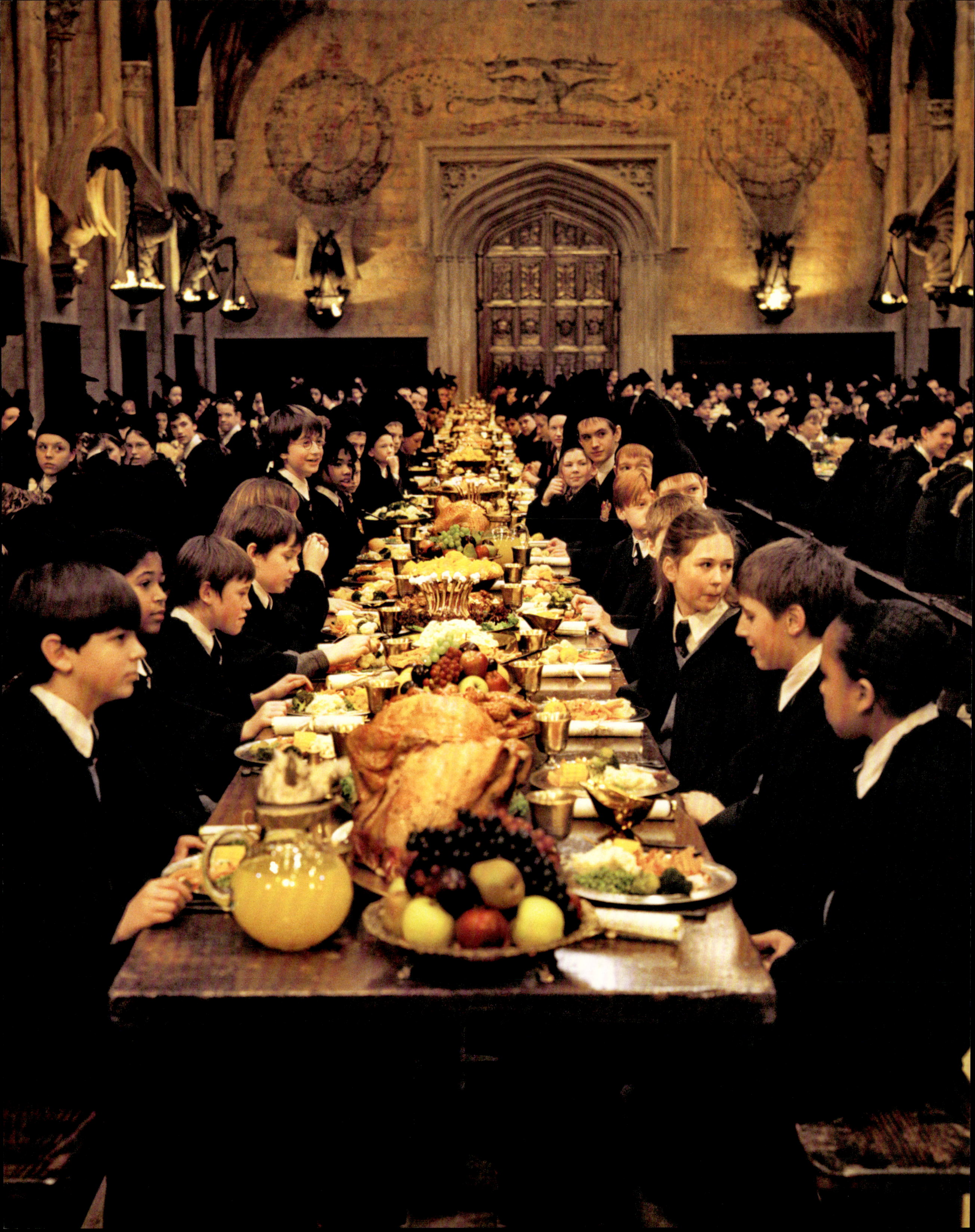

CAPÍTULO 5
COMIDA E BEBIDA

"Duas tortinhas de abóbora, por favor."
— **Cho Chang**, *Harry Potter e o Cálice de Fogo*

92 O LIVRO DOS ARTEFATOS MÁGICOS

BANQUETES NO SALÃO PRINCIPAL

"Que se inicie o banquete!"

— **Alvo Dumbledore,** *Harry Potter e a Pedra Filosofal*

Os banquetes e doces servidos no Salão Principal nos horários das refeições ao longo dos filmes de Harry Potter eram providenciados pelo departamento de adereços. "Lembro que desde o primeiro filme foi preciso fazer uma escolha", diz o aderecista Pierre Bohanna. "Acho que foram cinco ou seis dias de filmagens para o banquete do Salão Principal, que incluiria perus inteiros, coxas de galinha, espigas de milho, purê de batata etc." A escolha era se seria mais econômico usar comida de verdade ou criar réplicas, mas o diretor Chris Columbus queria usar comida de verdade. "Nada de coisa de mentirinha para ele", acrescenta Barry Wilkinson, aderecista da série. "Primeiro, tivemos que decidir como alimentaríamos quatrocentos e cinquenta crianças. E é preciso ficar trocando a comida toda hora, porque não podemos deixar que estrague por causa das luzes." Quatro cozinhas móveis foram colocadas ao redor do set para fazer isso acontecer. Bohanna continua: "E, depois de três dias, ficou horrível. Ninguém estava comendo, então a comida ficava ali o dia todo. Era difícil mantê-la quente e convidativa, e o cheiro ficou ruim." A cenografista Stephenie McMillan concorda: "O cheiro terrível ficou famoso."

Essa abordagem também foi usada no segundo filme, embora "não houvesse uma cena como aquela, com comidas de prato principal", explica Bohanna. "O que passou a acontecer dali em diante era que sempre que um banquete era exibido, normalmente era no final da refeição, então nós fizemos bem mais pudins e coisas do tipo." As mudanças que aconteceram na série de filmes com a chegada do diretor Alfonso Cuarón em *Harry Potter e o Prisioneiro de Azkaban* incluíram uma mudança para réplicas de comida. Ocasionalmente, comida de verdade era usada; os bolos de profiteroles em *Harry Potter e a Ordem da Fênix* foram feitos com nozes de verdade e bolinhos comestíveis, mas a calda de chocolate derramada em cima era uma receita secreta do departamento de adereços, impossível de comer.

PÁGINA 90: Banquete no Salão Principal, *Harry Potter e a Pedra Filosofal*. Quatrocentos alunos foram alimentados em mesas com trinta metros de comprimento; ANTERIOR: Harry Potter vai a seu primeiro banquete no Salão Principal depois de ser selecionado para a Grifinória em *Harry Potter e a Pedra Filosofal*; (Esquerda para a direita) Neville Longbottom (Matthew Lewis), Hermione Granger, Harry Potter, Percy Weasley (Chris Rankin), Lino Jordan (Luke Youngblood); NO CENTRO E ACIMA: Uma garrafa de suco de abóbora, com design do rótulo feito pelo departamento gráfico.

COMIDA E BEBIDA

CAFÉS DA MANHÃ NO SALÃO PRINCIPAL

"Se o conteúdo for insatisfatório, devolva este produto por coruja."
— texto em um rótulo de caixa de cereal Pixie Puffs, *Harry Potter e o Prisioneiro de Azkaban*

Mesmo no mundo mágico, a refeição mais importante do dia é o café da manhã. Servido, como todas as refeições, no Salão Principal, pilhas de torrada e discos redondos de manteiga são ladeados por jarras grandes de leite e suco, servidos por uma tampa de cabeça de javali. Potes de conservas de frutas contêm Geleia de Mistura Maluca de Frutas Vermelhas, Mel da Floresta Proibida e Geleia de Laranja com Pedacinhos, feitos pelos elfos domésticos de Hogwarts, com datas de vencimento (junho em Peixes) nos rótulos. Não é surpreendente que também haja cereal na mistura, com opções como Cheeri Owls e Pixie Puffs, dando um vislumbre das marcas bruxas. Os designers gráficos criaram caixas com prêmios, slogans de marketing e listas de ingredientes. Ninguém sabe como os alunos continuavam com dentes depois de comerem Pixie Puffs (feitos pela Dedosdemel), que contêm açúcar, xarope de milho de alta frutose, mel africano, xarope de glicose, melado, niacina mágica, ferro, fibras, riboflavina, chocolate e pó de diabrete.

ACIMA: Rony Weasley não tem muito apetite no café da manhã antes do primeiro jogo de quadribol como goleiro da Grifinória em *Harry Potter e o Enigma do Príncipe*. Dando apoio do outro lado da mesa estão Gina Weasley, Harry Potter e Hermione Granger; À DIREITA: Vista da frente e de trás de uma caixa de cereal Cheeri Owls (agora com óleo de skreet); MENOR: Uma jarra de suco de laranja com tampa de cabeça de javali; SEGUINTE: As mesas do Salão Principal, preparadas para um café da manhã farto e um tanto saudável em *Enigma do Príncipe*.

94 O LIVRO DOS ARTEFATOS MÁGICOS

HONEYDUKE'S
Breakfast Range
PixiePuffs
HONEYDUKE'S
PixiePuffs
COATED WITH
PIXIE DUST
PixiePuffs
NEW OAT
CEREAL
500g

ESTABELECIMENTOS COM COMIDA E BEBIDA

"O Caldeirão Furado! Aí, se tiver sopa de ervilha trace ela antes que ela trace você!"
— cabeça encolhida no Nôitibus, *Harry Potter e o Prisioneiro de Azkaban*

A entrada de Harry Potter no mundo bruxo em *Harry Potter e a Pedra Filosofal* é pelo Caldeirão Furado, um pub onde bruxos podem tomar uma cerveja amanteigada ou comer picles de enguia. Também é uma pensão, e Harry se encontra com os Weasley durante sua estada lá em *Harry Potter e o Prisioneiro de Azkaban*. Mais tarde, no mesmo filme, ele visita uma taverna em Hogsmeade, o Três Vassouras, que também é vista em *Harry Potter e a Ordem da Fênix* e *Harry Potter e o Enigma do Príncipe*. Esses lugares são aconchegantes e amplos e oferecem oportunidades de conversas clandestinas e passagens seguras. Em *Harry Potter e a Ordem da Fênix*, os integrantes da iniciante Armada de Dumbledore se reúnem em Hogsmeade, no Cabeça de Javali, um pub um pouco mais sombrio que acabam descobrindo ser gerenciado pelo irmão de Alvo Dumbledore, Aberforth, em *Harry Potter e as Relíquias da Morte — Parte 2*.

Cada lugar serve uma variedade de bebidas, com garrafas e barris rotulados pelo departamento gráfico, inclusive a onipresente cerveja amanteigada. Há muitas variedades de uísque, cerveja e outras bebidas; muitas das marcas foram criadas pela equipe gráfica. O Três Vassouras também oferece comida de bar: batata frita gato preto e a marca da casa de nozes enfeitiçantes.

NO ALTO: A forma da placa do Caldeirão Furado, do Beco Diagonal, é tão distinta quanto o nome; ABAIXO: Barris de cerveja amanteigada, garrafinhas de metal e um sino pequeno que é tocado para indicar a última rodada de atendimento no bar; SEGUINTE, NO ALTO: As mesas estão preparadas para os clientes do Três Vassouras em fotos de referência de *Harry Potter e a Ordem da Fênix*; SEGUINTE, EMBAIXO: Rótulos de alguns dos produtos do Três Vassouras, criados pelo departamento gráfico.

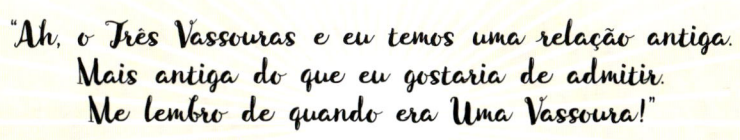

"Ah, o Três Vassouras e eu temos uma relação antiga. Mais antiga do que eu gostaria de admitir. Me lembro de quando era Uma Vassoura!"

— Horácio Slughorn, *Harry Potter e o Enigma do Príncipe*

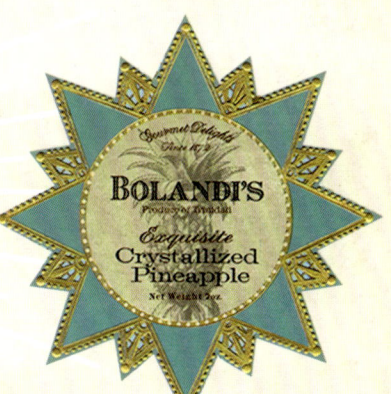

COMIDA E BEBIDA 97

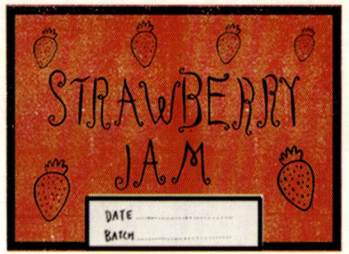

COMIDA E BEBIDA NA TOCA

Além de talentosa tricotando suéteres e cachecóis, Molly Weasley também faz geleias caseiras, com rótulos feitos à mão com muito amor. Os sabores incluem Compota Magnífica, Geleia de Morango e Mel Caseiro Delicioso.

À DIREITA: Rótulos das geleias caseiras de Molly Weasley com o mesmo toque artístico do tricô onipresente dela, feitos pelo departamento gráfico; NO ALTO: uma imagem da mesa de Natal n'A Toca, em *Harry Potter e o Enigma do Príncipe*, antes do ataque dos Comensais da Morte; SEGUINTE, À DIREITA E EMBAIXO, À ESQUERDA: Miraphora Mina e Eduardo Lima criaram os rótulos para os produtos do Luchino Café, visitado por Harry, Rony e Hermione em *Harry Potter e as Relíquias da Morte — Parte 1*; SEGUINTE, NO ALTO À ESQUERDA E NO CENTRO À ESQUERDA: Fotos de referência do cenário do Luchino Café.

98 O LIVRO DOS ARTEFATOS MÁGICOS

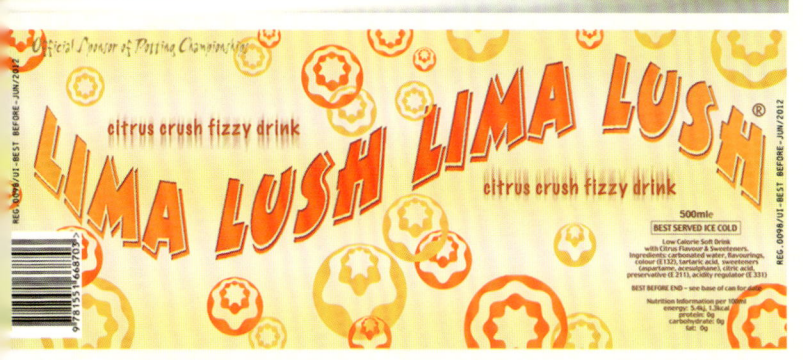

COMIDA E BEBIDA NO MUNDO TROUXA

Durante a fuga dos Comensais da Morte que invadiram o casamento de Gui Weasley e Fleur Delacour em *Harry Potter e as Relíquias da Morte — Parte 1*, Harry Potter, Hermione Granger e Rony Weasley procuram abrigo no Luchino Café (nome escolhido em homenagem ao filho de Miraphora Mina). Os artistas gráficos elaboraram rótulos de bebidas com um toque bem pessoal, incluindo Lima Lush, uma bebida cítrica com gás.

COMIDA E BEBIDA 99

DOCES DO CARRINHO NO EXPRESSO DE HOGWARTS

"Desejam alguma coisa, queridos?"
"Eu fico com tudo!"

— bruxa do carrinho e Harry Potter, *Harry Potter e a Pedra Filosofal*

Não há dúvida de que alguns dos adereços mais memoráveis da série de filmes de Harry Potter são os doces. Em *Harry Potter e a Pedra Filosofal*, a autora J. K. Rowling ofereceu um carrinho cheio, o que proporcionou uma oportunidade de interação entre os futuros melhores amigos Harry Potter e Rony Weasley na primeira viagem a bordo do Expresso de Hogwarts. A carta de Bruxo Famoso que Harry tira no sapo de chocolate é de Alvo Dumbledore, mas em vez das imagens em movimento vistas nos quadros e nas fotos do mundo bruxo, a foto foi feita com o mesmo material metálico usado para criar um holograma 3-D.

À DIREITA: Os doces vendidos pela bruxa do carrinho no Expresso Hogwarts em *Harry Potter e a Pedra Filosofal* e *Harry Potter e o Cálice de Fogo* eram fornecidos pela Dedosdemel, embora esse fato só tenha sido conhecido em *Cálice de Fogo*; SEGUINTE, NO ALTO: Arte de desenvolvimento visual de Miraphora Mina para o pacote "Pick 'N' Trix" da Dedosdemel, um recipiente originalmente achatado que se expande para receber mais e mais doces conforme são acrescentados. EMBAIXO, SEGUINTE EMBAIXO E PÁGINAS SEGUINTES: Os pais dentistas de Hermione Granger provavelmente ficariam perplexos com as centenas de doces criados para a Dedosdemel, fornecidos pelo departamento de adereços e com embalagens feitas pelo departamento gráfico para *Harry Potter e o Prisioneiro de Azkaban*.

HONEYDUKES

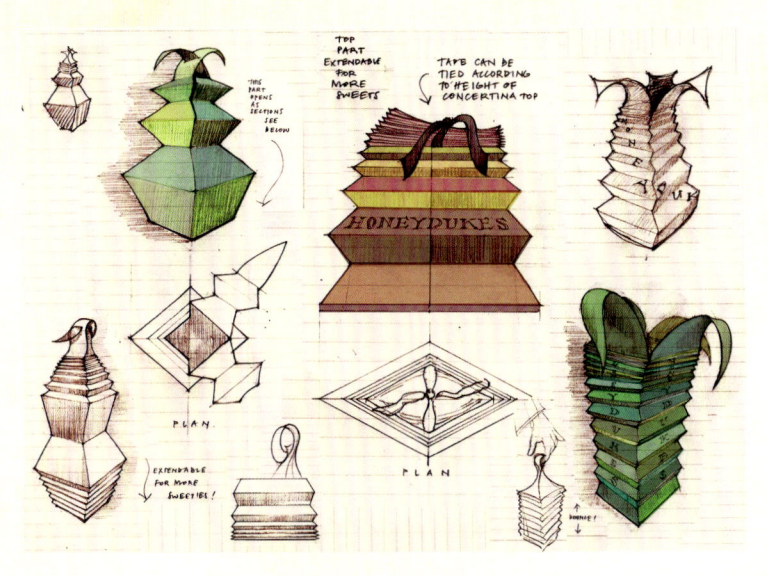

DEDOSDEMEL

"A loja de doces Dedosdemel é o máximo!"
— Rony Weasley, cena cortada de *Harry Potter e o Prisioneiro de Azkaban*

Um dos pontos altos dos alunos do terceiro ano na primeira visita a Hogsmeade é uma ida à Dedosdemel: uma loja cheia de prateleiras e mais prateleiras de doces, bolos, pirulitos e chocolates. O departamento de adereços criou Pirulitos de Esqueleto, Bombons Explosivos, Varinhas de Alcaçuz e Gotas Malucas Lima. Inspirados pelo diretor mexicano Alfonso Cuarón, de *Harry Potter e o Prisioneiro de Azkaban*, os adereçistas acrescentaram crânios de açúcar chamados *calaveras*, com as decorações coloridas do *Dia dos Mortos*. Antes de filmar, os atores foram informados que as balas foram cobertas de uma camada de verniz para conservá-las pelos vários dias de filmagem. Mas isso não era verdade; foi só uma mentirinha para evitar furtos e ingestão dos produtos da Dedosdemel.

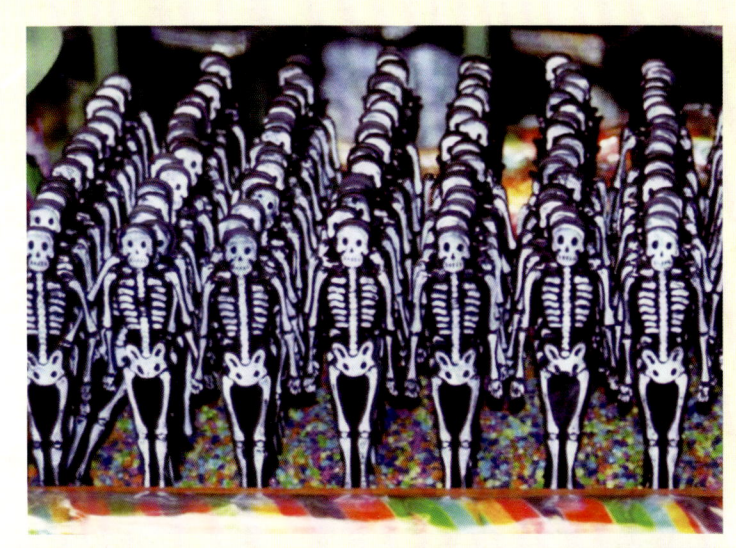

COMIDA E BEBIDA

102 O LIVRO DOS ARTEFATOS MÁGICOS

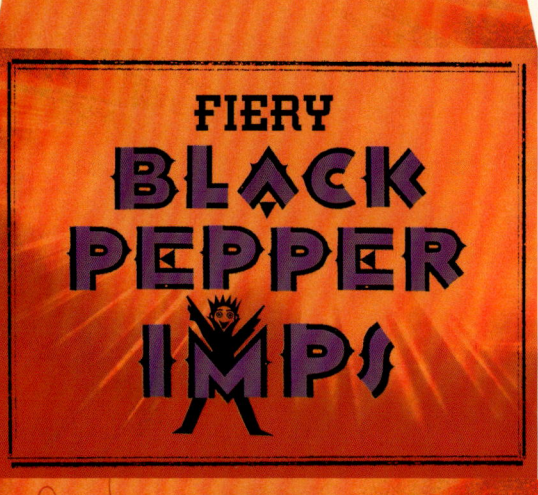

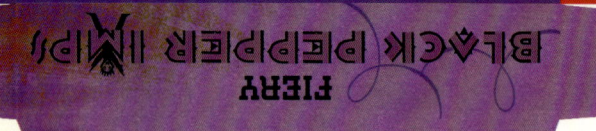

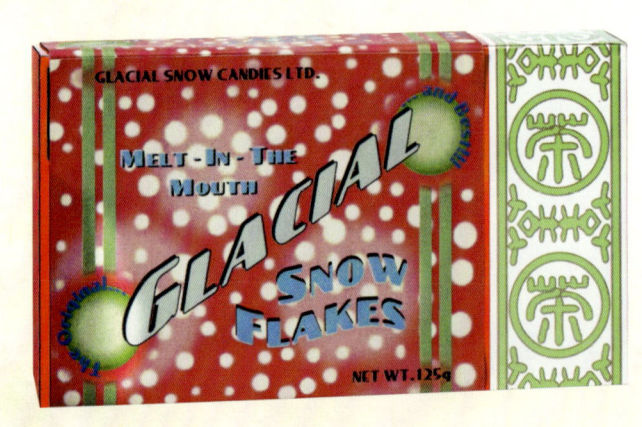

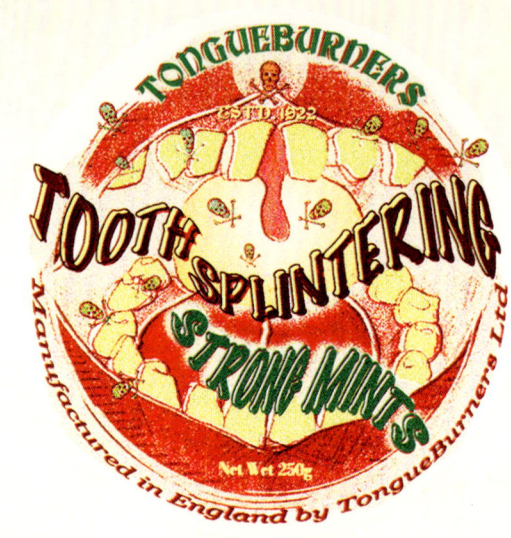

COMIDA E BEBIDA 103

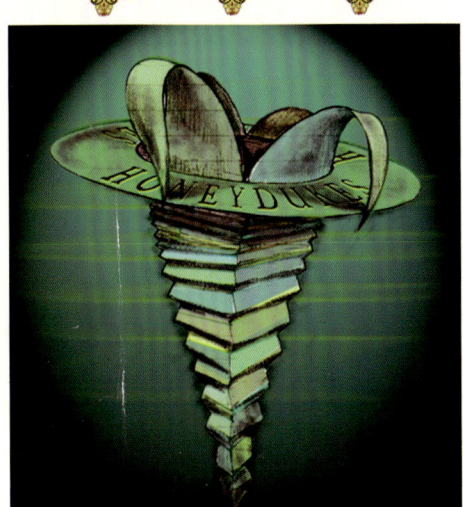

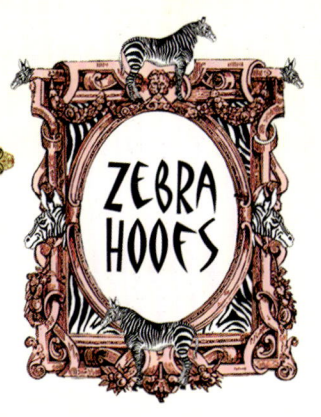

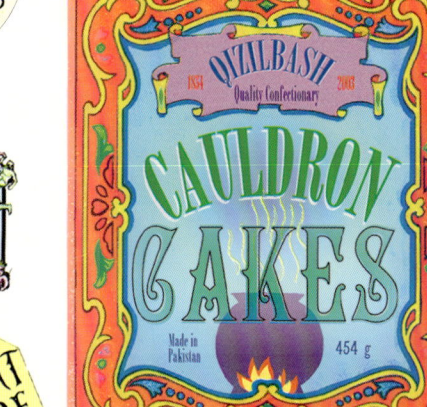

BANQUETE DE BOAS-VINDAS DO TORNEIO TRIBRUXO

"Este castelo não será só o lar de vocês este ano, mas, também, lar de convidados muito especiais."

— Alvo Dumbledore, *Harry Potter e o Cálice de Fogo*

"Já tínhamos feito banquetes", diz a cenografista Stephenie McMillan, "mas não um com tantas sobremesas e pudins." O Banquete de Boas-Vindas à Academia de Magia de Beauxbatons e ao Instituto Durmstrang, as duas escolas visitantes para participarem do Torneio Tribruxo em *Harry Potter e o Cálice de Fogo*, é o sonho de qualquer chocólatra. "Eu queria que esse banquete tivesse um visual diferente dos outros do Salão Principal, e sabia que chocolate seria um bom tema para uma comemoração de crianças e jovens", diz McMillan. Ela também admite ter outro motivo por trás de sua decisão: "Eu achei que isso ia agradar as crianças, porque elas tiveram que encarar coxas de peru e rosbife sem graça muitas vezes antes. E é divertido levar as coisas ao extremo." McMillan elaborou a cena com três elementos em mente (é o Torneio *Tribruxo*, afinal): chocolate branco, chocolate ao leite e chocolate amargo. Muitas das criações incluíam as três cores de várias formas, mas depois de repassar o tom geral, o diretor Mike Newell pediu a McMillan para incluir algumas outras cores, só para quebrar o marrom. "Nós pensamos primeiro em ter milk-shake de chocolate, mas concluímos que era ir um pouco longe demais", relembra McMillan, "então usamos um corante rosa suave nas jarras de Hogwarts e incluímos também alguns doces cor-de-rosa." Expandindo a paleta, havia pratos, copos e talheres dourados, que McMillan usou nas mesas desde o primeiro filme.

A grande variedade de sobremesas continha tanto doces ingleses tradicionais como bruxos. Elas também refletiam os talentos dos departamentos de adereços, arte e cenografia. O diretor de arte Stuart Craig e McMillan primeiro precisavam decidir como a comida ficaria nas mesas. "Nós pesquisamos para ver que formas funcionavam bem juntas para dar bastante altura", diz ela, "porque quando as crianças se sentam nos bancos, elas viram uma massa escura na parte de baixo da sala." Para resolver isso, bolos de muitos andares, pilhas de profiteroles e torres de sorvete ocupavam as mesas. Outra decisão que precisava ser tomada era o que seria realmente assado e fervido e o que seria uma ilusão culinária. "É o aspecto prático que pesa na decisão, claro", explica McMillan. "As coisas que não derreteriam podiam ser reais, e as coisas que derreteriam não podiam." Assim, como muitos dos doces eram de chocolate, muitos deles tiveram que ser feitos de resina. McMillan achou que a plateia teria dificuldade em saber o que era real e o que não

NO ALTO: O banquete de boas-vindas às escolas Beauxbatons e Durmstrang ao Torneio Tribruxo em *Harry Potter e o Cálice de Fogo* foi o primeiro cardápio de sobremesas que as equipes de cenografia e adereços serviram nos filmes de Harry Potter; SEGUINTE: A paleta de cores para o banquete da cenografista Stephenie McMillan, com chocolate ao leite, amargo e branco, foi incrementada com alguns detalhes cor-de-rosa e lindamente complementada pelos pratos e talheres dourados usados no Salão Principal de Hogwarts.

COMIDA E BEBIDA 105

106 O LIVRO DOS ARTEFATOS MÁGICOS

era: "Acho que seria bem difícil perceber que os pequenos chocolates nos pratos não são comestíveis, porque Pierre Bohanna e sua equipe aperfeiçoaram a arte da comida que parece real. Acho que dava para se deixar enganar por eles, embora tenham nozes de verdade em cima."

Dentre os doces favoritos de McMillan estão as "explosões de profiteroles". Eram profiteroles de verdade sem creme dentro, cobertos de uma calda falsa de chocolate. Outro eram os ratinhos de chocolate branco (e alguns cor-de-rosa) que corriam pelas mesas. "Nós começamos com mil ratos, para levar em consideração o fato de que as crianças poderiam comer alguns", admite ela. Outras sobremesas também foram inspiradas em animais ou na natureza. Há sapos de chocolate em cima de bolos com cobertura. Um coelho dentro de um bolo de cartola foi modelado a partir de uma cartola dobrável de verdade (o coelho não foi feito com molde). "Nós começamos com dezesseis cartolas, mas gostamos muito delas", diz McMillan, "Então acabamos tendo 64. Sempre temos que pensar em múltiplos grandes em Harry Potter. Nunca um ou dois. Sempre são centenas." Um bolo de abóbora em camadas foi modelado a partir de abóboras utilizadas como adereço no jardim de Hagrid. Há bolos decorados com fênix em cima da mesa principal. A intenção original era ter bolos representando as quatro casas de Hogwarts, mas os designers decidiram que poderia ser mais simples deixar vários bolos representando a fênix Fawkes perto de Dumbledore.

Um preparo impressionante é encontrado nas torres de sorvete. "Sorvete que não derrete!", diz McMillan com uma gargalhada. "Nós encontramos uma forma de cone de que gostamos, fizemos moldes e deixamos que o departamento de adereços se divertisse com eles. São muito pesados, mas acrescentam uma certa cor ao aposento." Pierre Bohanna já tinha feito uma versão disso para um banquete em *Harry Potter e o Prisioneiro de Azkaban* e aperfeiçoou a técnica — que, infelizmente, não é comestível. "É uma combinação de resinas e vidro em pó, um tipo usado para jateamento", explica ele, "então é feito de pequeninas contas de vidro que dão uma iridescência maravilhosa. Cintila e tem a textura certa de sorvete. Existe um monte de truques que desenvolvemos e usamos. Para replicar alguma coisa, nós compramos um monte para pesquisar e pensamos, como podemos conseguir esse aspecto, esse visual? Claro que precisamos de várias ideias diferentes e muitas tentativas para fazer funcionar." Quando as comidas do banquete foram decididas, elaboradas e criadas, o departamento de adereços recebeu a tarefa de fazer centenas para servir a centenas de pessoas no Salão Principal. "Tínhamos pavês de chocolate gigantescos e bambos, manjares brancos, pudins de pão de ló, que não são coisas muito bonitas, e caldas de geleia, que Mike Newell pediu", afirma McMillan. "E um bolo de arco-íris magnífico que, se você cortasse, teria o recheio mais delicioso e denso de chocolate, feito com rum. Bem, eu sonhei que teria, pelo menos!"

NESTAS PÁGINAS: Mais de mil ratos brancos (e alguns rosa) serpenteavam em torno de sobremesas com calda de geleia, explosões de profiteroles e coelhos de chocolate em cima de bolos de cartolas nas mesas de Hogwarts. Para ter uma variedade de alturas nas sobremesas, torres altas de sorvete que não derrete, oitenta no total, foram colocadas entre os bolos e pudins, assim como várias porções de sorvete que não derrete em casquinhas.

BANQUETE DO BAILE DE INVERNO

"O Baile de Inverno é uma tradição do Torneio Tribruxo desde sua criação."
— Minerva McGonagall, *Harry Potter e o Cálice de Fogo*

A cenografista Stephenie McMillan teve dois banquetes a servir em *Harry Potter e o Cálice de Fogo*; além do banquete de boas-vindas, ela precisou criar a comida servida no Baile de Inverno do Torneio Tribruxo. Mais uma vez, ela tentou encontrar uma coisa nova para servir. "Neste, achei que frutos do mar ficariam bem, porque, mais uma vez, ainda não tinham aparecido antes. E combinaria com uma base de gelo, que acompanhava o tema da sala." Lições foram aprendidas com o uso de comida de verdade nos primeiros filmes, então a maioria dos pratos servidos foi feita de resina. Para criar os peixes falsos, McMillan e sua equipe percorreram o famoso mercado de peixes de Londres, Billingsgate, atrás de lagostas, caranguejos, camarões e outros frutos do mar. Alguns foram usados para criar moldes de resina, mas outros foram de verdade. Eles foram tratados para que não estragassem debaixo da luz do estúdio, o que queria dizer que ninguém podia comer, mas também ninguém conseguia sentir o cheiro.

NO ALTO E ACIMA: O banquete do Baile de Inverno em *Harry Potter e o Cálice de Fogo*; NO FUNDO: Notas sobre posição e elevação das esculturas de gelo que decoravam as mesas; SEGUINTE: Frutos do mar feitos de resina e alguns de verdade foram colocados sobre mesas de gelo modelado em resina em uma nova abordagem de um banquete em Hogwarts. A escultura de gelo, criada por Pierre Bohanna e pela equipe de adereços, remete ao Pavilhão Real em Brighton.

108 O LIVRO DOS ARTEFATOS MÁGICOS

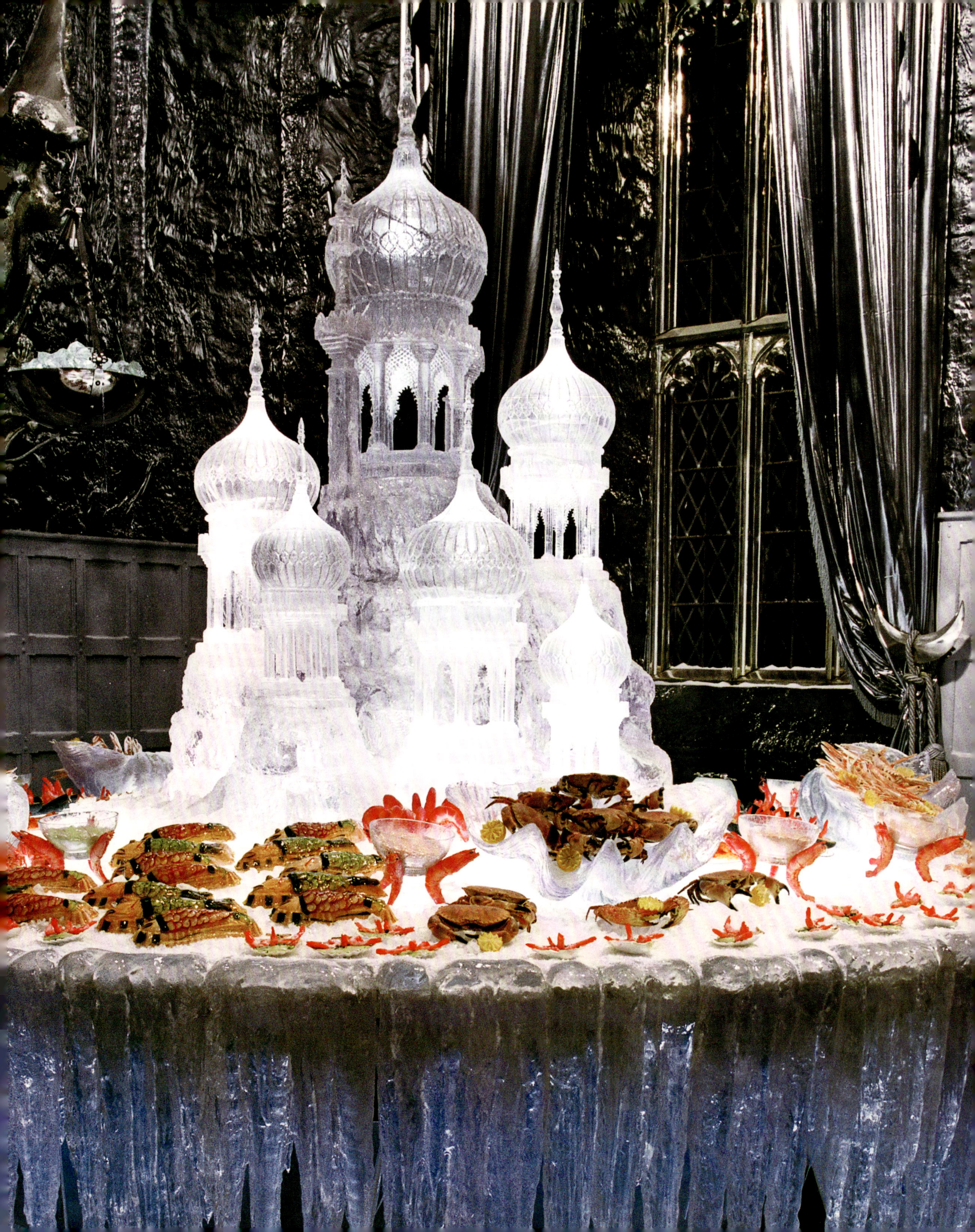

MÚSICA MÁGICA

Dois grupos musicais tocam no Baile de Inverno. O professor Filio Flitwick conduz uma orquestra de alunos no começo do baile, acompanhando a dança dos campeões com uma valsa. O pequeno grupo toca instrumentos brancos ou translúcidos, feitos de resina transparente, que combina com o tema gelado da decoração do Salão Principal. Os músicos que formam a orquestra de Hogwarts são membros do Aylesbury Music Centre Brass Band, com idades de 11 a 19 anos. Mais tarde, uma banda de rock bruxo alegra a diversão. "Nós fizemos todos os instrumentos", revela Pierre Bohanna. "Uma gaita de foles de três metros e meio e címbalos transparentes gigantescos, colossais. Havia um teclado, guitarras e uma bateria inteira. Não funcionavam, mas tinham cara de que funcionavam." A banda toca no palco na frente de uma parede de megafones cromados grandes. "Nós queríamos criar uma sensação de que aquela era uma ocasião importante, com a banda", diz o diretor de arte Stuart Craig. "Mas é claro que não tem eletricidade em Hogwarts, então tudo é alimentado por vapor!"

DIREITA: Apoios de partitura gelados, feitos da mesma resina dos instrumentos, aguardam a orquestra de alunos. Iluminar a resina foi um desafio, porque "se você botar luz branca em cima", explica o aderecista Pierre Bohanna, "fica rosa". Filtros de iluminação deram o tom azul-gelo; ACIMA, À DIREITA: O professor Flitwick (Warwick Davis) apresenta a banda de rock bruxo que tocou no baile. Flitwick é carregado pela plateia, uma ideia que Davis sugeriu e achou que ninguém fosse decidir fazer; NO ALTO: (ESQUERDA PARA A DIREITA) O professor Flitwick, o baixista Steve Mackey e o vocalista Jarvis Cocker, os dois da banda Pulp, Jonny Greenwood, guitarrista do Radiohead, e o gaitista de fole Steven Claydon, que tocava na banda Add N to (X) arrasam no Baile de Inverno. O diretor Mike Newell quis recriar os bailes de seus anos de escola, que começavam com uma dança formal, "mas no final todo mundo deixava a formalidade de lado e se divertia muito"; SEGUINTE, NO ALTO: Jonny Greenwood (direita) toca uma guitarra de três braços, adequada ao Torneio Tribruxo. Ao lado dele, Steven Claydon toca uma gaita de foles exagerada; SEGUINTE, EMBAIXO: A banda bruxa tocou na frente de um sistema de som de cem megafones. Como foi marcado para o final das filmagens, o elenco e a equipe puderam aproveitar as filmagens da cena.

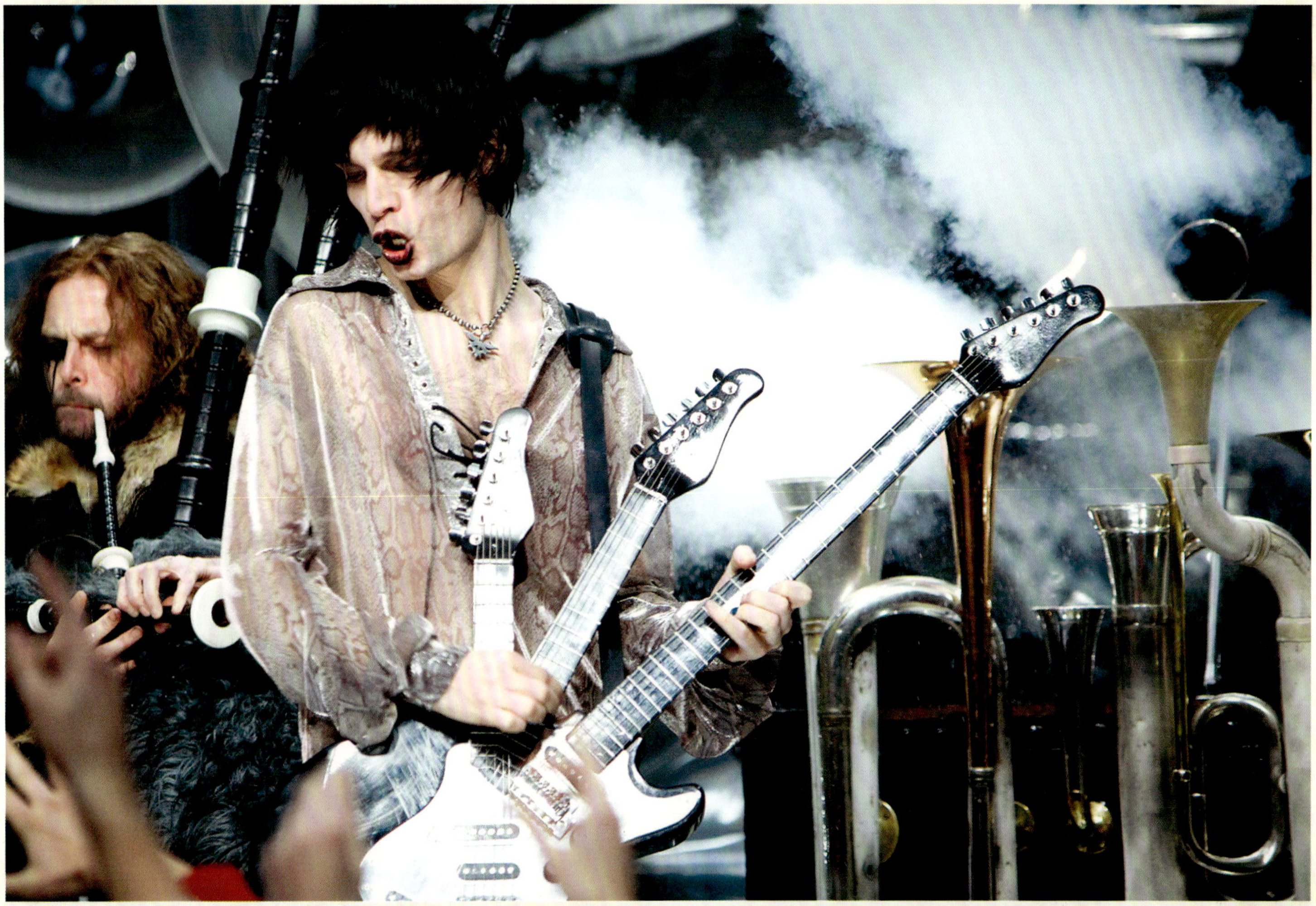
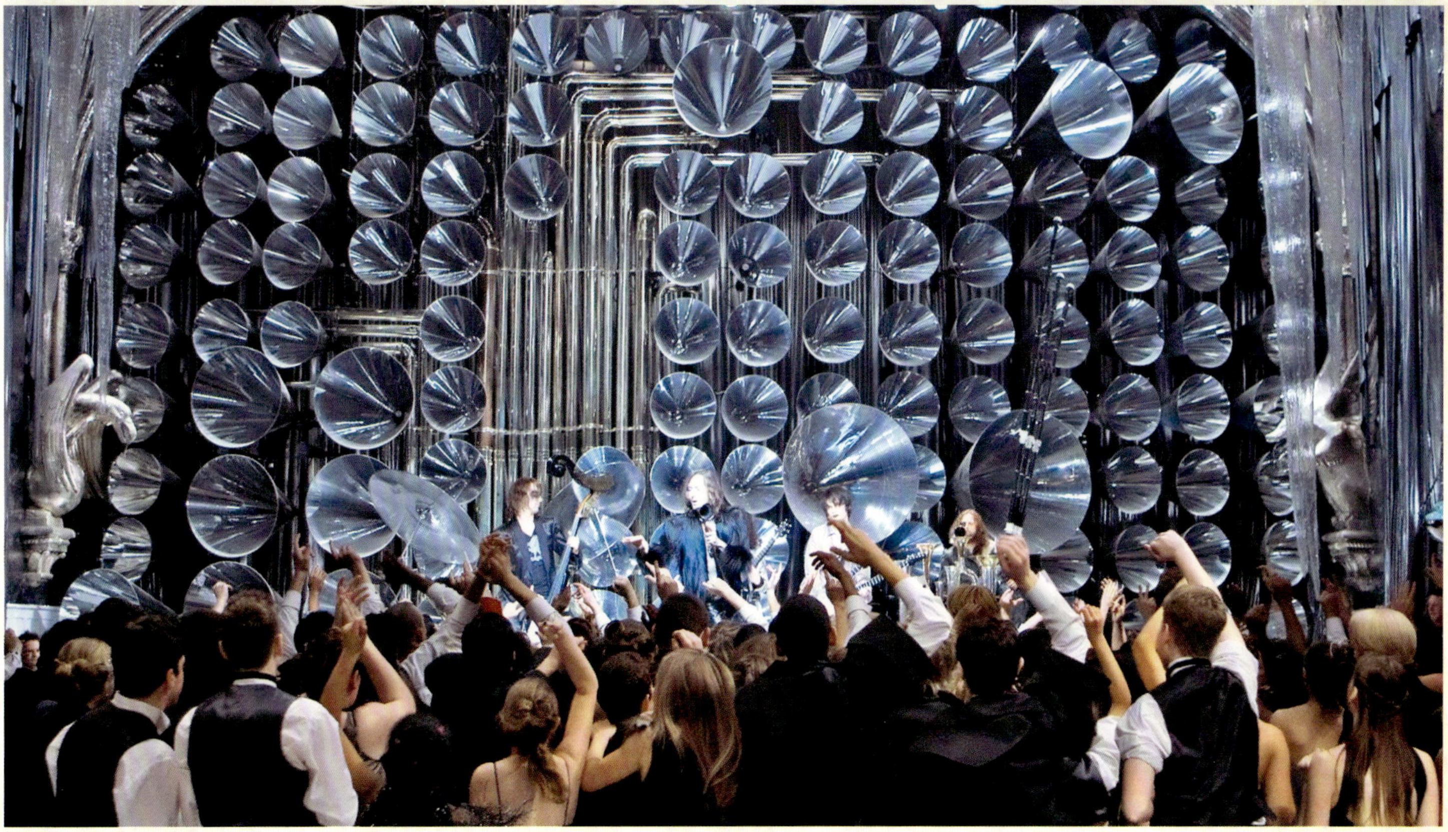

CASAMENTO WEASLEY

"Além disso, você ainda está com o rastreador. E tem o casamento."
— Rony Weasley, *Harry Potter e as Relíquias da Morte — Parte 1*

Um momento animado e feliz antes dos eventos tumultuados de *Harry Potter e as Relíquias da Morte — Parte 1* é o casamento do filho mais velho dos Weasley, Gui, com a campeã de Beauxbatons no Torneio Tribruxo, Fleur Delacour. Debaixo de uma tenda enorme, os convidados dançaram, conversaram e se deliciaram com pratos doces de dar água na boca — petit fours, pequenos éclairs, morangos cobertos de chocolate —, quase tudo preparado com borracha de silicone. "Nós colocamos alguns alimentos reais nas mesas, para as pessoas serem vistas comendo", diz Stephenie McMillan, "mas além de os de borracha servirem para a decoração, eles também eram necessários quando a tenda é destruída e os convidados estão tentando fugir." McMillan admite que foi preciso tentar várias vezes até eles chegarem ao tamanho certo dos docinhos. "Harry Potter normalmente tem coisas enormes, e no começo nos deram flans enormes e tortinhas de frutas gigantescas. Então, tive que pedir outra tentativa." O economista doméstico que preparava os itens comestíveis dos filmes voltou com cisnes de merengue. "Exóticos — e ainda grande demais", diz McMillan. "Senti culpa ao dizer 'Não é exatamente o que eu tinha em mente.'" Mas não demorou para o departamento de adereços receber os moldes de tamanho correto para criarem os docinhos que McMillan tinha pedido. *Quatro mil.* A comida da recepção foi colocada em pratos de três andares feitos de um tipo de acrílico a partir de uma versão de vidro que McMillan encontrou em uma loja de antiguidades.

O item mais importante de qualquer casamento é o bolo, e o dos Weasley não foi exceção. Como o tema decorativo do casamento era francês, em homenagem à família de Fleur Delacour, "nós decidimos que a cobertura devia parecer arcos de treliça franceses, chamados *treillage*, encontrados em jardins franceses do século XVIII", diz McMillan. O design, que engloba um entrelaçamento de ripas cercando quatro camadas separadas por bases elaboradas, foi criado em papel e redesenhado em um computador que fez moldes para a criação da *treillage*. "Isso nos poupou muito tempo com o processo, porque não tínhamos muito tempo para executá-lo", relembra Bohanna. Não porque a *treillage* tivesse que ser produzida em um material fino não comestível para impedir que o elenco comesse, mas porque o peso de cobertura de verdade seria demais para as proporções do bolo. "O componente de verdade do bolo era um clássico, embora proporcionalmente muito esticado, porque Stuart Craig queria que fosse alto e fino."

Bohanna lembra que, depois que o bolo foi elaborado, Stephenie McMillan achou que seria uma boa ideia se alguém caísse no bolo quando os Comensais da Morte chegam e os convidados do casamento saem correndo, em pânico. "Então, de repente tivemos que pensar em como criar um adereço de bolo que, se alguém caísse nele, passaria por uma explosão de bolo e creme. Parecia impossível, porque a delicadeza da cobertura embaixo de cada camada é tão leve que não conseguiria aguentar o que devia ser mais de dez quilos de cada camada." Podia *parecer* impossível, mas não para a equipe de adereços de Harry Potter. "Nós conseguimos criar um que funcionava, fazendo o bolo essencialmente de isopor, com tubos muito leves dentro, cheios de pão de ló e creme. E filmaram um dublê caindo em cima dele, mas decidiram não usar porque era cômico demais em uma cena que precisava ser dramática e assustadora." No entanto, Bohanna nunca acha que uma tarefa é desperdício de tempo. "Foi mais uma coisa que aprendemos a fazer, porque a gente nunca sabe quando pode precisar de novo."

NO ALTO: A bolsa de contas de Hermione Granger; ACIMA: Um prato de doces desmontável de três andares com éclairs, tortas e cisnes de merengue de borracha, tudo destruído com segurança quando os Comensais da Morte invadem o casamento de Gui Weasley e Fleur Delacour, e os convidados saem correndo de medo; À ESQUERDA: O departamento de adereços preparou milhares de docinhos, bombons e chocolates, confeccionados individualmente para que fossem diferentes entre si; NO FUNDO: Um desenho de Julia Dehoff dos castiçais de vidro estilo francês das mesas. Os cabos eram feitos de borracha, e os funis, de vidro desmontável; as "velas" eram luzes elétricas de gelinhite que iluminavam os rostos dos atores; SEGUINTE, À ESQUERDA: O rascunho do bolo com treliças feito por Emma Vane mostra as proporções e posições da delicada cobertura; SEGUINTE, À DIREITA: O bolo pronto, com pequenas frutas glaceadas e um aviso enorme para ninguém tentar experimentar o bolo!

COMIDA E BEBIDA 113

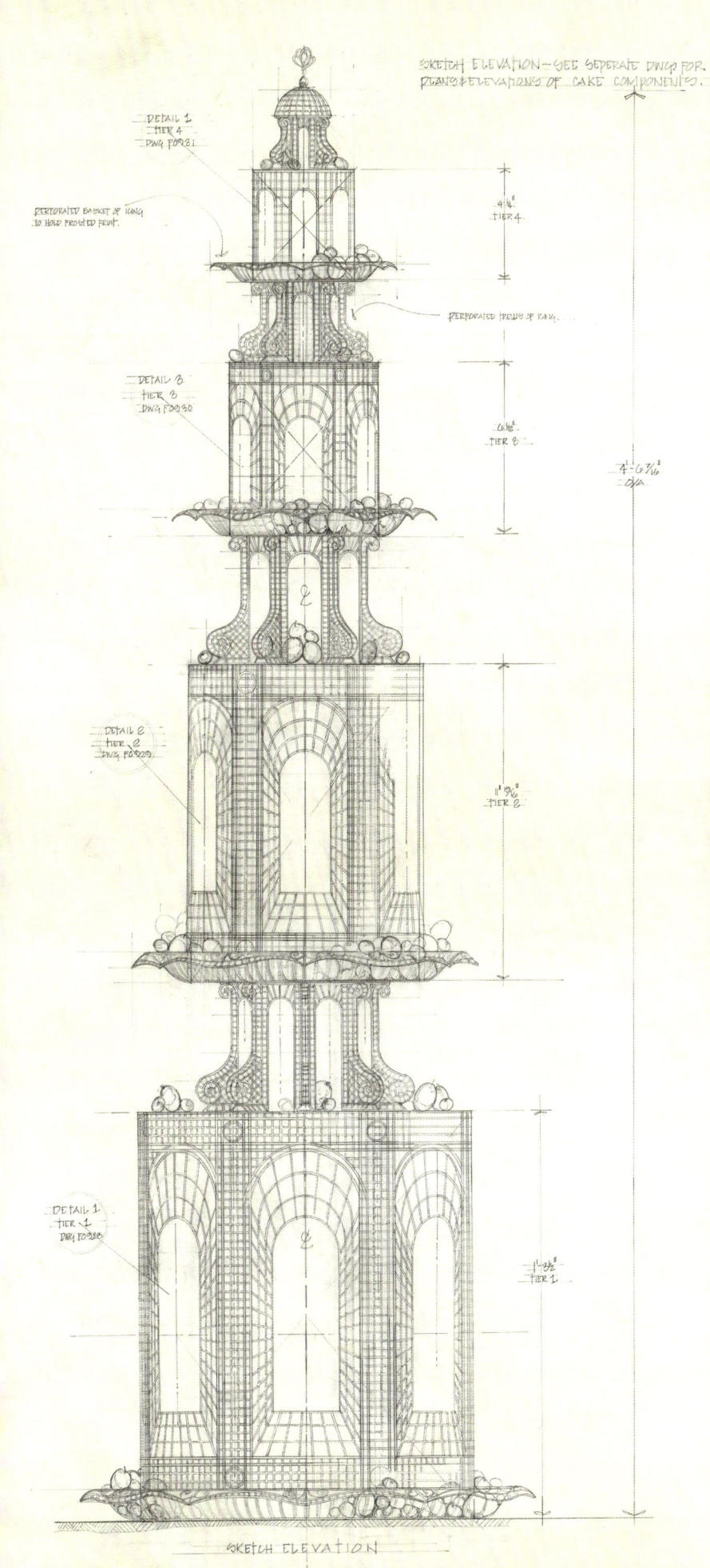

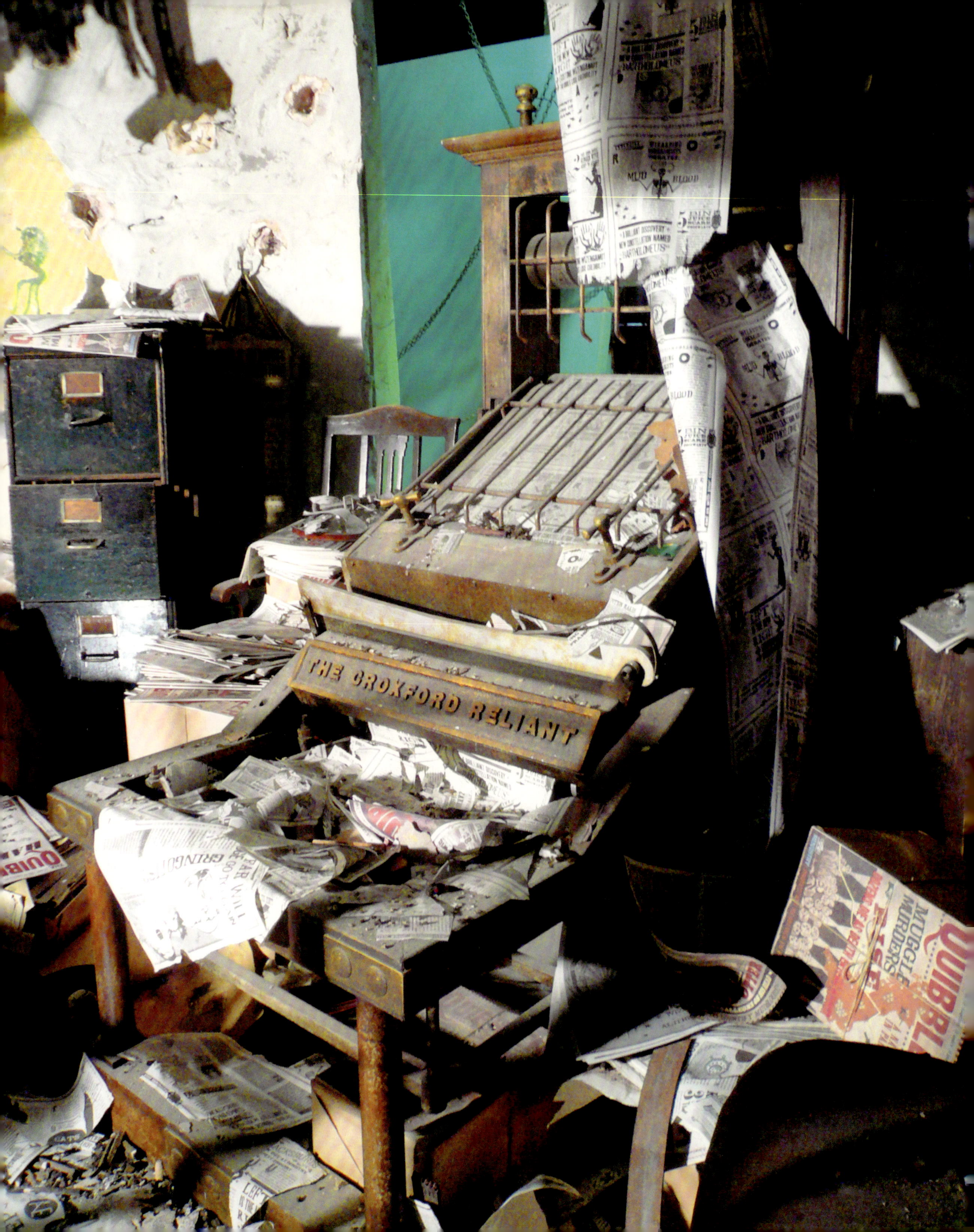
THE CROXFORD RELIANT
MUGGLE MURDERS

CAPÍTULO 6
PUBLICAÇÕES

"Abram na página trezentos e noventa e quatro."
— **Severo Snape**, *Harry Potter e o Prisioneiro de Azkaban*

JORNAIS E REVISTAS

"AQUELE-QUE-NÃO-DEVE-SER-NOMEADO RETORNA"
— manchete do *Profeta Diário*, *Harry Potter e a Ordem da Fênix*

É um efeito visual bem conhecido nos filmes ver um jornal girando até parar e revelar uma manchete proclamando alguma informação importante para o público. Os jornais e revistas nos filmes de Harry Potter assumiram essa convenção familiar e deram a ela seu toque único, tirando vantagem cinemática das imagens em movimento debaixo das manchetes da imprensa do mundo bruxo para avançar o enredo ou relembrar informações necessárias. *O Profeta Diário* e *O Pasquim* foram meios importantes para contar a história, usados para mostrar a oscilação na opinião pública conforme as Forças das Trevas foram crescendo e os apoiadores de Harry Potter se recusaram a se abater.

PÁGINA 114: A prensa tipográfica usada por Xenofílio Lovegood, editor de *O Pasquim*, danificada depois que a casa dos Lovegood é destruída por Comensais da Morte em *Harry Potter e as Relíquias da Morte — Parte 1*; ACIMA: Rony Weasley e Remo Lupin (David Thewlis) prestam atenção a uma reunião da Ordem da Fênix na cozinha do Largo Grimmauld número doze enquanto Harry Potter lê a edição mais recente do *Profeta Diário*; À DIREITA: As publicações bruxas incluem *O Pasquim*, editado pelo pai de Luna Lovegood, Xenofílio (a edição vista em *Harry Potter e as Relíquias da Morte — Parte 1* e *Harry Potter e as Relíquias da Morte — Parte 2*), e o *Semanário dos Apanhadores*, uma revista de aficionados de quadribol na mesa de cabeceira de Rony Weasley em *Harry Potter e o Enigma do Príncipe*; SEGUINTE: *O Profeta Diário* relata os incidentes antitrouxas cada vez mais preocupantes na abertura de *Harry Potter e as Relíquias da Morte — Parte 1*; PÁGINAS SEGUINTES: Os storyboards do *Profeta Diário* feitos para *Harry Potter e a Ordem da Fênix* ilustram as manobras complicadas pelo texto e pelas imagens no papel, que serão elaborados digitalmente.

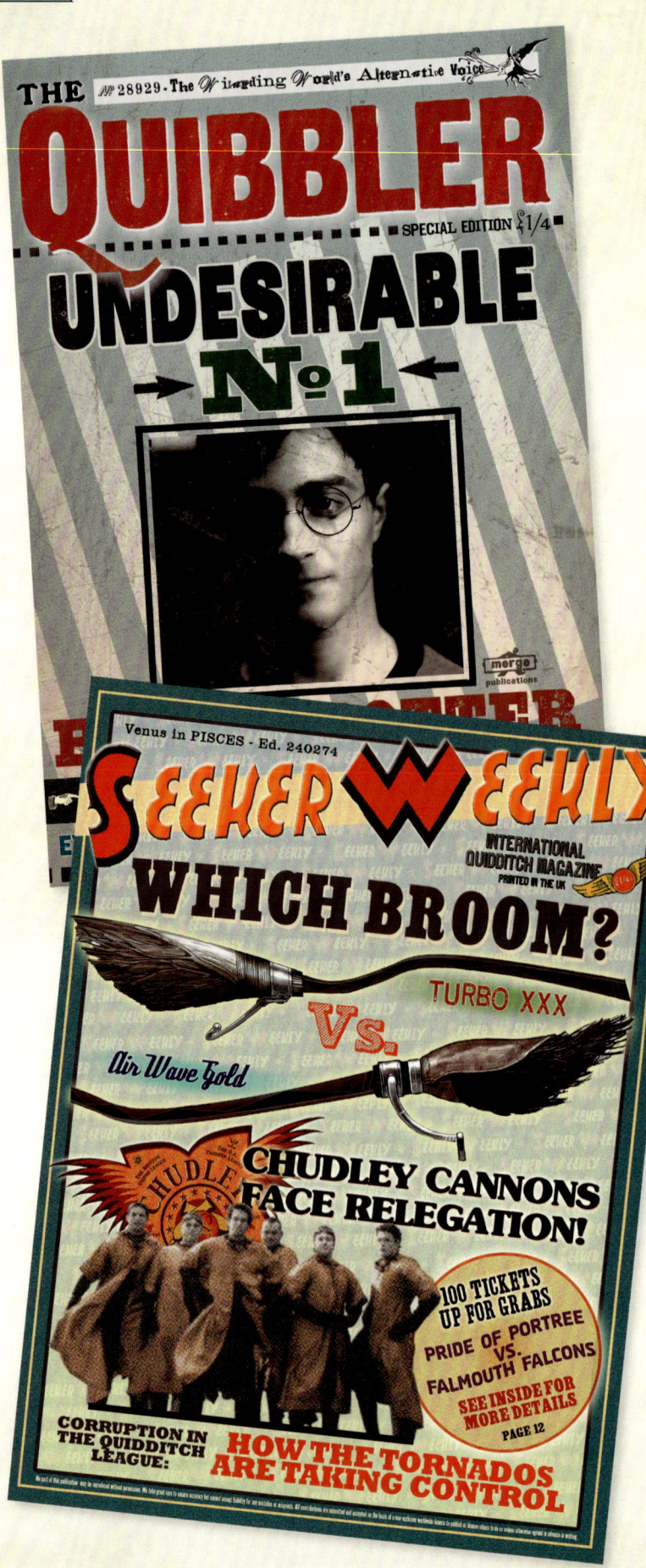

116 O LIVRO DOS ARTEFATOS MÁGICOS

O PROFETA DIÁRIO

"Com licença, garotinha! Eu sou do Profeta Diário!"

— fotógrafo do *Profeta Diário*, Harry Potter e a Câmara Secreta

Assim como um herói estrela todos os filmes de uma série, um adereço de herói às vezes também ganha esse mesmo destaque. Um método vital para contar a história, além de ser a fonte impressa principal de notícias do mundo mágico, o *Profeta Diário* apareceu em todos os filmes de Harry Potter. Todos sabiam desde o começo que o jornal teria imagens em movimento, então os designers gráficos Miraphora Mina e Eduardo Lima acharam que o texto devia ser compatível com isso. "Nós não sabíamos, no começo, se o texto também devia se mover", diz Mina, "e esse provavelmente foi um dos motivos para as páginas terem textos em espiral e com formas." Nos primeiros cinco filmes, a primeira página do *Profeta* costumava ter blocos de texto em um design que refletia a história: em *Harry Potter e o Prisioneiro de Azkaban*, a manchete anunciando que os Weasley ganharam o prêmio da viagem ao Egito está em forma de pirâmide; o artigo de Rita Skeeter sobre Harry Potter e o Torneio Tribruxo em *Harry Potter e o Cálice de Fogo* é colocado dentro do contorno da taça. A fonte da manchete do jornal, criada por Mina, refletia o estilo gótico que o diretor de arte Stuart Craig escolheu para a arquitetura do filme; outras fontes foram tiradas de livros velhos, propagandas vitorianas e prensas, mas "tivemos que usar uma fonte ilegível para o exemplar da história de verdade", acrescenta ela. No começo, os designers colocavam um desenho das imagens em movimento como sugestão para a equipe de efeitos visuais. "Nós mandávamos para aprovação", relembra Lima, "mas a resposta era 'Ah, está ótimo, mas você sabe que não é a imagem que nós vamos usar.'" Em pouco tempo, Mina e Lima passaram a escrever "IMAGEM EM MOVIMENTO A SER ACRESCENTADA DEPOIS" com letras grandes no retângulo da foto das edições futuras. A versão impressa final tinha um retângulo de material verde no lugar da foto, claro.

(2.)

3.C SHOT CONTINUES –

PUSH INTO PICTURE OF DELORES UMBRIDGE ON FRONT PAGE OF NEWSPAPER.

3.D. SHOT CONTINUES.

WE PUSH INTO MOVING PHOTO OF UMBRIDGE – IN ONE OF THE CLASS ROOMS AT HOGWARTS.

3.E. SHOT CONTINUES.

CAMERA STARTS TO ROTATE AROUND UMBRIDGE. TO REVEAL.

3.F. SHOT CONTINUES.

FROM OVER UMBRIDGE ONTO REPORTERS AND A PHOTOGRAPHER. CAMERA CONTINUES PULLING AWAY

FLASH BULB'S BURST INTO LIFE.

07 FEB 2006
01 FEB 2006
31 JAN 2006

(3.)

3.G. SHOT CONTINUES.

CONTINUE TO PULL OUT OF DELORES UMBRIDGE GROUP.

WE SEE ABSTRACT GRAPHICS ON EDGE OF FRAME.

3.H SHOT CONTINUES.

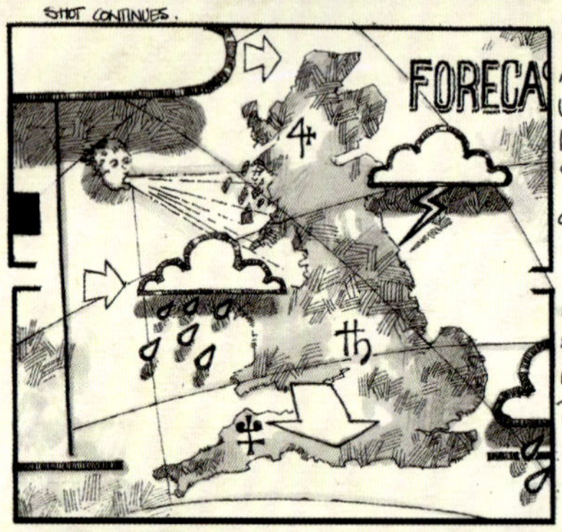

A MAP OF THE U.K. NOW FORMS INFRONT OF CAMERA.

CONTINUE TO PULL BACK –

WE SEE CLOUD SYMBOLS MOVE IN 3D – ACROSS THE MAP.

RAIN DROPS FALL ETC.

3.I. SHOT CONTINUES.

CONTINUE TO PULL BACK TO REVEAL MORE OF THE GRAPHICS THAT WE REALIZE ARE PART OF THE DAILY PROPHET.

CAMERA CONTINUES TO PULL BACK.

07 FEB 2006
01 FEB 2006

(4.)

3.J. SHOT CONTINUES.

CAMERA CONTINUES TO PULL BACK.

MORE ABSTRACT IMAGES OF THE NEWSPAPERS GRAPHICS START TO STREAM PAST CAMERA.

3.K. SHOT CONTINUES.

CAMERA TURNS THROUGH 180° STARTS TO PUSH INTO YET MORE GRAPHICS –

GRAPHICS RUSH INTO CAMERA / PAST CAMERA.

(5.)

3.L. SHOT CONTINUES.

REVEAL PICTURE OF MINISTER FUDGE –.

CAMERA PUSHES INTO PICTURE PAST GRAPHICS.

3.M. SHOT CONTINUES.

PUSH INTO PHOTO. THE SCENE IS IN THE MINISTRY OF MAGIC.

FUDGE IS SURROUNDED BY THE PRESS –

HE PUSHES PAST CAMERA AS HE ANSWERS QUESTIONS.

SHOT CONTINUES.

3.N. SHOT CONTINUES.

CAMERA TRAVELS AROUND MINISTER FUDGE.

07 FEB 2006
01 FEB 2006

③.S SHOT CONTINUES. ⑦

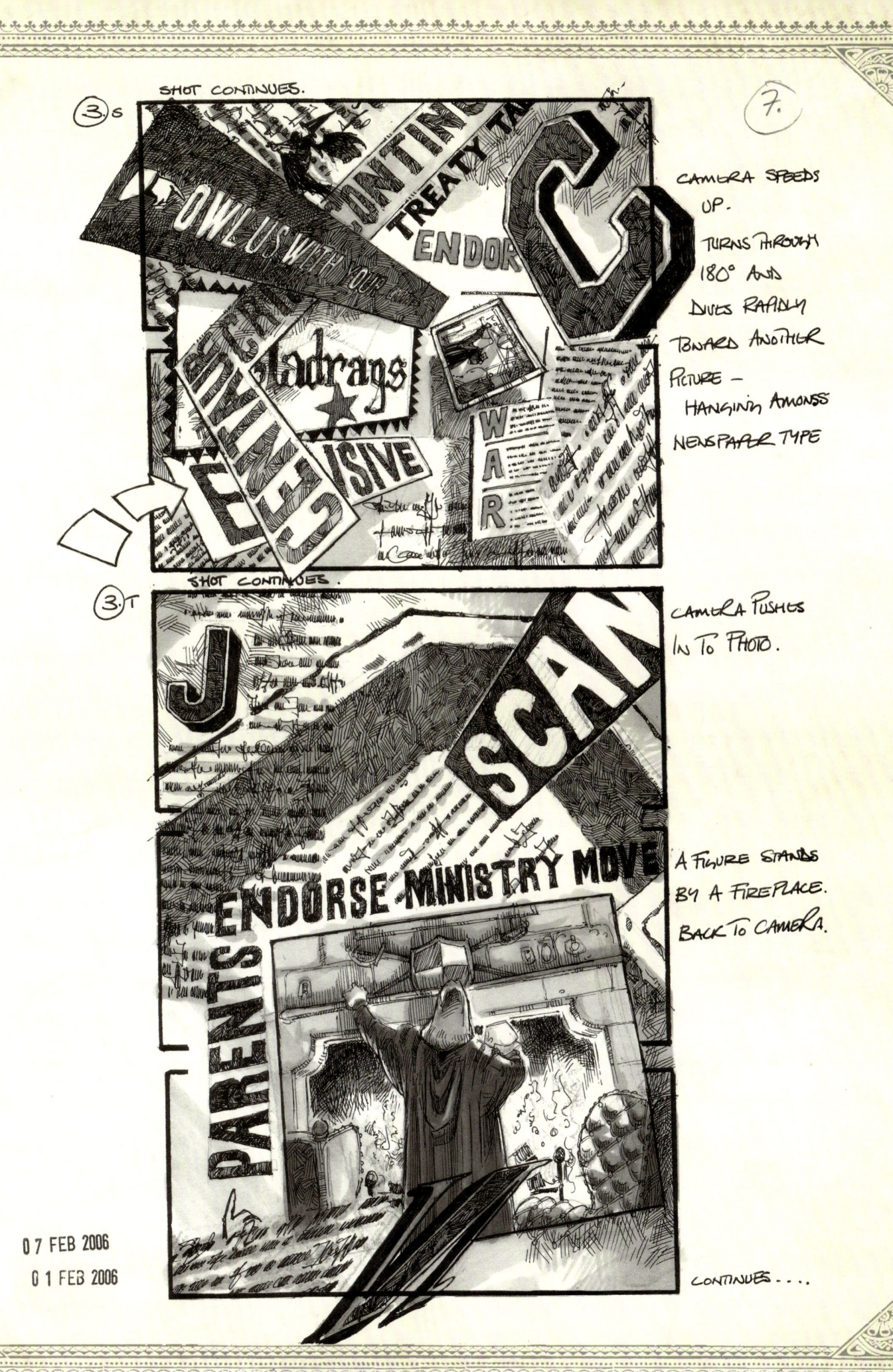

CAMERA SPEEDS UP.
TURNS THROUGH 180° AND
DIVES RAPIDLY TOWARD ANOTHER
PICTURE —
HANGING AMONGST
NEWSPAPER TYPE

③.T SHOT CONTINUES.

CAMERA PUSHES INTO PHOTO.

A FIGURE STANDS
BY A FIREPLACE.
BACK TO CAMERA.

07 FEB 2006
01 FEB 2006

CONTINUES....

THE DAILY PROPHET

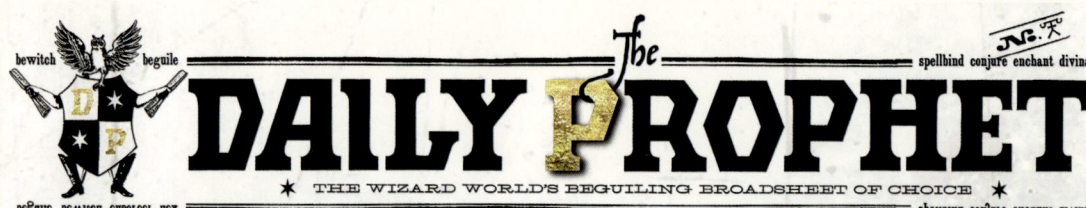

THE WIZARD WORLD'S BEGUILING BROADSHEET OF CHOICE

10,000 GALLEONS ON POTTER'S HEAD — SEE INSIDE FOR FULL DETAILS PG. 3

NATIONAL WEATHER
SOUTH - SUNNY PERIOD - 2C
NORTH - CLOUDY & RAIN - 3C
EAST - SUNNY PERIOD - 5C
WEST - CLOUDY & RAIN - 3C

ZODIAC ASPECTS

FIRST-SECOND EDITION
Nº 26/01/1968 - London - UK
TODAY in ARIES
Letters or vibes to the Editor should be sent only "by owl post" and with a clear mind to The Daily Prophet.

HARRY POTTER
UNDESIRABLE
Nº 1

e. limus 4 — SPORTS 3 — security 17 — MINISTRY AFFAIRS 20 — potions 19

NEW HEADMASTER FOR HOGWARTS · SEVERUS SNAPE CONFIRMED
WIZARDING PARENTS BACK DECISION
COMPULSORY ID CARDS · IMPOSED BY THE MINISTRY
POTTER LIES LOW
DECOMMISSIONED · WANDS CONFISCATED

Como *O Profeta Diário* é uma publicação diária, Mina supôs que o jornal teria aspecto de novo, mas os produtores não quiseram páginas brancas, e o papel ganhou um tom off-white. O tingimento escolhido foi novamente por meio de café, que acrescentou um leve aroma ao adereço. As páginas eram colocadas no chão para secar e qualquer dobra era passada a ferro.

Enquanto a manchete e artigos específicos eram ditados pelo roteiro, Mina e Lima tinham liberdade (sujeita à aprovação dos produtores) com as outras histórias, colunas regulares e propagandas. Como a maioria dos jornais, o *Profeta* oferece palavras cruzadas (com designs no estilo Escher que deixam dúvida do que está na horizontal e o que está na vertical), concursos (Ganhe uma viagem para a Transilvânia), cartas ao editor (que só podiam ser enviadas pelo correio coruja), horóscopo, classificados e colunas de conselhos. Quanto às outras manchetes que precisavam ocupar as outras páginas, "nós tínhamos que criar todas essas!", diz Lima, "e nos divertíamos muito fazendo isso". "Mas nós não somos escritores, então pegamos ideias com nossos amigos e colegas de trabalho", acrescenta Mina. "Uma das nossas amigas era ruiva, então ela apareceu com proeminência em uma das edições. Ela vai parar em Azkaban por causa de hena ilegal (Bruxa ruiva sobrevive a explosão de hena), depois sai, mas é presa de novo (Bruxa ruiva arruaceira presa em partida de futebol trouxa)." Era comum que os nomes dos colegas artistas gráficos aparecessem nas propagandas. "E claro que sempre tentávamos botar nossos nomes também", confirma Lima. M. Mina e E. Lima foram os competidores finalistas de um duelo bruxo, e uma mistura dos nomes deles se tornou um curso de proteção contra as Artes das Trevas pelo Método de Feitiços Minulimus. Lima, dentre outros, também posou para fotos das propagandas; em uma, ele aparece em um curso de feitiços de mergulho, todo equipado. "Não somos só nós", revela Lima. "Minha mãe é escritora do *Profeta*."

A equipe gráfica estima que quarenta edições originais do *Profeta Diário* tenham sido criadas ao longo da série de filmes, embora a parte de dentro muitas vezes se repetisse, pois não seria visto pela câmera. "Às vezes, nós precisávamos de trinta exemplares, às vezes precisávamos de duzentos", diz Mina. Quando uma edição era aprovada, ela precisava ser replicada rapidamente. "O trabalho era pesado", continua ela, "mas, com nossa equipe, parecia que nós tínhamos elfos."

Quando o Ministério começa a tomar o controle do jornal, a partir de *Harry Potter e a Ordem da Fênix*, o estilo e a personalidade do periódico mudaram. "Nós discutimos com [o diretor] David Yates", relembra Mina, "e ele queria uma sensação dogmática; que ninguém tinha mais espaço, que tudo vinha do Ministério, e isso foi uma influência grande no visual." A equipe gráfica se inspirou nos pôsteres russos de campanha construtivista, e a estética ganhou tom totalitário com letras grossas da era soviética. "O design sempre é guiado pela história", explica Mina. A altura do papel foi reduzida e Yates também pediu que tudo fosse impresso na horizontal. "Nós também olhamos jornais dos anos 1940", continua ela. "Quando uma coisa era muito importante, nós enchíamos a página com uma história." Quando o estilo do jornal mudou, o design do título também mudou. Mas Mina e Lima incrementaram o "P" de *Profeta Diário* com um tom dourado porque, como Mina explica, "com uma fonte tão pesada, o ouro servia para mantê-la ainda absurdamente mágica."

ANTERIOR: Uma edição especial do *Profeta Diário* foi distribuída quando o Ministério da Magia tomou controle do jornal em *Harry Potter e as Relíquias da Morte — Parte 1*; DIREITA: O estilo e a personalidade do *Profeta Diário* mudaram drasticamente do estilo decorado e de forma livre visto em *Harry Potter e a Câmara Secreta* (alto) ao estilo sem adornos em blocos pretos distribuído em *Harry Potter e a Ordem da Fênix* e *Relíquias da Morte — Parte 1* (embaixo); PÁGINAS SEGUINTES: As propagandas no *Profeta Diário* incluem uma medicação para acne, o curso de proteção pelo Método Minulimus, e o Utilitário Família da empresa de vassouras Nimbus.

PUBLICAÇÕES 121

500 GALLEONS ON ANY INFORMATION REGARDING DEATH EATERS
SEE INSIDE FOR FULL DETAILS PG.3

"For a Flawless Complexion"
TOLIPAN BLEMISH BLITZER
SPECIAL FORMULA WITH DRAGON CLAW — 1907

DON'T BLAME IT ON THE FOX!
Since before I can remember the fox has been blamed for almost everything you can imagine. From fouling tents to killing chickens this unfair victimisation of an innocent animal has to come to an end. Here are a few other animals to look out for before you blame The Poor Fox.

The Poor Fox

Striped Skunk, Mouse, Beaver, White Tailed Deer, Wood Chuck, Raccoon, Porcupine, Coyote, Horseshoe Hare, Muskrat, Dog, Bob Cat

CRACKED CAULDRON
Brilliant Bargains
Only FIVE 5 Galleons
Buy Now — Limited Offer
QUICK FIX · QUICK FIX

BULMAN'S ULTIMATE WITCH'S HAT LINER
NEW IMPROVED MODEL!
REPELS DARK ARTS HEXII

Measurements Required:
1. The Circumference of the Head.
2. Forehead to Poll.
3. Ear to Ear across the Forehead.
4. Ear to Ear over the top.
5. Temple to Temple, round the back.

WARRANTED TO DELIGHT THE PURCHASER

INDISPUTABLY THE FINEST LINER AVAILABLE TODAY, PATRONISED BY REPUTABLE CONJURERS OF THE WIZANGAMOT OF GREAT BRITAIN, AND THE GENERAL WIZARDING FRATERNITY ALIKE.

SEND A SELF-ADDRESSED OWL TO BULMAN'S OF WOLVERTON

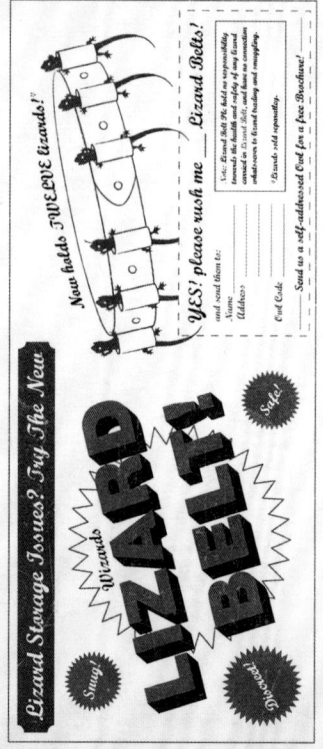

NO MORE FOULS IN YOUR O.W.L.s
SOAR ABOVE EXPECTATIONS WITH OUR NEW O.W.L.S CRAMMER
CRAM IT!
Get off to a flying start!

OUR CRAMMERS OFFER YOU A WIDE RANGE OF OPTIONS FROM THE FUNDAMENTALS OF TRANSFIGURATION & HERBOLOGY TO MORE SPECIALISED SUBJECTS, SUCH AS ANCIENT RUNES AND DIVINATION

ENROL NOW AND BENEFIT FROM OUR GREAT 10% DISCOUNT
ACCREDITED BY THE DEPT. OF MAGIC EDUCATION — REG.123-098LK.1

LONDON CENTRAL & SE

Wildsmith's FLOOBOOST PRO
from the manufacturers of FLOOBOOST regular
FLOO POWDER ACCELERATOR
Enhance Your Floo Networking Performance!

Lizard Storage Issues? Try The New Wizards LIZARD BELT!
Now holds TWELVE lizards!

YES! please wish me ___ Lizard Belts!
Send to a self-addressed Owl for a free Brochure!
Name:
Address:
Cut Code:

Note: Lizard Belt Plc. hold no responsibility for any accident whilst using, or being caused by Lizard Belt, and have no connection whatsoever to lizard trading and smuggling. 12 lizards sold separately.

The Spellbound MINULIMUS METHOD
is proud to introduce an Intensive **3 Days** **DARK ARTS PROTECTION COURSE**

LIMITED PLACES

☞ Come & LEARN with TOP WIZARDS!!!

ADVANCED SPELLS AND CHARMS

PROTECT YOU AND YOUR FAMILY AGAINST ALL THE DARKEST ARTS!!!

***ENROLL NOW! PLEASE SEND US AN OWL AND A 50 GALLEONS CHEQUE (NON REFUNDABLE)

ENDORSED BY THE MINISTRY OF MAGIC · SATISFACTION GUARANTEED OR YOUR GALLEONS BACK

IS YOUR OWL READY?
FOR THE NATIONAL S.M.S
SECRET MESSAGING SERVICE
DOES YOUR OWL STAND OUT FROM THE REST?
GRADE 1 BIRDS URGENTLY REQUIRED
IS YOUR OWL WORTHY?
WOODSIDE ARBORETUM
WIZARDING PUBLIC PROTECTION & AWARENESS
ALWAYS BE: ON GUARD
DON'T RISK BEING UNPREPARED
THE ENEMY CAN STRIKE AT ANY TIME
PREPARATION IS THE BEST PROTECTION
THE MINISTRY OF MAGIC
GRINGOTTS
SAVINGS FREE OF HEXING TAX OF UP TO 3,000 GALLEONS EACH TAX YEAR
START SAVING FROM JUST ONE SICKLE!
JUNIOR WIZARD SAVINGS ACCOUNTS
IS YOUR FAMILY HEIR BROOM OUT OF DATE?
NOT ENOUGH BROOMS IN THE FAMILY GARAGE?
WE HAVE THE SOLUTION
A REMARKABLE NEW BROOM JOINS THE NIMBUS FAMILY OF FINE BROOMS
REACH NEW HEIGHTS IN THIS NEW NIMBUS STATION WAGON...
IT'S THE SMARTEST BROOM WHEREVER YOU GO!
NIMBUS STATION WAGON
WARNING!
DEATH EATERS ARE AMONG US!
HELP US TO HELP YOU!
YOUR INFORMATION IS VITAL
INFORM IMMEDIATELY THE MAGICAL LAW ENFORCEMENT SQUAD OF ANY SUSPICIOUS BEHAVIOUR
STAMP OUT THE ENEMY
BE AWARE OF DEATH EATERS
REPORT TO THE MINISTRY IF YOU SPOT ANY SUSPICIOUS WIZARDS
with the new range of potions from Witch Watchers
EAT AS MUCH AS YOU WANT
DEFENSIVE SPELLS (ADVANCED) TRAINING
INTENSIVE COURSE
EXPERT TRAINERS!
MASTER DEFENSIVE WAND SKILLS IN JUST ONE WEEK!
ENROLL NOW
WARNING: MUST BE 18 + TO APPLY
100% MINISTRY APPROVED
No. 1
PROTECT AGAINST THE DARK ARTS
COUNTER CURSE
Get FREE
for a limited time only
MINISTRY OF MAGIC
WIZARDING PUBLIC AWARENESS NOTICE No. M39h-z
Practitioners of Dark Arts using New "Rune-Sign Language" to Bamboozle Bonafide Witches & Warlocks!
REFER TO MANUAL M39h-z FOR CODE-BREAKING INFORMATION
BE VIGILANT!
WAND SERVICING
-NOTHING IS MORE VITAL IN THESE DARK TIMES!-
A. WEBB SERVICING LTD.
EPHRAIM LANE, H. HEATH
EST. 1728
WAND SERVICING * MOW TESTS * REPAIRS * RECOVERY SERVICE
ENDORSED BY THE M. O. W
MINISTRY OF WANDS
YOUR WAND IS YOUR LIFE!
COLLECTION & DELIVERY SERVICE AVAILABLE
SERVICES REQUIRED
YOUR MINISTRY NEEDS YOU
JOIN THE MINISTRY'S ONLY OFFICIAL ATTACK SQUAD
DON'T FALL VICTIM!
SIGN UP NOW
WARNING: MUST BE OF ADULT WIZARDING STATUS SIGN UP
WATCH YOUR BACK
COVERT DEATH EATERS ARE OMNIPRESENT
REPORT ANY SUSPICIOUS ACTIVITY FORTHWITH TO THE AUROR OFFICE AT THE MINISTRY OF MAGIC

O PASQUIM

"Pasquim? Pasquim?"
— Luna Lovegood, *Harry Potter e o Enigma do Príncipe*

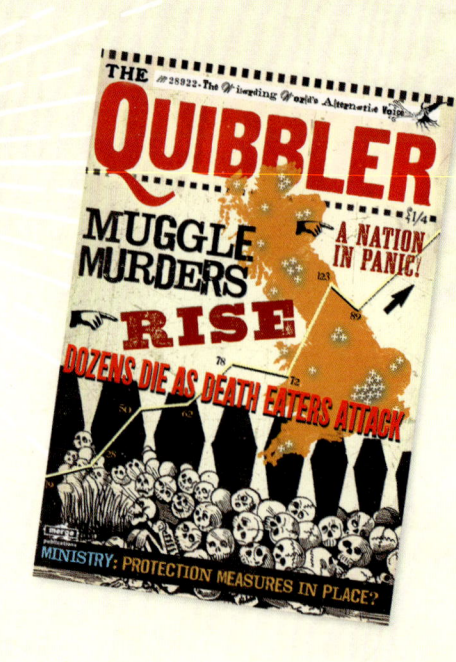

Editado por Xenofílio Lovegood, *O Pasquim* é "A voz alternativa do mundo bruxo", para citar os créditos do periódico. Visto pela primeira vez em *Harry Potter e a Ordem da Fênix*, *O Pasquim* era impresso em papel-jornal para dar uma sensação mais de tabloide, embora entre seus artigos revelando segredos antigos de runas ou rumores de duendes cozidos dentro de tortas, ele publique claramente verdades sobre o que o Ministério está fazendo e ofereça apoio incondicional a Harry Potter. Assim como com *O Profeta Diário*, Miraphora Mina e Eduardo Lima foram encarregados de acrescentar texto para suplementar as manchetes exigidas pelo roteiro. Além de sua aparição no *Profeta*, a bruxa ruiva também é citada no *Pasquim* (Bruxa ruiva presa em Caxambu com hena falsa). Os nomes de Mina e de Lima são usados individualmente (A cantora dos Hobgoblins e Mina Lima são a mesma pessoa!) ou misturados (Minha semana sem runas, por Eduaphora Mergus.) Seções regulares incluem entrevistas e classificados, uma coluna chamada "Revelações" e uma investigação semanal sobre o mundo trouxa (Códigos de barras: qual é o sentido?). A fonte usada não é tão ilegível, mas ininteligível. Com o nome de "lorem ipsum", é comumente usada pela indústria de publicações para ocupar o texto de um livro com o design antes que o autor entregue o manuscrito.

Uma edição especial foi criada para *Harry Potter e o Enigma do Príncipe* para abordar os Espectrocs, que Luna Lovegood está usando quando vê um Harry ferido sob a capa da invisibilidade (foram os zonzóbulos ao redor da cabeça dele que revelaram onde ele estava). A capa era impressa em papel pesado, e o contorno dos Espectrocs era destacável, para que fossem removidos.

Harry Potter, Rony Weasley e Hermione Granger têm a oportunidade de ver onde *O Pasquim* é impresso quando visitam Xenofílio Lovegood em *Harry Potter e as Relíquias da Morte — Parte 1*. Cinco mil exemplares da edição mais recente foram impressos para serem empilhados pela casa circular. Além disso, caracteres grandes e antigos de madeira estavam espalhados pela sala, emprestados a Stephenie McMillan por um museu de impressão localizado em uma cidadezinha perto do Leavesden Studios, e uma prensa tipográfica mecanizada foi instalada lá. "Talvez só um quarto da casa dele fosse habitável", explica Stuart Craig. "Então, a equipe de efeitos especiais criou uma prensa tipográfica baseada na versão americana dos anos 1800 e colocou o papel em um sistema de esteira rolante. Achamos que seria divertido ter rolos de papel correndo pelo teto e subindo e descendo pelas paredes." Craig garante que ficou "mais dinâmico, mais divertido, e gerou mais coisa para explodir no final".

ACIMA E SEGUINTE: Edições de *O Pasquim*, publicado por Xenofílio Lovegood, pai de Luna. Originalmente um tabloide, com artigos sobre sapos da lua e identificação de iéti, *O Pasquim* se tornou uma voz alternativa contra o Ministério da Magia e firme apoiador de Harry Potter; ACIMA, NO MEIO: Uma das edições mais populares de *O Pasquim* incluía Espectrocs removíveis para que se pudesse ver zonzóbulos, usados por Luna Lovegood (Evanna Lynch); ABAIXO: Um storyboard de Luna Lovegood no Expresso de Hogwarts distribuindo essa edição de *O Pasquim* em *Harry Potter e o Enigma do Príncipe*; PÁGINAS SEGUINTES: As páginas de dentro de *O Pasquim* ofereciam jogos, instruções de feitiços e histórias pessoais, inclusive uma escrita por uma pessoa de nome familiar, Eduaphora Mergus.

THE QUIBBLER
£1/4
merge publications
editor: MR. LOVEGOOD
THE 1º
WIZARDING WORLD
ALTERNATIVE VOICE
Number 1
SUBSCRIBE TODAY
TERMS AND CONDITIONS: Minimum subscription is 1 week. If at any time during the first week you are dissatisfied in any way please notify us in writing and we will refund you for all unmailed issues.
UNEQUIVOCAL FORMIDABLE!

EXCLUSIVE

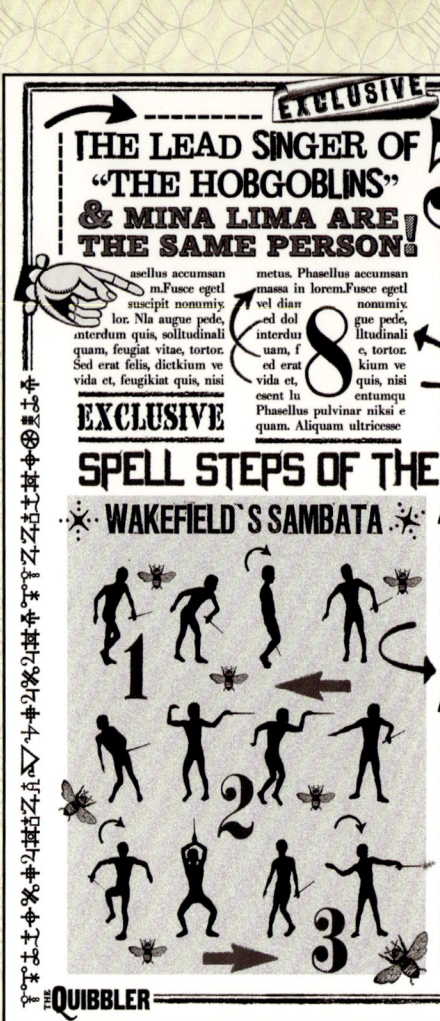

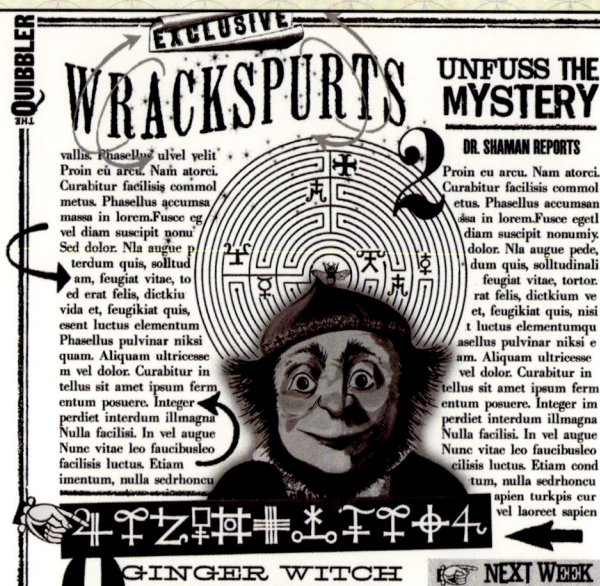

THE LEAD SINGER OF "THE HOBGOBLINS" & MINA LIMA ARE THE SAME PERSON!

EXCLUSIVE

SPELL STEPS OF THE WEEK:
WAKEFIELD'S SAMBATA

EXCLUSIVE
WRACKSPURTS
UNFUSS THE MYSTERY
DR. SHAMAN REPORTS

GINGER WITCH ARRESTED IN CAXAMBU WITH FAKE HENNA

NEXT WEEK
MUGGLE WORLD BARCODE
WHAT'S THE POINT?
by a Ministry Inside

GAMES

Check this week's answer by sending us an owl

CORNELIUS "GOBLIN-CRUSHER" FUDGE

POWER + GOLD = FUDGE

NEXT WEEK
GOBLINS COOKED IN PIES!
by a Ministry Inside

PUBLICAÇÕES 127

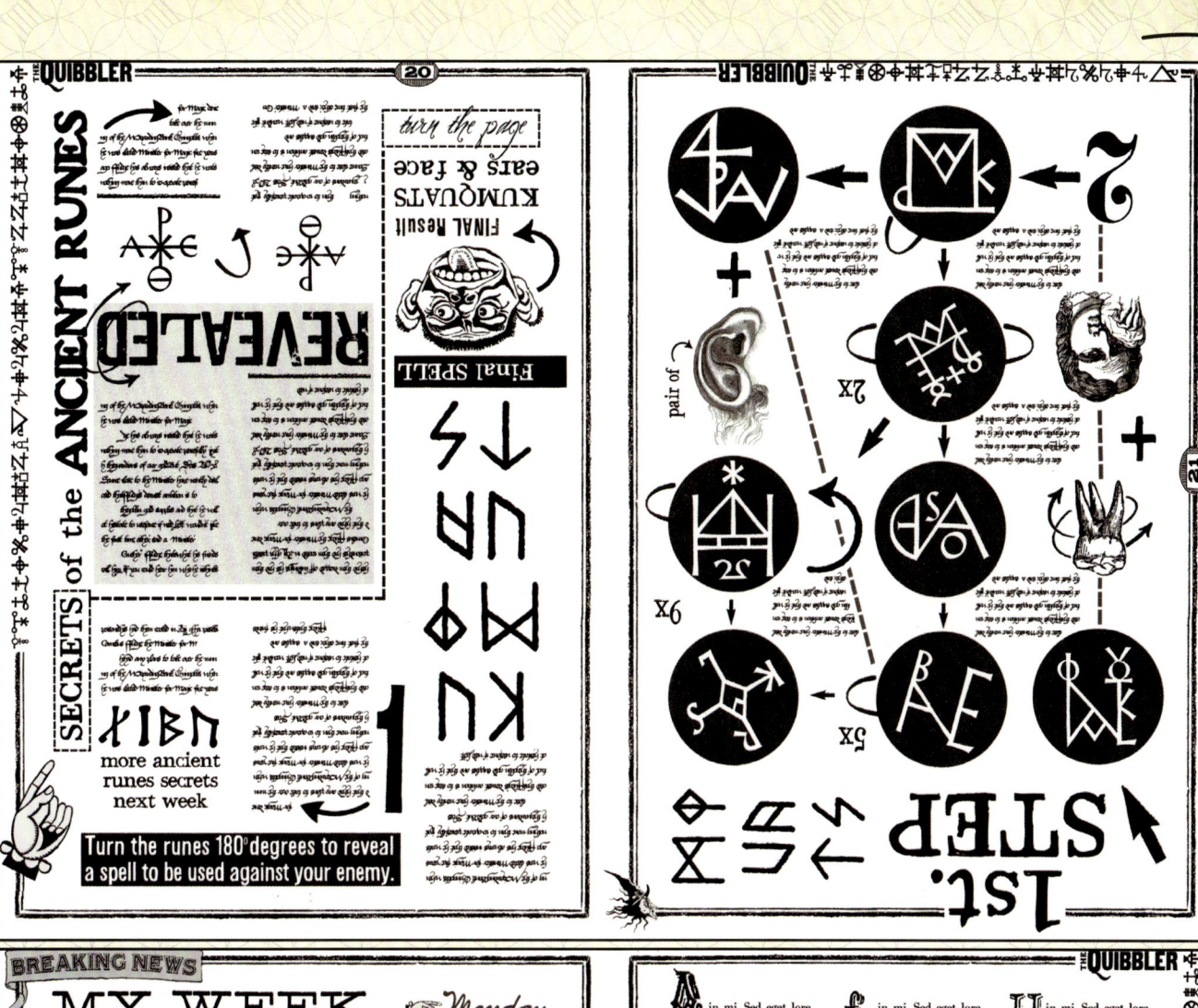

LIVROS

"Você acha que Neville Longbottom, o tolo-maravilha, teria lhe dado o guelricho se eu não tivesse dado a ele o livro com essa informação?"

— Bartô Crouch Jr. disfarçado de Alastor "Olho-Tonto" Moody, *Harry Potter e o Cálice de Fogo*

Além dos livros-texto necessários para as aulas de Hogwarts como Poções, Defesa Contra as Artes das Trevas e Feitiços, livros foram criados para a casa de Hagrid e para a sala de Dumbledore, para a biblioteca de Hogwarts (para as seções regulares e restrita), para Neville Longbottom poder ajudar Harry Potter em *Harry Potter e o Cálice de Fogo*, para Hermione Granger levar na jornada de *Harry Potter e as Relíquias da Morte — Parte 1* e para a casa da autora Batilda Bagshot. Livros eram vistos de perto, sendo segurados por alunos e ao longe, então o uso e a visão que se teria do livro pela câmera determinavam o material e a construção. Muitos dos livros em prateleiras na sala de Dumbledore eram listas telefônicas de Londres cobertas com capas falsas e salpicadas de poeira. Algumas prateleiras na biblioteca de Hogwarts foram ocupadas com livros feitos da mesma forma, mas também havia livros que precisavam voar para seus lugares, por exemplo em *Harry Potter e o Enigma do Príncipe*. A equipe de Stephenie McMillan os criou a partir de um material leve. O "voo" era criado com pessoas da equipe usando luvas de tela verde esticando as mãos por trás das estantes para pegar os livros que Emma Watson (Hermione Granger) levantava. As pilhas de livros na biblioteca e as pilhas curvas na Floreios e Borrões que pareciam desafiar a gravidade foram criadas pelos aderecistas, que inseriam uma barra curva de metal por um buraco feito nos livros, como um colar de contas, para criar esse efeito.

NO ALTO: Harry Potter e Remo Lupin conversam em meio a várias pilhas de livros depois que o professor pede demissão de Hogwarts no final dos eventos de *Harry Potter e o Prisioneiro de Azkaban*; ACIMA, À ESQUERDA: Uma pilha desarrumada de exemplares de *A Vida e as Mentiras de Alvo Dumbledore*, de *Harry Potter e as Relíquias da Morte — Parte 1*; SEGUINTE: As pilhas precárias de livros da livraria Floreios e Borrões em uma foto de referência de *Harry Potter e a Câmara Secreta*; À DIREITA: Os livros que "voavam" da mão de Hermione Granger até as prateleiras da biblioteca de Hogwarts em *Harry Potter e o Enigma do Príncipe* eram pegos por pessoas da equipe.

O LIVRO DOS ARTEFATOS MÁGICOS

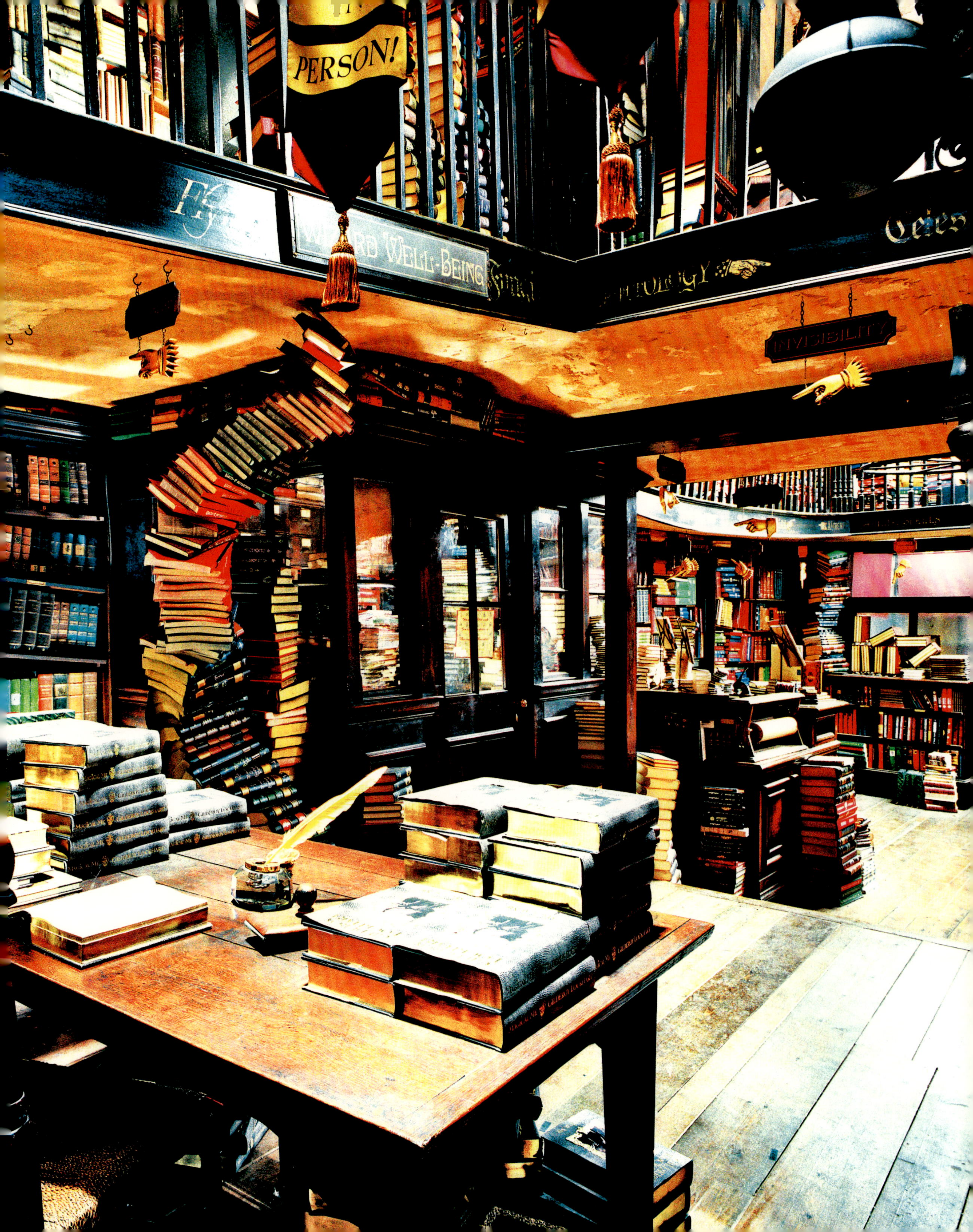
PERSON!
INVISIBILITY

130 O LIVRO DOS ARTEFATOS MÁGICOS

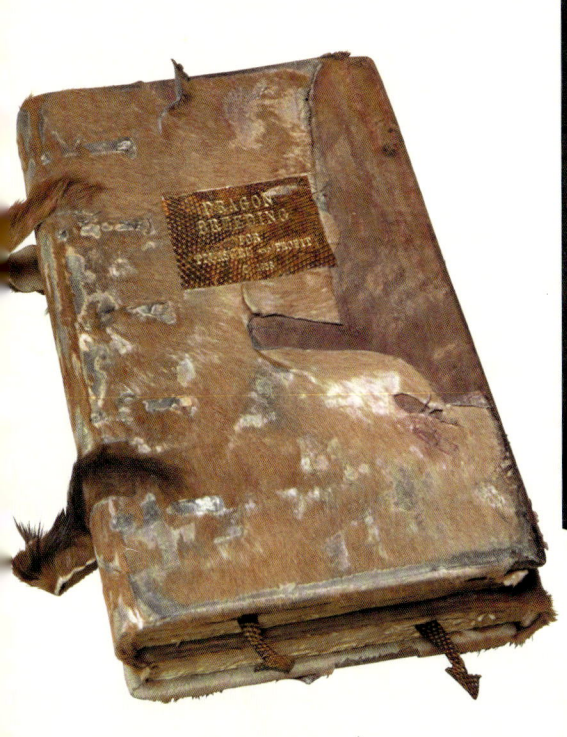

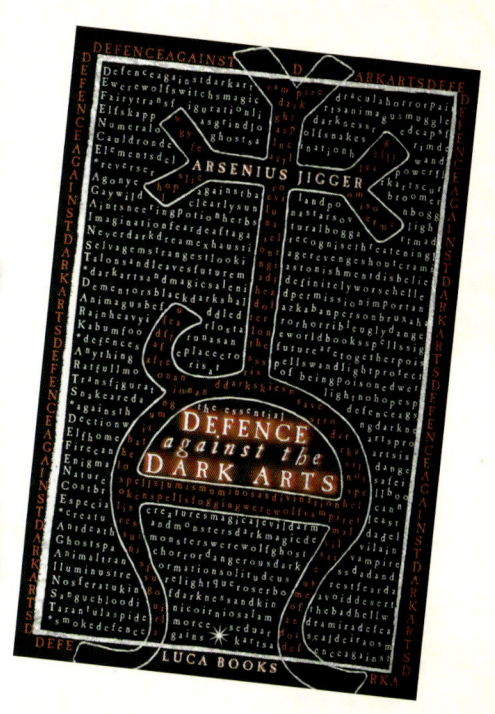

LIVROS-TEXTO

"Francamente, vocês não leem não?"
— Hermione Granger, *Harry Potter e a Pedra Filosofal*

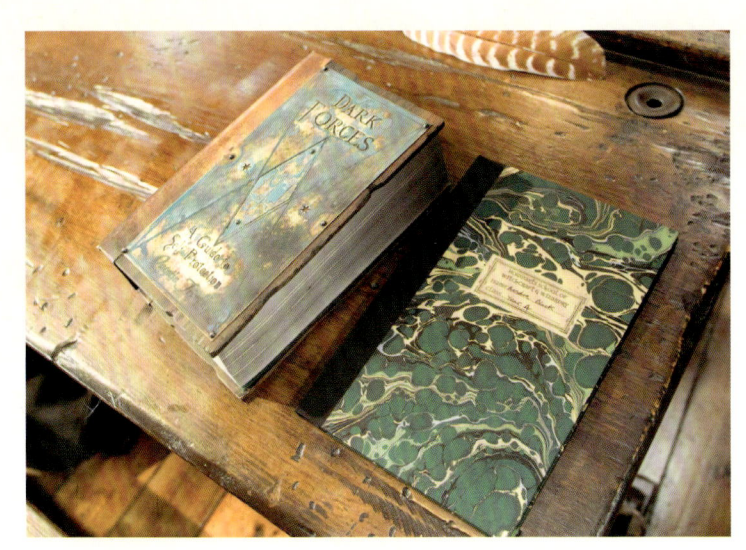

NO ALTO, DA ESQUERDA PARA A DIREITA: O exemplar de Rúbeo Hagrid de *A Criação de Dragões Como Prazer e Como Fonte de Renda* e o livro dos alunos de primeiro ano da turma da professora McGonagall de Transfiguração, os dois de *Harry Potter e a Pedra Filosofal*, e o livro de terceiro ano dos alunos de Defesa Contra as Artes das Trevas, de *Harry Potter e o Prisioneiro de Azkaban*; ACIMA: Um livro de Defesa Contra as Artes das Trevas e um caderno de aluno criados para *Harry Potter e o Cálice de Fogo*; ANTERIOR, NO ALTO: A capa exótica com recortes de um dos vinte livros que Hermione leva em *Harry Potter e as Relíquias da Morte — Parte 1*; ANTERIOR, EMBAIXO: Talvez a primeira edição de *Estudos Avançados no Preparo de Poções*, elaborada com capa de couro e detalhes de símbolos dourados.

Antes do começo de cada ano letivo, os alunos de Hogwarts recebiam uma carta listando os livros que precisariam para as matérias designadas a eles para aquele ano. Além de escrever o texto das páginas internas, o departamento gráfico criou os tratamentos nos títulos, o design e a encadernação dos livros. "Nós trabalhamos de perto com encadernadores e aprendemos técnicas e processos tradicionais", diz Miraphora Mina. "Foi uma experiência maravilhosa trabalhar com artesãos, porque nós queríamos ultrapassar os limites do que se esperaria normalmente de uma encadernação de livros e queríamos aprender como fazer capas de metal e seda e folhas de ouro."

Miraphora Mina e Eduardo Lima reuniram uma quantidade considerável de livros antigos que usaram como referência tanto na encadernação quanto nos conteúdos, além de poderem observar como um livro envelhecia; por exemplo, onde rachava com o uso diário e ao longo dos anos. Quando a equipe, que incluía a assistente deles, Lauren Wakefield, escolhia um design final, edições de tamanhos diferentes do livro eram criadas, mais uma vez dependendo do tempo que iam passar na frente da câmera. "Há livros de tamanho regular, que os alunos usam", explica Lima, "mas quando eles precisam ser capturados em close pela câmera, nós fazemos uma versão maior, de 25 a 50 por cento maior, principalmente quando você precisava ler o texto manuscrito, como foi o caso com o livro *Estudos Avançados no Preparo de Poções*."

Cada livro era preenchido com umas vinte páginas de texto sobre o assunto, escrito pelos integrantes do departamento gráfico, e essas páginas eram repetidas e reunidas até chegarem ao tamanho do livro que eles queriam. Um mínimo de exemplares, normalmente oito, era criado para cada livro manuseado por um personagem principal. Os li-

PUBLICAÇÕES 131

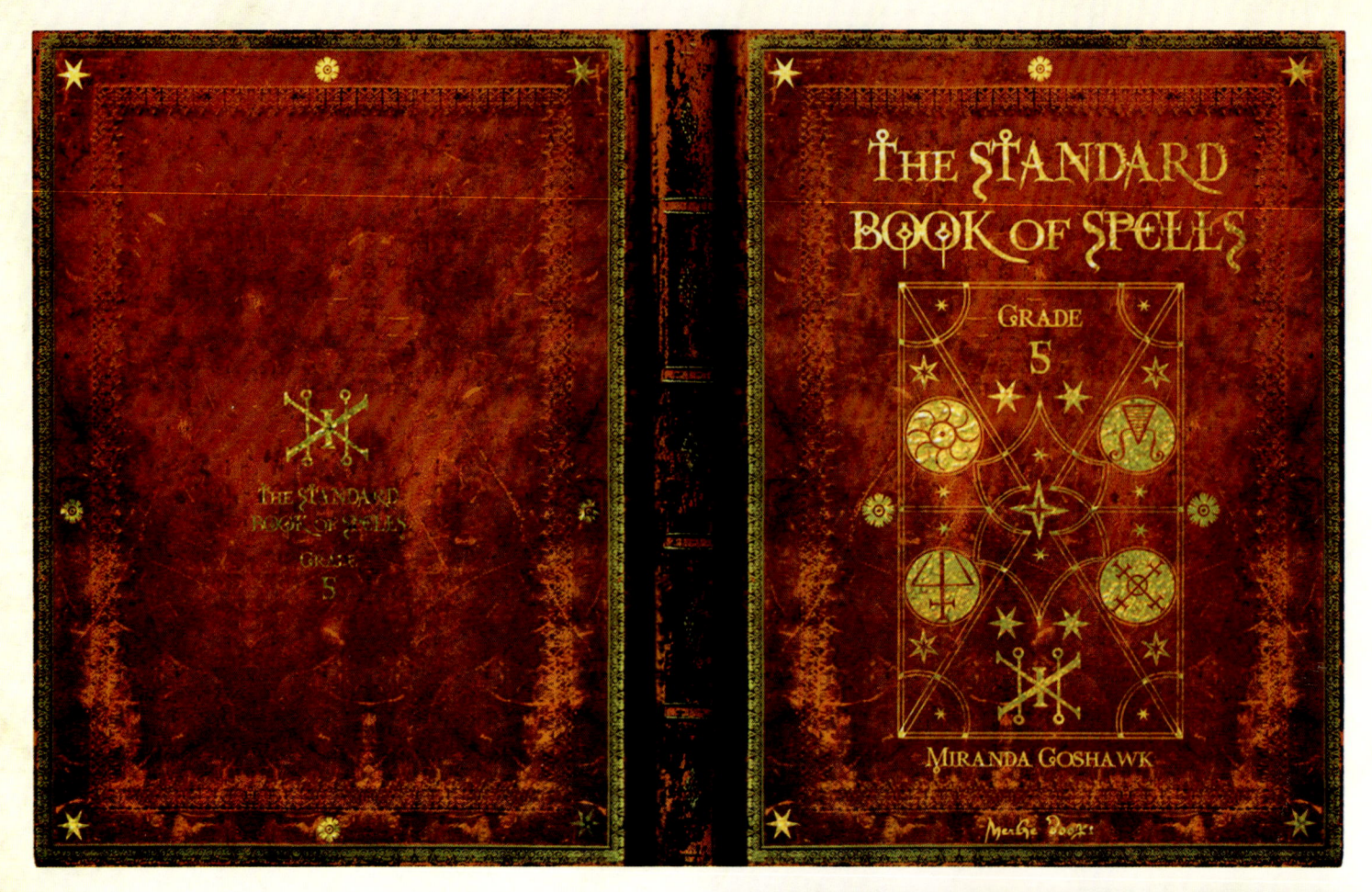

vros escolares em geral eram impressos para turmas com vinte a trinta alunos, além de vários adicionais, caso o livro fosse destruído em uma cena de ação ou acabasse sendo estragado sem querer durante as filmagens. Os nomes de autores que não eram tirados dos livros originais de Harry Potter vinham de amigos, familiares ou integrantes do departamento gráfico: *Feitiços e Encantos Antigos e Esquecidos* é de E. Limus (Eduardo Lima), *Runas Antigas Simplificadas* é de Laurenzoo (Lauren Wakefield) e *Nova Teoria de Numerologia* é de Lukos Karzos (filho de Miraphora Mina). Com tantos livros necessários para a Floreios e Borrões, novos títulos foram criados com um toque bruxo (*História Totalmente Ilustrada do Tapete Mágico* e *Andanças de uma Árvore pelos Alpes*), e alguns pareciam ser equivalentes a livros do mundo trouxa (*Bruxos São de Netuno... Bruxas São de Saturno*). Nomes familiares apareceram nas editoras: Luca Livros, Winickus Press (referente à artista gráfica Ruth Winick) e MinaLima Livros.

Em *Harry Potter e as Relíquias da Morte — Parte 1*, Hermione Granger levou muitos livros durante a jornada em busca das Horcruxes, livros que achou que podiam ajudar. Além das obras que já tinham sido mencionadas e que seriam úteis, como *Poções Muy Potentes*, que Hermione usou para criar a Poção Polissuco, Mina e Lima acrescentaram outras até totalizar uns vinte exemplares, carregados em uma pequena bolsinha de contas alteradas pelo Feitiço Indetectável de Extensão. Foi uma ocasião daquelas em que os artistas tentaram entrar na pele da personagem. "Era uma ótima oportunidade para pensar, bem, que livros ela levaria na viagem?", pergunta Mina. "Havia uma frase no roteiro que descrevia a bolsa dela. Ela a sacode, e tem um barulho terrível de livros empilhados caindo. Infelizmente, nem todos aparecem no filme."

NO ALTO: *O Livro Padrão de Feitiços* dos alunos de primeiro ano, *Harry Potter e a Pedra Filosofal*; ACIMA: O dicionário de runas que Hermione Granger carrega em *Harry Potter e as Relíquias da Morte — Parte 1*; SEGUINTE, NO ALTO: *Animais Fantásticos e Onde Habitam*, exigido dos alunos de primeiro ano, *Pedra Filosofal*; SEGUINTE, EMBAIXO: *História da Magia*, de Batilda Bagshot. Versões desse livro aparecem ao longo da série de filmes, mas este tem a imagem da autora, interpretada pela atriz Hazel Douglas em *Harry Potter e as Relíquias da Morte — Parte 1*; PÁGINAS SEGUINTES: A variedade de livros vista na série de filmes de Harry Potter incluía, além de matérias escolares, assuntos que iam de esportes a psicologia e interação social.

PUBLICAÇÕES 133

Quidditch Teams of England & Ireland

Q.U.A.B.B.L.E.
QUIDDITCH teams of ENGLAND & IRELAND
Miro Limus

An EXTRAORDINARY visual record of the ART of QUIDDITCH

REVISED EDITION with a new foreword by LUCCAS CAROSUS

MERGE

Grammatica

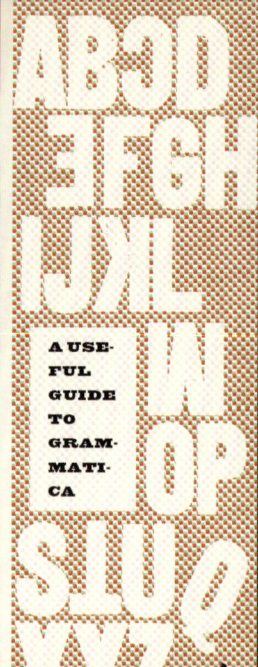

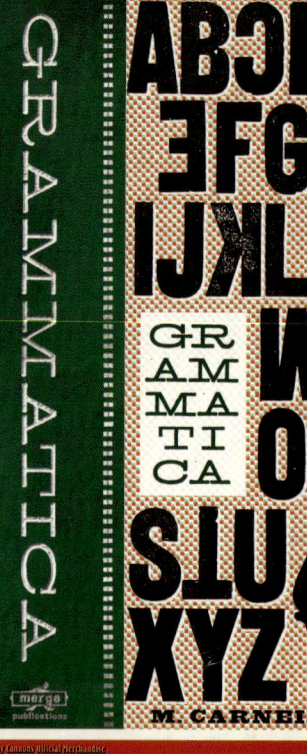

A USEFUL GUIDE TO GRAMMATICA

merge publications

M. CARNEIR

Ancient Runes Made Easy

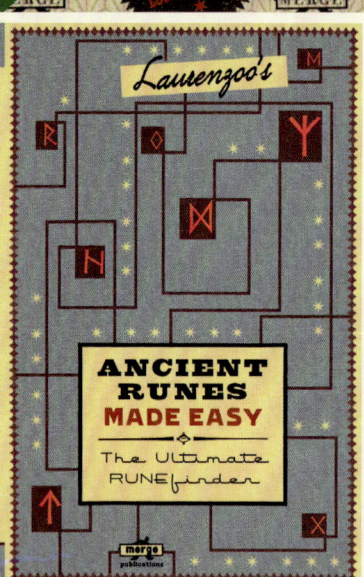

Laurenzoo's ANCIENT RUNES MADE EASY

The essential RUNE reference for everyday use

- Over 754,897 outstanding definitions and alternatives for 21,000 runes & symbols
- Easy-to-use A-Z arrangement
- Most useful alternative words/runes given first and highlighted
- Helpful advice on Runes origins
- Coverage of new runes
- Includes a Rune reference supplement

NEW - Rune Pronunciation Help.

THE MOST HELPFUL PAPERBACK AVAILABLE

merge publications

Laurenzoo's ANCIENT RUNES MADE EASY
The Ultimate RUNEfinder

Flying with the Cannons

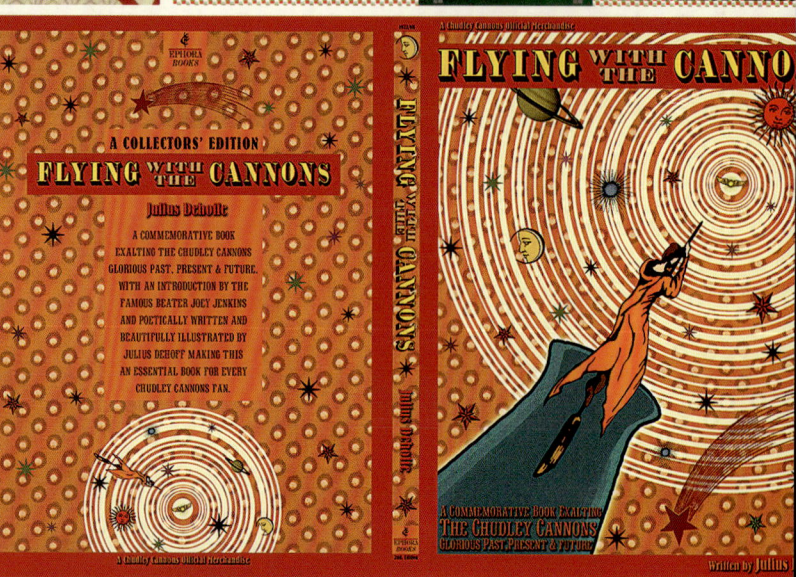

A COLLECTORS' EDITION
FLYING WITH THE CANNONS
Julius Deholt

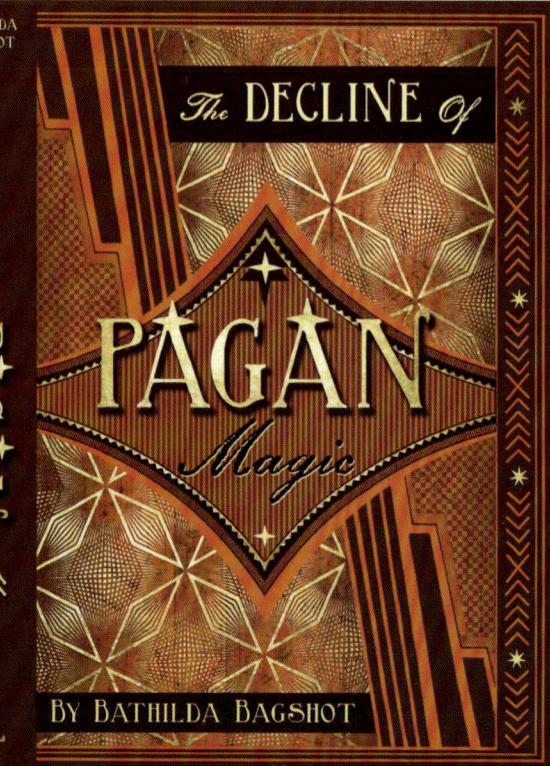

A COMMEMORATIVE BOOK EXALTING THE CHUDLEY CANNONS GLORIOUS PAST, PRESENT & FUTURE. WITH AN INTRODUCTION BY THE FAMOUS BEATER JOCY JENKINS AND POETICALLY WRITTEN AND BEAUTIFULLY ILLUSTRATED BY JULIUS DEHOFF MAKING THIS AN ESSENTIAL BOOK FOR EVERY CHUDLEY CANNONS FAN.

A Chudley Cannons official merchandise

The Decline of Pagan Magic

BATHILDA BAGSHOT
The DECLINE of PAGAN Magic
BY BATHILDA BAGSHOT

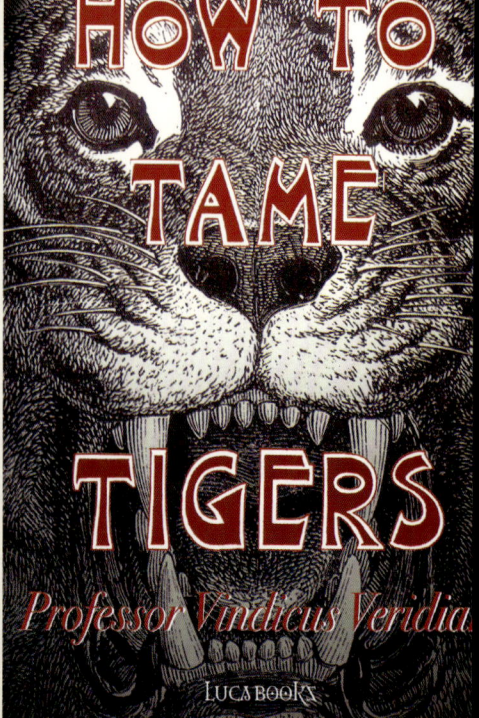

M.L Books
MINAUMA PRINTER LTD.

How to Tame Tigers

HOW TO TAME TIGERS
Professor Vindicus Veridia
LUCA BOOKS

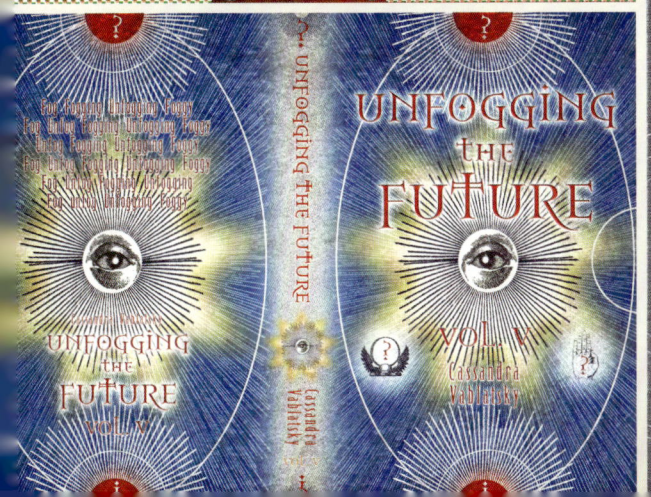

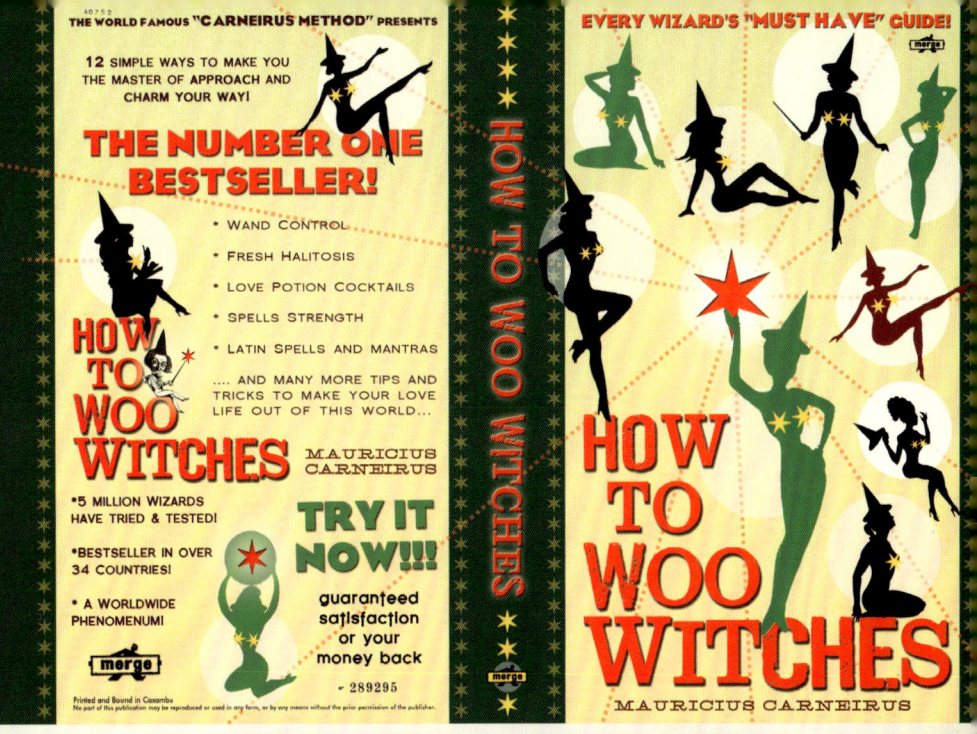

HOGWARTS
A HISTORY
Prof. Garius Tomkink

THE WORLD FAMOUS "CARNEIRUS METHOD" PRESENTS

12 simple ways to make you the master of approach and charm your way!

THE NUMBER ONE BESTSELLER!

- Wand Control
- Fresh Halitosis
- Love Potion Cocktails
- Spells Strength
- Latin Spells and Mantras

.... AND MANY MORE TIPS AND TRICKS TO MAKE YOUR LOVE LIFE OUT OF THIS WORLD...

HOW TO WOO WITCHES
MAURICIUS CARNEIRUS

- *5 MILLION WIZARDS HAVE TRIED & TESTED!
- *BESTSELLER IN OVER 34 COUNTRIES!
- *A WORLDWIDE PHENOMENUM!

TRY IT NOW!!!
guaranteed satisfaction or your money back

289295

merge

Printed and Bound in Casarbu
No part of this publication may be reproduced or used in any form, or by any means without the prior permission of the publisher.

EVERY WIZARD'S "MUST HAVE" GUIDE!

HOW TO WOO WITCHES
HOW TO WOO WITCHES
MAURICIUS CARNEIRUS

NUMEROLOGY

USEFUL GUIDE TO NUMEROLOGY

NUMEROLOGY

merge publications

L. WAKEFIELD

Irsis Pius

WITCHES ARE FROM SATURN

bla blab
blabla bla
bla blablablblab
blabla bla blablaa
blbalblab blablalba
lblblab blablabla
blabl blablablа
biablabl abla
bla blabl abl

and

blabalabla bal abl
balablsbalablbla
ablabla balabl
blabla ablablbalablba
b. lablab balabl
bla abal balbal
bla balabla
blacmbla
fullstop.

ISWN
9 781551 668703

LUCA BOOKS
INCY BOOKS

WIZARDS ARE FROM NEPTUNE...

...WITCHES ARE FROM SATURN

Irsis Pius

WIZARDS ARE FROM NEPTUNE

UNFOGGING THE FUTURE

UNFOGGING THE FUTURE

UNFOGGING THE FUTURE

LE CONSPIRACY TH
E MUGGLE CON
SPIRACY TH

THE MUGGLE CONSPIRACY

THE MUGGLE
CONSPIR
ACY THE M
UGGLE CO
NSPIRAC
Y THE M
UGGLE
CONS

Sinistra Lowe

Phyllida Spore's

1000 Magical Herbs & Fungi

O MEU EU MÁGICO E OS LIVROS DE GILDEROY LOCKHART

"Quando o jovem Harry entrou na Floreios e Borrões esta manhã para comprar minha autobiografia, O Meu Eu Mágico — que, a propósito, está comemorando sua vigésima sétima semana no topo da lista de mais vendidos do Profeta Diário —, ele não podia imaginar que iria sair daqui levando, com ele, minha obra completa... e de graça!"

— Gilderoy Lockhart, *Harry Potter e a Câmara Secreta*

O design das aventuras autobiográficas publicadas de Gilderoy Lockhart visto em *Harry Potter e a Câmara Secreta* foi um distanciamento da orientação que os artistas gráficos receberam sobre livros para o primeiro filme. Chegou a eles a informação de que J. K. Rowling queria que esses livros parecessem os livros baratos de qualidade ruim que se compra em um aeroporto, pelo menos os criados para apelo à massa. Miraphora Mina admite que sentiu um certo pânico quando soube disso. "Eu pensei: como podemos encaixar uma coisa assim no mundo que criamos, vitoriano e gótico e muito rico em um sentido histórico?"

Quando Mina pensou melhor nas possibilidades, ela percebeu que o próprio Lockhart era a chave para o design. "Nós sabíamos que ele era uma farsa, então usamos peles falsas nas capas para dar a impressão de que ele estava se esforçando demais para ser o que era", explica ela. "Achamos que isso servia perfeitamente para capas que tentam imitar o visual de pele de cobra ou de lagarto e que isso também faria sentido com as viagens dele pela natureza. Essas capas se tornaram adequadamente bregas e horríveis. Achei bem melhor seguirmos por esse caminho em vez de procurarmos cores brilhantes e intensas. Elas também passavam uma sensação nostálgica, mas ainda superficial e rasa."

Até o papel escolhido para o livro entrou em consideração. "Inicialmente, escolhemos uma gramatura fina, quase transparente, porque daria a sensação de coisa barata", explica Lima. "E os produtores gostaram, mas depois de montar um modelo, percebemos que seria um pesadelo para imprimir e para filmar, então precisamos usar papel mais grosso." Como cada aluno da turma dele de Defesa Contra as Artes das Trevas precisava comprar um conjunto completo dos livros de Lockhart, vários exemplares tiveram que ser criados.

A característica principal das capas dos livros de Lockhart é um retrato dele próprio. Miraphora Mina e Eduardo Lima criaram uma lista de ambientes sugeridos que podiam servir como fundo das fotos, e, como nas filmagens dos retratos em movimento, um pequeno cenário foi construído, figurinos foram elaborados e a cena foi filmada. "Foi muito divertido", admite Mina, "porque foi um distanciamento do visual tradicional de tudo." Duas versões de cada livro foram criadas. "Nós tínhamos material de tela verde no livro da livraria e para quando ele está assinando os livros", explica ela. "Mas também fizemos múltiplas versões de um livro totalmente pronto." Para os livros que não seriam vistos muito de perto na câmera (por exemplo, dos alunos nas filas de trás da turma de Defesa Contra as Artes das Trevas), a versão estática da capa foi usada.

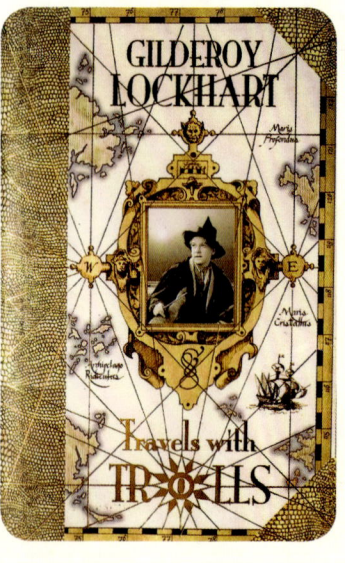

O LIVRO DOS ARTEFATOS MÁGICOS

O LIVRO MONSTRUOSO DOS MONSTROS

*"Se aproximem. Arrumem um lugar para ficar. Isso mesmo.
A primeira coisa que vocês vão ter que fazer é abrir os livros."
"E como exatamente fazemos isso?"
"Caramba. Vocês não sabem? Vocês só precisam fazer carinho nele."*
— Rúbeo Hagrid e Draco Malfoy, *Harry Potter e o Prisioneiro de Azkaban*

Muitos conceitos foram sugeridos para *O Livro Monstruoso dos Monstros*, o livro que Hagrid escolhe em *Harry Potter e o Prisioneiro de Azkaban* quando se torna professor de Trato das Criaturas Mágicas, inclusive versões com cauda e pés com garras, e até uma com lombada feita de espinhos. Os elementos comuns eram olhos (em quantidades variadas), dentes afiados e tortos e pelo. Muito pelo. A "cara" do livro dos monstros mudou da orientação retrato para paisagem, o que funcionaria melhor se a abertura do livro fosse no local onde fica a boca. Os olhos foram do meio para perto da lombada, para a parte de trás e de volta para o meio (e quatro foi o número escolhido). O design de Miraphora Mina oferecia o engenhoso uso da fita do livro como língua. Mina desenhou a fonte do título e colocou o nome do autor na capa: Edwardus Limus.

Apesar de o departamento gráfico costumar receber a tarefa de criar o texto para encher as páginas de um livro, nesse caso houve necessidade de elementos visuais, e assim alguns monstros familiares apareciam nas entradas (duendes, trasgos e diabretes da Cornualha), além de monstros desconhecidos criados pelo artista conceitual Rob Bliss, que ofereceu criaturas-planta, cobras com quatro membros e uma coisa que parecia um cruzamento entre um trasgo e uma galinha. Olhos atentos devem ter percebido que, no design do Mapa do Maroto usado nos créditos finais de *Harry Potter e o Prisioneiro de Azkaban*, uma sala é uma "Oficina de Consertos do Livro dos Monstros".

ANTERIOR: Os trabalhos biográficos questionáveis de Gilderoy Lockhart criados para *Harry Potter e a Câmara Secreta*. ACIMA: Arte de desenvolvimento visual de *O Livro Monstruoso dos Monstros*, de Miraphora Mina, com olhos posicionados na lombada do livro, visto em *Harry Potter e o Prisioneiro de Azkaban*.

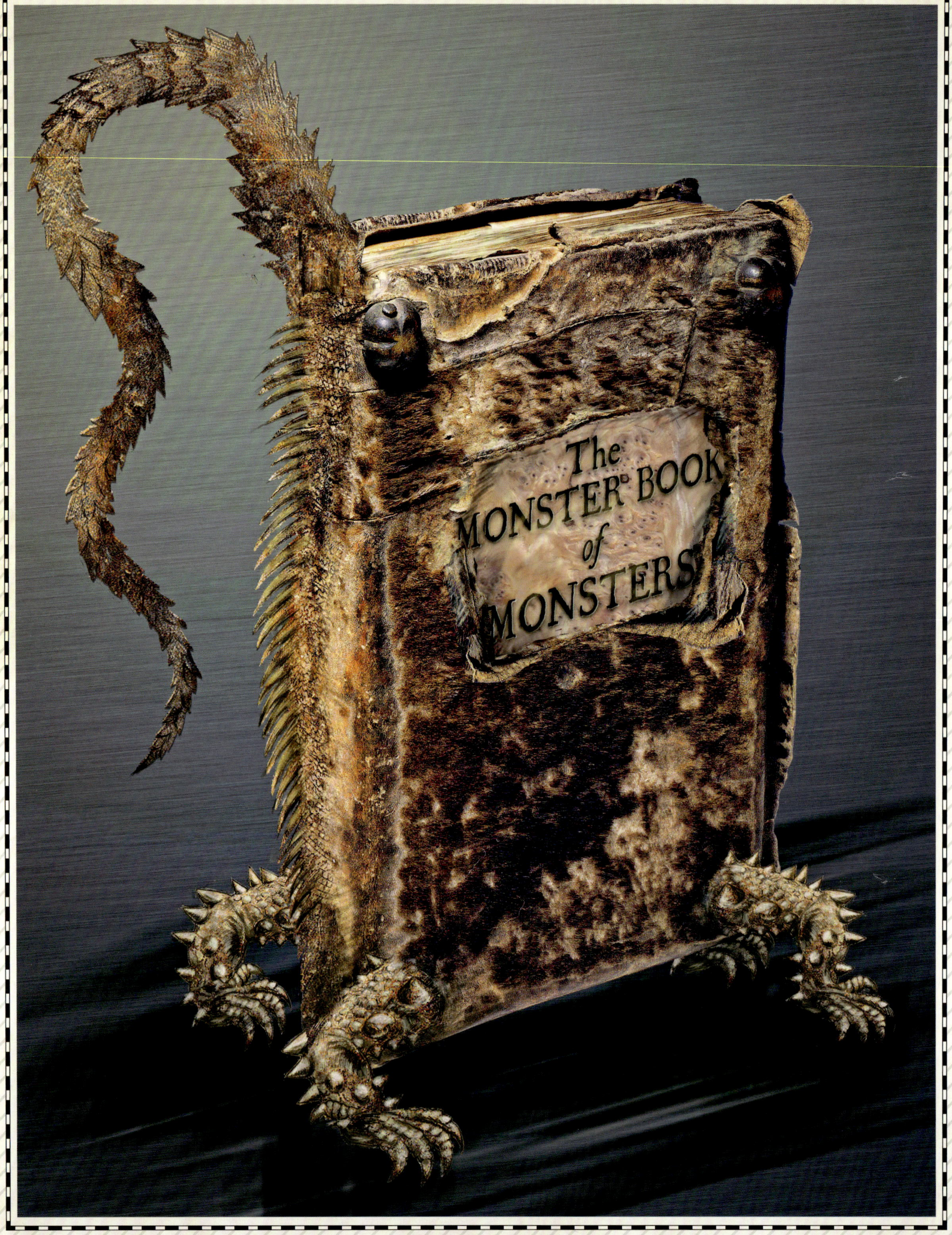
The
MONSTER BOOK
of
MONSTERS

ANTERIOR, À ESQUERDA E ABAIXO: Miraphora Mina ofereceu diferentes versões do *Livro Monstruoso dos Monstros*, inclusive um que ficava de pé sobre patas com garras e tinha uma cauda com espinhos; EMBAIXO: O interior do livro exibe páginas sobre elfos domésticos e raízes de mandrágora, ilustrado pelos artistas gráficos em estilo singular.

PUBLICAÇÕES 139

DEFESA CONTRA AS ARTES DAS TREVAS: BÁSICO PARA INICIANTES

"De agora em diante, vocês vão seguir um curso de magia defensiva, cuidadosamente estruturado e aprovado pelo Ministério."
— Dolores Umbridge — *Harry Potter e a Ordem da Fênix*

A nova professora de Defesa Contra as Artes das Trevas em *Harry Potter e a Ordem da Fênix*, Dolores Umbridge, tem uma ideia própria de como ensinar a matéria, o que quer dizer que eles devem aprender a teoria, e não com aplicações práticas. O livro que ela selecionou para a aula tem uma aparência decididamente juvenil. "Em termos de escolha de design", explica Miraphora Mina, "era para levá-los novamente a um nível de ensino fundamental. E isso precisava ser mostrado rapidamente na tela." Mina se inspirou no design e na construção de livros-texto dos anos 1940 e 1950. O livro é grosso, com lombada de tecido colado e capa e contracapa impressas. A ilustração na frente vai contra os designs elaborados e intrincados vistos nos outros livros. "São crianças brincando de ser bruxos", diz ela, "olhando uma foto deles mesmos lendo o livro com uma capa deles olhando uma foto deles lendo o livro, em uma espiral infinita." A equipe gráfica escolheu um papel grosso para as páginas, porque achavam que isso daria o efeito de o livro não ter muito conteúdo.

DIREITA: Dolores Umbridge escolheu uma versão pueril e nada informativa do livro de Defesa Contra as Artes das Trevas quando deu aula da matéria em *Harry Potter e a Ordem da Fênix*; NO ALTO: As páginas do livro eram ilustradas com imagens bobas e apresentavam um conteúdo enfadonho criado pelo departamento gráfico; SEGUINTE, À ESQUERDA: A segunda edição bem gasta de *Estudos Avançados no Preparo de Poções* que acaba na mão de Harry Potter em *Harry Potter e o Enigma do Príncipe*; SEGUINTE, À DIREITA: As anotações no final do exemplar do Príncipe Mestiço no livro *Estudos Avançados no Preparo de Poções* foram duplicadas digitalmente para os vários tamanhos do livro vistos na tela.

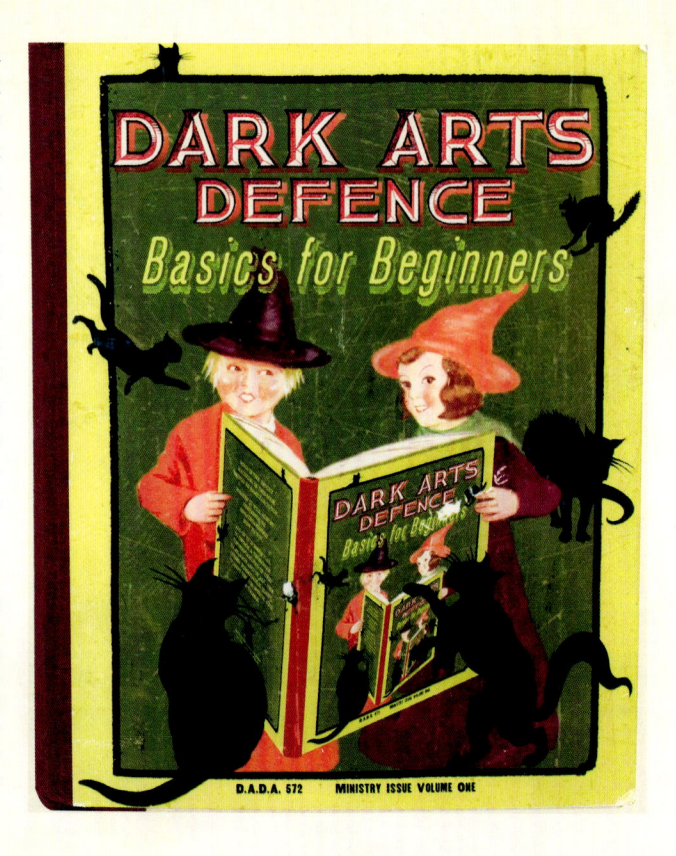

ESTUDOS AVANÇADOS NO PREPARO DE POÇÕES

"Amassar com a adaga faz escorrer mais seiva."
— escrito pelo Príncipe Mestiço no livro *Estudo avançado no preparo de poções*, Harry Potter e o Enigma do Príncipe

É o sucesso absoluto de Harry Potter na turma de Poções que oferece a ele oportunidades de se relacionar com (e interrogar) Horácio Slughorn, antigo professor de Poções que foi trazido de volta para que Dumbledore possa confirmar se ele contou a Tom Riddle, seu aluno no passado, sobre Horcruxes. O motivo do sucesso de Harry? Um exemplar de *Estudos Avançados no Preparo de Poções* com anotações do misterioso e talentoso Príncipe Mestiço. No começo do ano, nem Harry e nem Rony Weasley esperam ter que fazer aula de Poções, mas a professora McGonagall acaba com essas expectativas e eles vão para a aula. Nenhum dos dois tem o livro exigido, então o professor Slughorn os informa de que há exemplares adicionais no armário dos fundos. Dos dois exemplares, um é novo e um está surrado e sujo. Rony mergulha no armário e sai vencedor, com o exemplar novo, e Harry fica com a versão gasta. Mas o dilema de Harry é essencial para a história.

"Nesse caso", explica Miraphora Mina, "nós só tínhamos uns poucos segundos na tela para mostrar ao público por que os dois querem *este* livro e nenhum dos dois quer *aquele*, porque eles não sabem que *aquele* livro tem todos os segredos e conhecimentos de que Harry precisava para a história se desenvolver. Você tem que se lembrar como as coisas eram quando você era criança", continua ela. "'Eu quero o novinho. Não vou ficar com aquele velho e sujo.' Nós tivemos que elaborar uma versão nova e uma versão velha que tinham que ser facilmente identificáveis como o mesmo livro, mas de edições diferentes." A edição mais antiga de *Estudos Avançados no Preparo de Poções* está gasta, passa uma sensação vitoriana nas letras e no desenho de um caldeirão fumegante. A edição mais recente é menor, tem linhas simples e limpas, e apesar de ainda ter uma imagem de caldeirões, eles são mais estilizados e contemporâneos (se os anos 1950 podem ser considerados mais contemporâneos).

A edição de Harry de *Estudos Avançados no Preparo de Poções* tem anotações nas margens e ao redor do texto, feitas pelo dono anterior e escritas por Mina. "Eu era [encarregada da] a caligrafia de Severo Snape, então tive que imaginar como Snape escreveria. Provavelmente, ele não seria todo organizado nem escreveria tudo na mesma direção, pensando e apagando." Como havia versões de tamanhos diferentes do livro para closes e filmagens a meia distância, as anotações de Mina no exemplar "principal" foram digitalizadas e acrescentadas às páginas digitalmente antes das versões serem impressas.

A VIDA E AS MENTIRAS DE ALVO DUMBLEDORE

"Ouvi dizer que ele está sendo desmascarado por Rita Skeeter, num livro de 800 páginas."
— **Muriel Weasley**, *Harry Potter e as Relíquias da Morte — Parte 1*

De forma similar aos livros de Gilderoy Lockhart, a biografia reveladora de Alvo Dumbledore escrita pela repórter de tabloide Rita Skeeter vista em *Harry Potter e as Relíquias da Morte — Parte 1* também precisava ser vulgar e barata. Mais uma vez, Miraphora Mina e Eduardo Lima ficaram "totalmente perplexos", diz Mina, "porque, nesse mundo, como poderíamos imprimir uma coisa tão artificial? Mas nós já sabíamos o quanto a personagem era espalhafatosa e grosseira. Ela é sensacionalista, então escolhemos mostrar isso no design do livro com o uso de cores, técnicas e acabamentos muito artificiais". O contorno da capa e a lombada são de um tom verde-ácido que combina com a roupa que Skeeter está usando na contracapa (o primeiro figurino em *Harry Potter e o Cálice de Fogo*). Um papel muito fino foi usado para a parte de dentro desse livro, um dos poucos livros no formato brochura vistos na série de filmes.

NO ALTO: A capa extravagante do livro revelador de Rita Skeeter sobre Alvo Dumbledore. As informações no livro ajudaram Hermione Granger a descobrir sobre a família Dumbledore em *Harry Potter e as Relíquias da Morte — Parte 1*; EMBAIXO: A carta de Alvo Dumbledore para Gerardo Grindelwald, reproduzida em *A Vida e as Mentiras*.

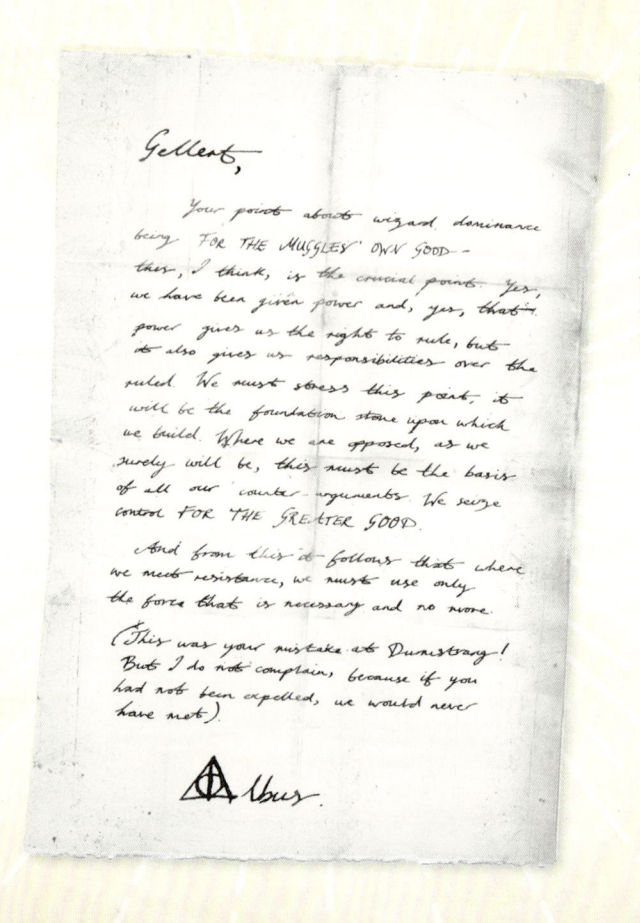

142 O LIVRO DOS ARTEFATOS MÁGICOS

OS CONTOS DE BEEDLE, O BARDO

"Para Hermione Jean Granger deixo meu exemplar de Os Contos de Beedle, o Bardo, na esperança de que ela o ache divertido e instrutivo."

— Rufo Scrimgeour lendo o Testamento Final de Alvo Dumbledore, *Harry Potter e as Relíquias da Morte — Parte 1*

As histórias escritas por Beedle, o Bardo são o equivalente no mundo bruxo aos contos de fadas dos irmãos Grimm ou de Hans Christian Andersen. É crucial que Hermione Granger receba o exemplar de Dumbledore de *Os Contos de Beedle, o Bardo* para entender a história e a mensagem das Relíquias da Morte e para se familiarizar com "O Conto dos Três Irmãos", uma história de três irmãos bruxos cujos esforços para superar a morte resultam na criação das Relíquias: a Varinha das Varinhas, a Pedra da Ressurreição e a Capa da Invisibilidade.

Miraphora Mina e Eduardo Lima sabiam que o design desse livro tinha que mostrar que, apesar de ser um livro infantil, dentro dele havia mais seriedade nas histórias. O pequeno livro contém ilustrações delicadas cortadas a laser que parecem uma renda delicada no começo de cada história. O artista dessas "ilustrações originais" aparece listado como sendo Luxo Karuzos, mais uma variação do nome do filho de Mina. Era intenção do diretor dar zoom nas ilustrações antes do conto dos Três Irmãos e, a partir disso, fazer uma transição suave para a animação da história, mas essa ideia não foi implementada na edição final do filme.

Ao longo do trabalho nos filmes, Mina e Lima mostravam adereços-chave para os produtores, inclusive um exemplar não concluído desse livro, para que fossem aprovados. Quando J. K. Rowling foi ao set de filmagens um dia durante a filmagem de *Harry Potter e as Relíquias da Morte — Parte 1*, o produtor David Heyman a levou especificamente para ver *Os Contos de Beedle, o Bardo*. "Ela olhou e falou: 'Ah, eu preciso de um exemplar'", relembra Lima. "E nós dissemos: 'Ainda não está pronto, você precisa esperar até que terminemos o livro.' Ela disse que tudo bem e me devolveu o livro. Menos de dois segundos depois, ela voltou e disse: 'Me desculpe, mas eu tenho que levar um agora', e me deu um abraço enorme. Nós ficamos com cara de 'Como assim?' Mas ela é tão adorável, não podíamos recusar!"

NO ALTO: A arte de referência com "paleta de cores" criada para as equipes de iluminação e animação pelo supervisor de sequências Dale Newton mostra os irmãos criando a ponte para atravessar o rio na sequência de *"O Conto dos Três Irmãos"* em *Harry Potter e as Relíquias da Morte — Parte 1*; MEIO: O exemplar de Alvo Dumbledore de *Os Contos de Beedle, o Bardo*, herdado por Hermione Granger, oferece uma pista vital na procura das Relíquias da Morte. O design da capa é de Miraphora Mina e Eduardo Lima; À ESQUERDA: A arte com a paleta de cores feita pelo diretor de animação Ben Hibon mostra a Morte partindo com o segundo irmão.

PUBLICAÇÕES 143

PUBLICAÇÕES DO MINISTÉRIO

"HARRY POTTER INDESEJÁVEL N° 1."
— capa do *Profeta Diário*, *Harry Potter e as Relíquias da Morte — Parte 1*

O Ministério da Magia é o braço do governo no mundo bruxo na Grã-Bretanha que, de um modo geral, estabelece e executa as leis mágicas, supervisionado pelo Ministro da Magia. Liderado por Cornélio Fudge nos primeiros cinco anos de Harry Potter em Hogwarts, o Ministério oscilou entre repudiar, desacreditar e finalmente admitir com relutância que Lord Voldemort tinha voltado. Os eventos em *Harry Potter e a Ordem da Fênix* deixaram aparente que as Forças das Trevas estavam se reunindo, e a subida deles ao poder levou inevitavelmente à tomada do Ministério em *Harry Potter e as Relíquias da Morte — Parte 1*. Com a mudança na essência do Ministério por causa do envolvimento dos Comensais da Morte e outros funcionários com lealdade inquestionável a Lord Voldemort, a aparência e a sensação da inescapável papelada e das publicações associadas com qualquer burocracia mudaram para um tom mais sombrio e repressivo.

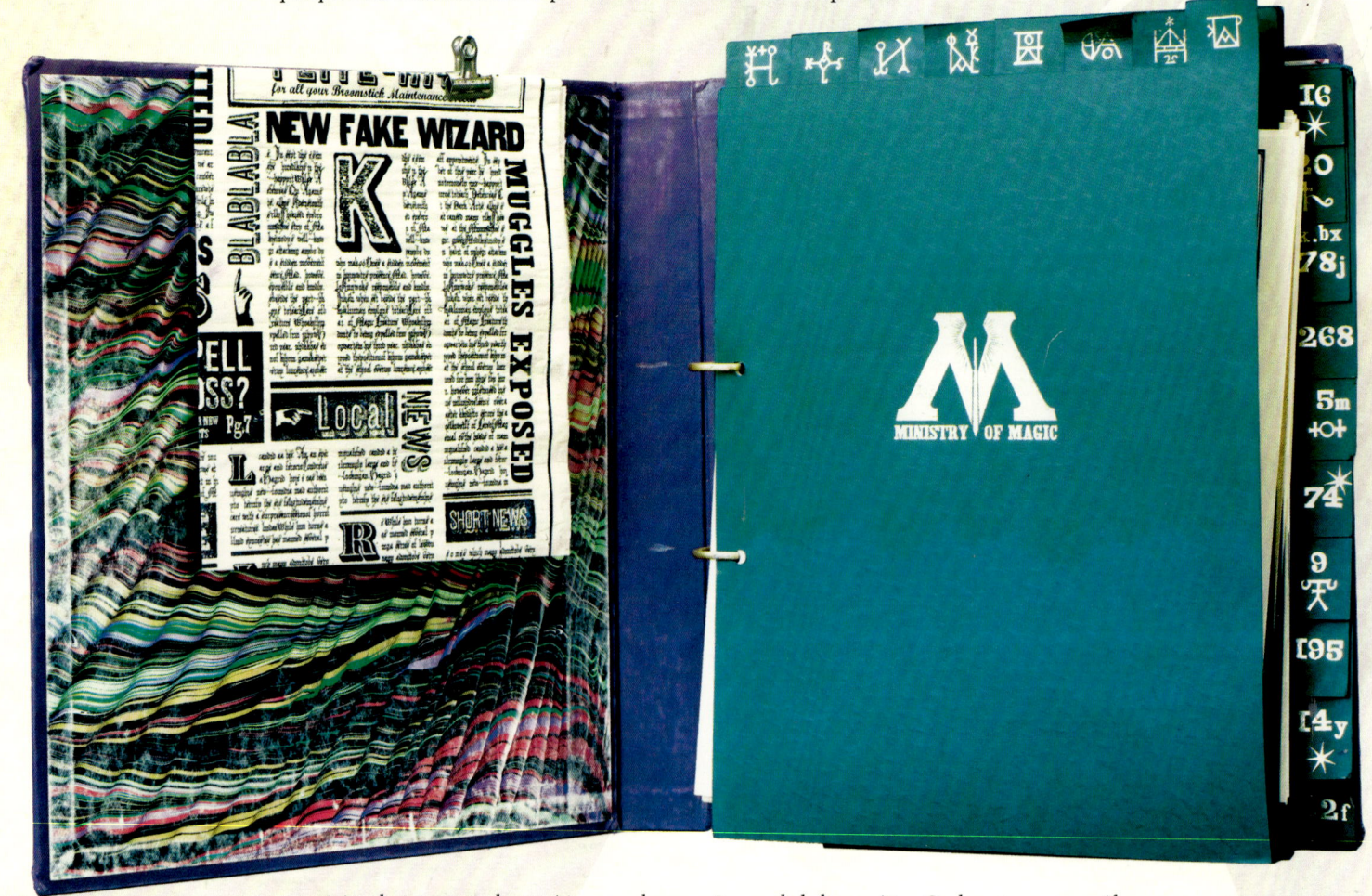

ACIMA: As administrações burocráticas envolvem muita papelada burocrática. Os departamentos gráfico e de adereços criaram cadernos e pastas para os funcionários do Ministério da Magia carregarem em *Harry Potter e a Ordem da Fênix*; SEGUINTE, EM SENTIDO HORÁRIO A PARTIR DA ESQUERDA: Memorandos voadores do Ministério da Magia e um crachá de visitante criados para *Harry Potter e a Ordem da Fênix*; O Formulário de Registro de Arthur Weasley da Comissão de Registro dos Nascidos Trouxas, encontrado por Harry Potter na sala de Dolores Umbridge no Ministério da Magia, *Harry Potter e as Relíquias da Morte — Parte 1*; Carta a Arthur Weasley de Mafalda Hopkirk, declarando as acusações e o horário da audiência disciplinar pela violação de Harry do Decreto de Restrição à Prática de Magia por Menores, *Harry Potter e a Ordem da Fênix*; carimbos oficiais do Ministério da Magia; carta a Harry Potter sobre a violação dele ao Decreto de Restrição à Prática de Magia por Menores, *Harry Potter e a Ordem da Fênix*.

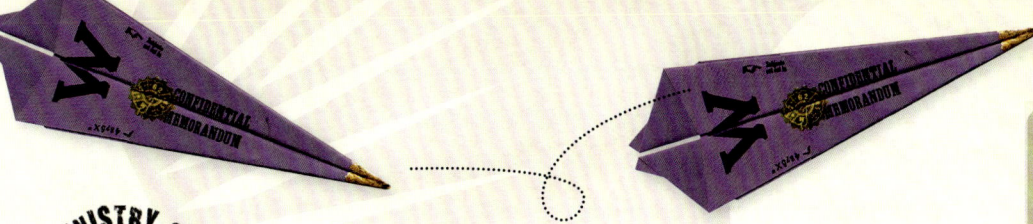

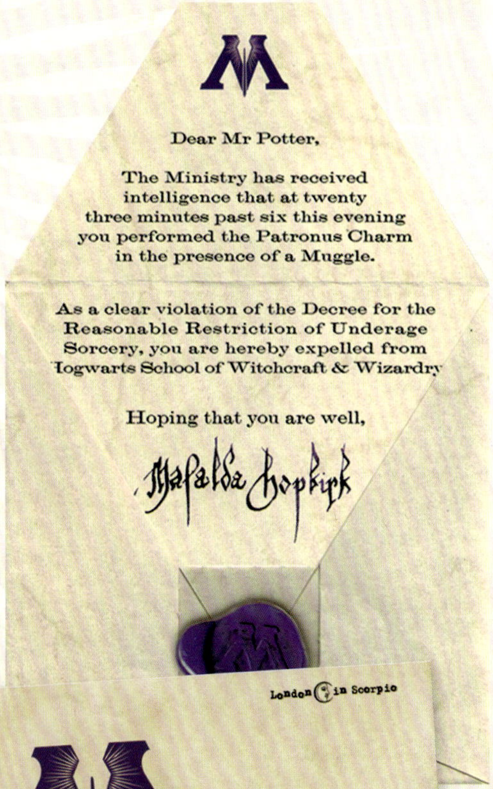

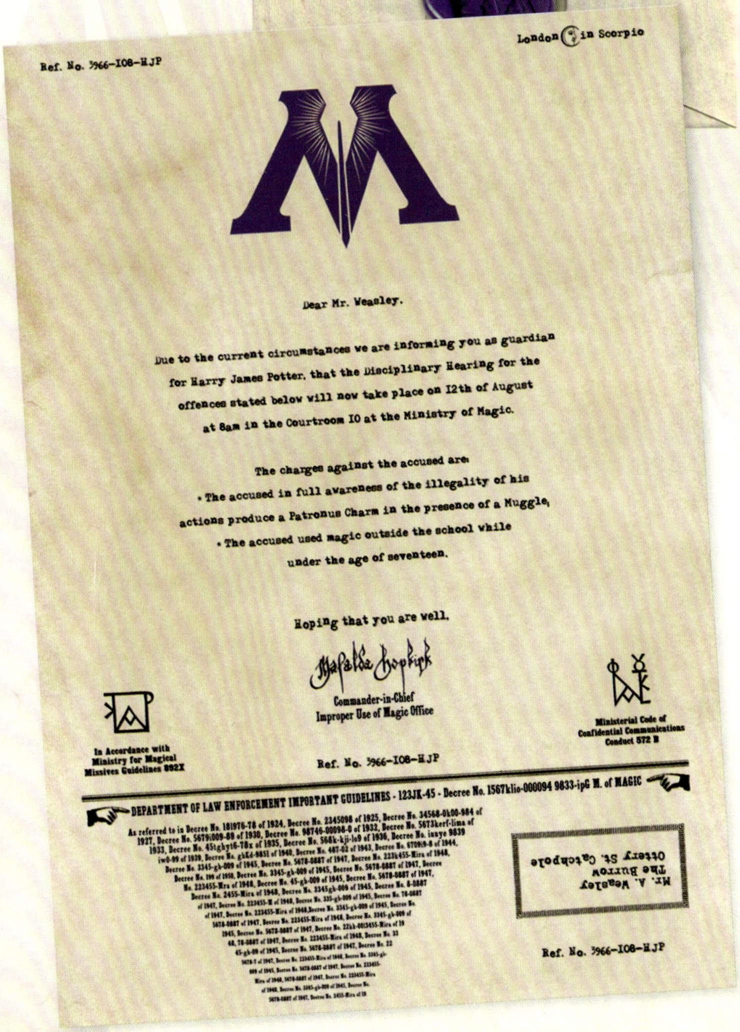

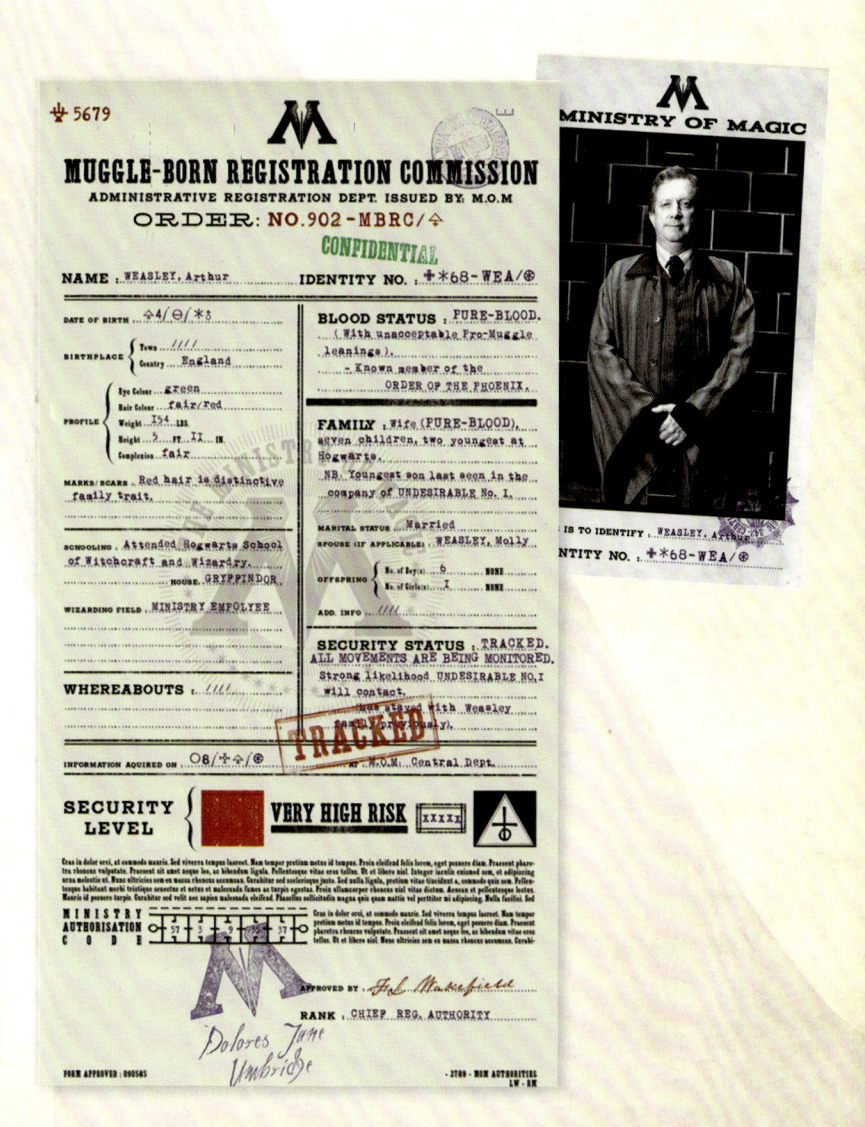

PARAFERNÁLIA DO MINISTÉRIO

"Esperando que esteja bem, Mafalda Hopkirk."
— carta a Harry Potter, *Harry Potter e a Ordem da Fênix*

A primeira visita de Harry ao Ministério da Magia nos filmes acontece em *Harry Potter e a Ordem da Fênix*, quando ele é levado a uma audiência disciplinar por executar magia sendo menor (a expulsão de dois Dementadores usando um Patrono). A papelada do Ministério criada pelo departamento gráfico incluía crachás de visitantes, carimbos oficiais, memorandos voadores e várias correspondências.

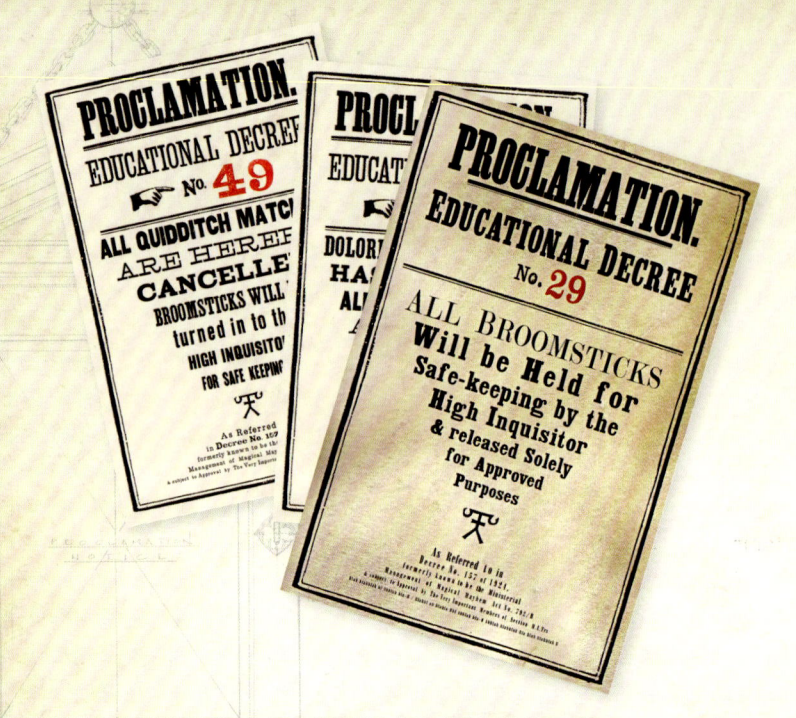

DECRETOS EDUCACIONAIS

"Decreto Educacional nº 23: Dolores Joana Umbridge foi nomeada para o cargo de Alta Inquisidora de Hogwarts."

— cartaz em *Harry Potter e a Ordem da Fênix*

Os Decretos Educacionais eram leis criadas pelo Ministério da Magia, aparentemente para melhorar a disciplina e aumentar as punições às transgressões dos alunos em Hogwarts, executados por Dolores Umbridge durante seu tempo como professora de Defesa Contra as Artes das Trevas em *Harry Potter e a Ordem da Fênix*. Essas proclamações eram a tentativa do Ministério de tirar o controle da escola de Dumbledore. Eles são, como o final do Decreto declara, "sujeitos à aprovação dos Membros Muito Importantes da Seção M. I. Trx". E, em uma imitação inteligente de textos típicos do governo, a última linha dos Decretos Educativos, escondidas pelas molduras, diz: "Blá blá blá bl Abla Blá... Blá Blá blabish."

NO ALTO, À ESQUERDA: Dolores Umbridge, em sua posição de Alta Inquisidora designada pelo Ministério, criou mais de cem Decretos Educacionais com a intenção de debilitar e controlar os alunos de Hogwarts em *Harry Potter e a Ordem da Fênix*; À ESQUERDA: Rascunho de Gary Jopling dos Decretos Educacionais pendurados ao redor da porta do Salão Principal; ACIMA: Os storyboards ilustram o zelador Argo Filch martelando o prego que segura mais uma proclamação na parede de pedra; SEGUINTE, NO ALTO: Capa do livreto do Cartão de Identificação do Ministério; SEGUINTE, NO MEIO E EMBAIXO: Cartões de identificação de Mafalda Hopkirk (Sophie Thompson) e Reg Cattermole (Steffan Rhodri).

CARTÕES DE IDENTIFICAÇÃO DO MINISTÉRIO DA MAGIA

Cartões de identificação foram criados para *Harry Potter e as Relíquias da Morte — Parte 1*, que Harry, Rony e Hermione usam para se infiltrarem no Ministério quando usam a Poção Polissuco para se tornarem três funcionários do governo. As identificações foram produzidas nos formatos com fotos imóveis e em movimento, com papel de tela verde no lugar da fotografia estática.

PUBLICAÇÕES 147

COMISSÃO DE REGISTRO DOS NASCIDOS TROUXAS

"Eu sou mestiço! Meu pai... meu pai era bruxo!"
— homem apavorado, *Harry Potter e as Relíquias da Morte — Parte 1*

Dolores Umbridge tem muitas tarefas no seu trabalho no Ministério, mas talvez nenhuma tão hedionda quanto ser Chefe da Comissão de Registro dos Nascidos Trouxas, que registrava e perseguia bruxos que não tinham sangue puro durante os eventos de *Harry Potter e as Relíquias da Morte — Parte 1* e *Parte 2*. Para a repugnância de Harry, quando ele mexe na mesa de Umbridge, encontra formulários de registro dos membros da Ordem da Fênix, com as fotos dos mortos riscadas com um X grande.

ABAIXO: O departamento gráfico criou vários formulários para a inquisição organizada pela Comissão de Registro dos Nascidos Trouxas — estes, de Mary Cattermole, foram examinados por Dolores Umbridge, *Harry Potter e as Relíquias da Morte — Parte 1*; À DIREITA: Harry Potter descobre os formulários dos amigos e entes queridos na mesa de Dolores Umbridge; SEGUINTE: Os elementos gráficos usados nos itens das campanhas contra os sangues ruins em *Harry Potter e as Relíquias da Morte — Parte 1* imitava o estilo esparso em blocos da União Soviética da Guerra Fria.

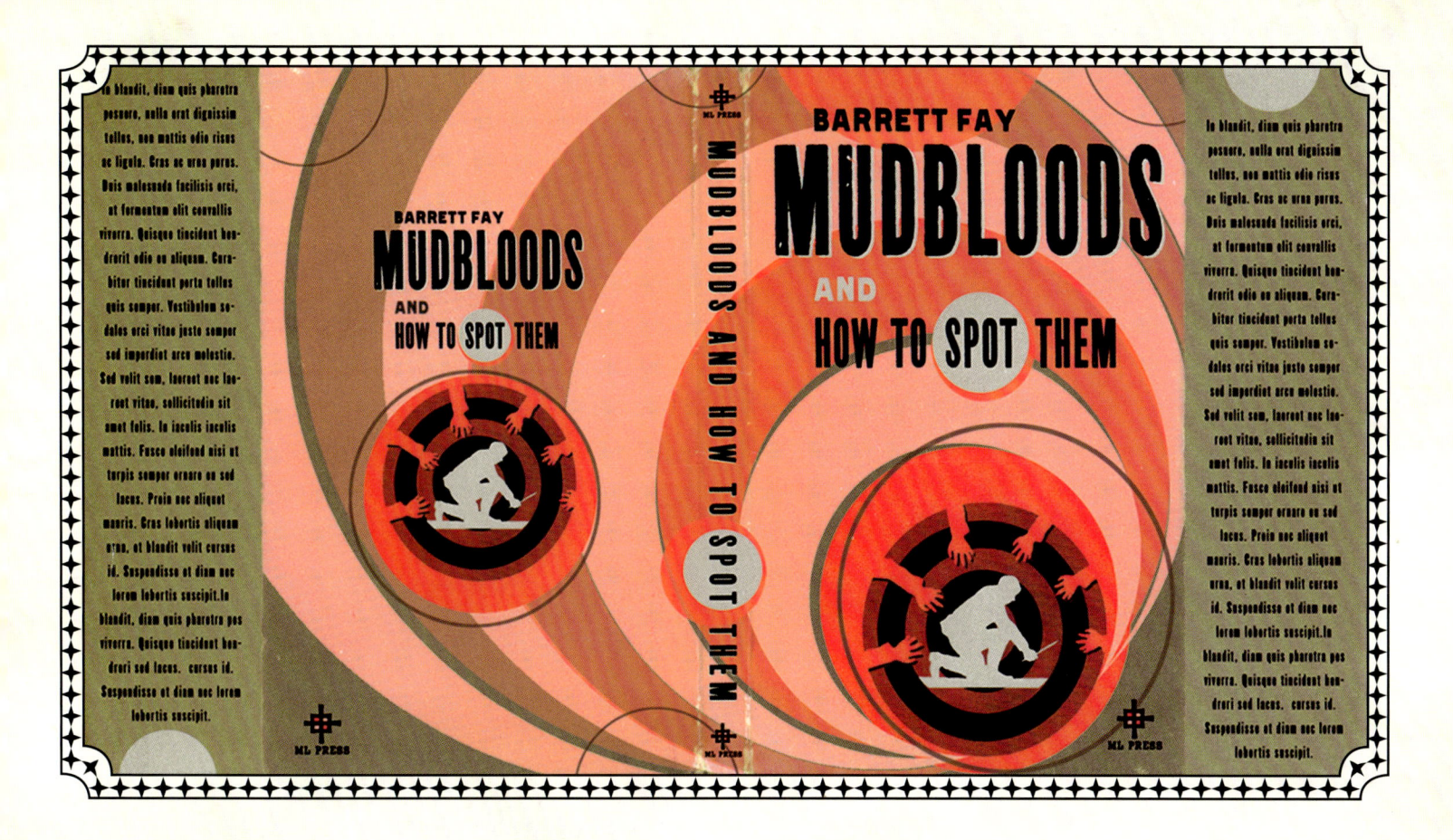

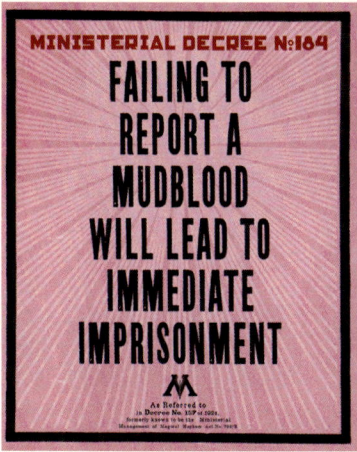

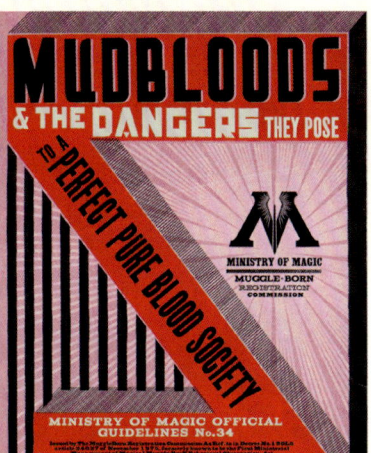

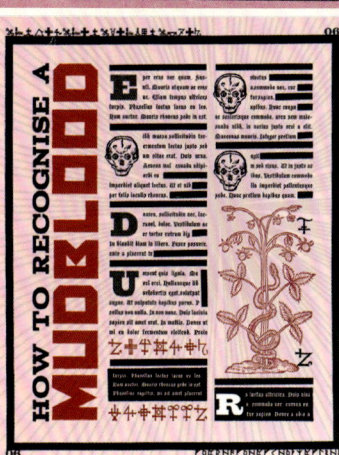

CAMPANHAS CONTRA OS SANGUES RUINS

"Vamos voltar ao trabalho, por favor. Acalmem-se."
— bruxo na sala da Comissão de Registro dos Nascidos Trouxas,
Harry Potter e as Relíquias da Morte — Parte 1

A sala de Umbridge também distribuía textos contra trouxas, como *Sangues Ruins e Como Identificá-los* em *Harry Potter e as Relíquias da Morte — Parte 1*. O diretor David Yates sugeriu que Miraphora Mina e Eduardo Lima olhassem campanhas soviéticas de após a Primeira Guerra Mundial, que usavam cores primárias e letras pesadas em pôsteres e panfletos para chamar a atenção e incitar emoções alteradas. Esse estilo era uma antítese total à familiaridade gótica e vitoriana de Hogwarts e da comunidade bruxa.

PUBLICAÇÕES 149

PÔSTERES DE PROCURADOS

"Lembrem-se: a negligência custa vidas."
— impresso no pôster de CAPTURADO de Lúcio Malfoy, *Harry Potter e as Relíquias da Morte — Parte 1*

O departamento gráfico teve que satisfazer os dois lados da batalha entre o bem e as Forças das Trevas ao longo dos filmes de Harry Potter. Pôsteres de procurado foram criados para Sirius Black em *Harry Potter e o Prisioneiro de Azkaban*, nos quais os símbolos na placa de fichamento se traduzem livremente em "mais ou menos humano". Eduardo Lima admite que apesar de parte do trabalho deles ser sobre um assunto sério, "um dos aspectos mais divertidos de trabalhar no filme era ter a liberdade de acrescentar toques pessoais. No pôster de Sirius, por exemplo, nós pedimos que as informações fossem enviadas por coruja".

Um tom bem mais sombrio foi aplicado em *Harry Potter e as Relíquias da Morte — Parte 1*, onde os Avisos de Segurança Pública comunicando sobre as ameaças dos Comensais da Morte mudaram para pôsteres da captura do Indesejável n° 1 — Harry Potter —, distribuídos pelo Ministério. Eduardo Lima e Miraphora Mina "danificaram" os pôsteres para dar evidência de terem ficado expostos às condições adversas do tempo ou a simples vandalismo onde estavam, no Beco Diagonal.

À DIREITA E ABAIXO, NO MEIO: O pôster de procurado de Sirius Black, pendurado em todo o mundo bruxo em *Harry Potter e o Prisioneiro de Azkaban*, foi criado em duas versões: uma "plana", com uma foto imóvel e texto, e outra com tela verde no lugar da foto, para que uma filmagem do ator Gary Oldman pudesse ser acrescentada na pós-produção; ABAIXO À DIREITA E À ESQUERDA, E SEGUINTE: Esses pôsteres foram pendurados nas paredes do Beco Diagonal e em Hogsmeade em *Harry Potter e as Relíquias da Morte — Parte 1* e *Harry Potter e as Relíquias da Morte — Parte 2*.

150 O LIVRO DOS ARTEFATOS MÁGICOS

WANTED

BY THE MINISTRY OF MAGIC

FENRIR GREYBACK

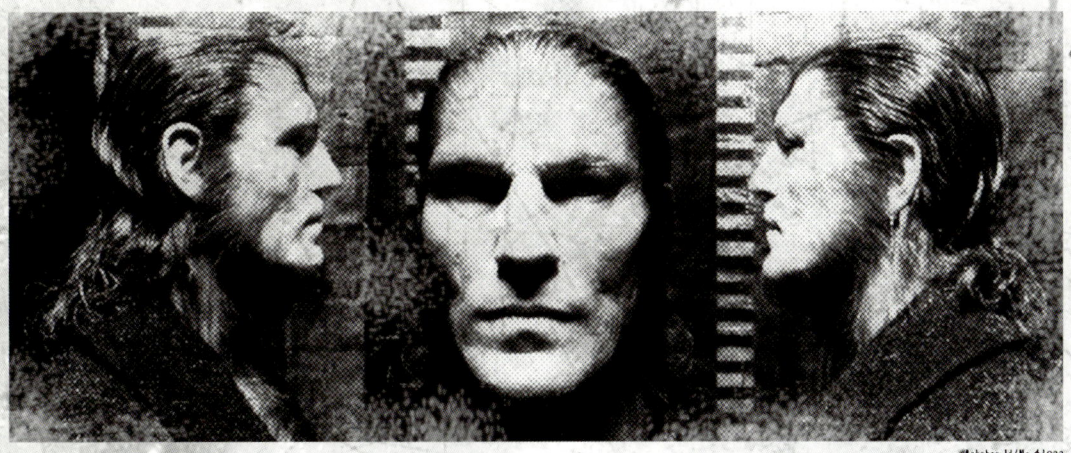

Azkaban Id/No. 41922

FENRIR GREYBACK IS A SAVAGE WEREWOLF.
CONVICTED MURDERER. SUSPECTED DEATH EATER.

★ APPROACH WITH EXTREME CAUTION! ★

IF YOU HAVE ANY INFORMATION CONCERNING
THIS PERSON, PLEASE CONTACT YOUR
NEAREST AUROR OFFICE.

☞ REWARD ☜

THE MINISTRY OF MAGIC IS OFFERING A REWARD OF 1.000 GALLEONS
FOR INFORMATION LEADING DIRECTLY TO THE ARREST OF FENRIR GREYBACK.

MINISTRY OF MAGIC
-AUROR OFFICE-

DIRECTOR
AUROR OFFICE / INVESTIGATION DEPT.
No. 61042

PRINTED BY THE MINISTRY PRESS - DIAGON ALLEY - ENGLAND - REG.120990/00E.LIMA/00987-000MOM

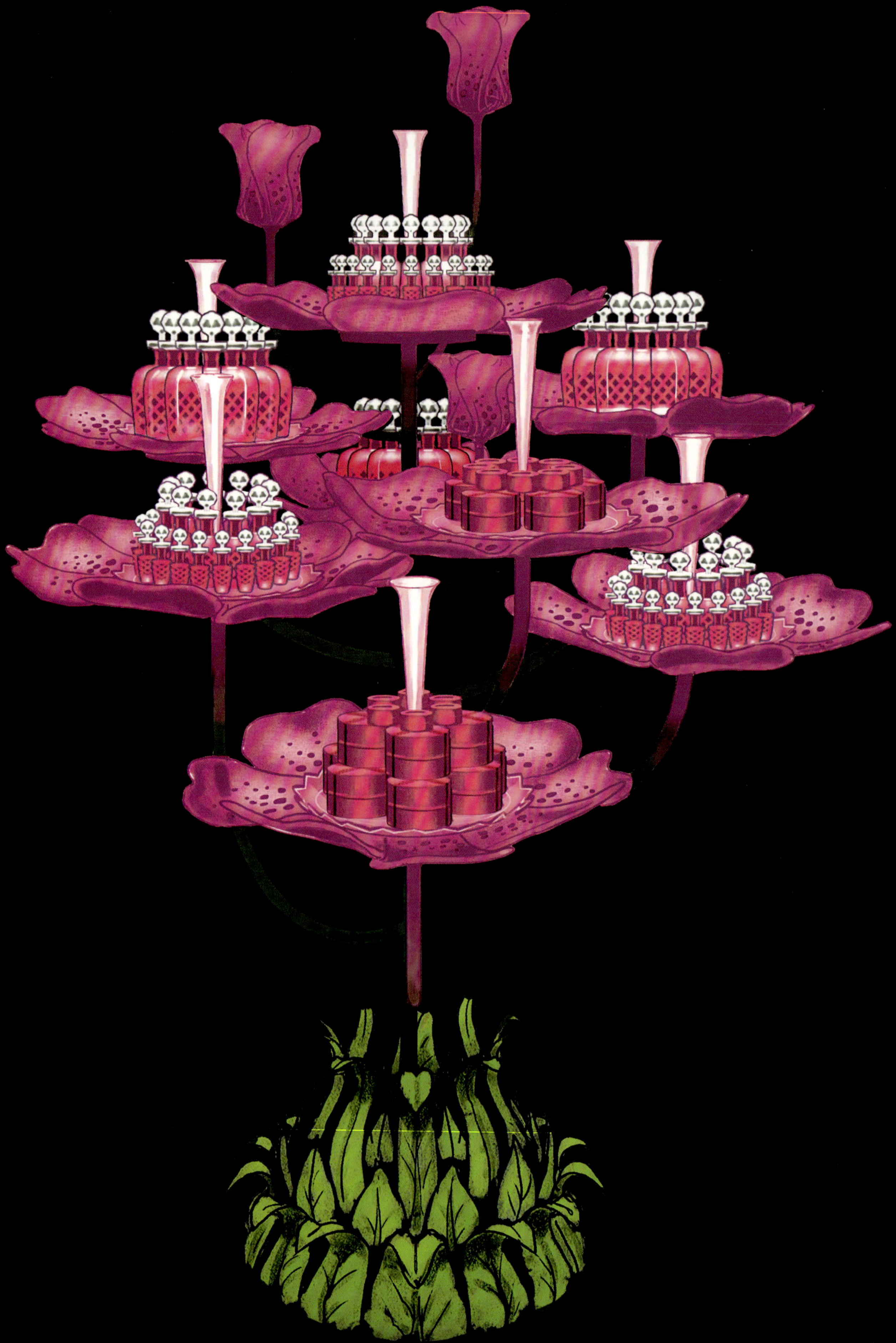

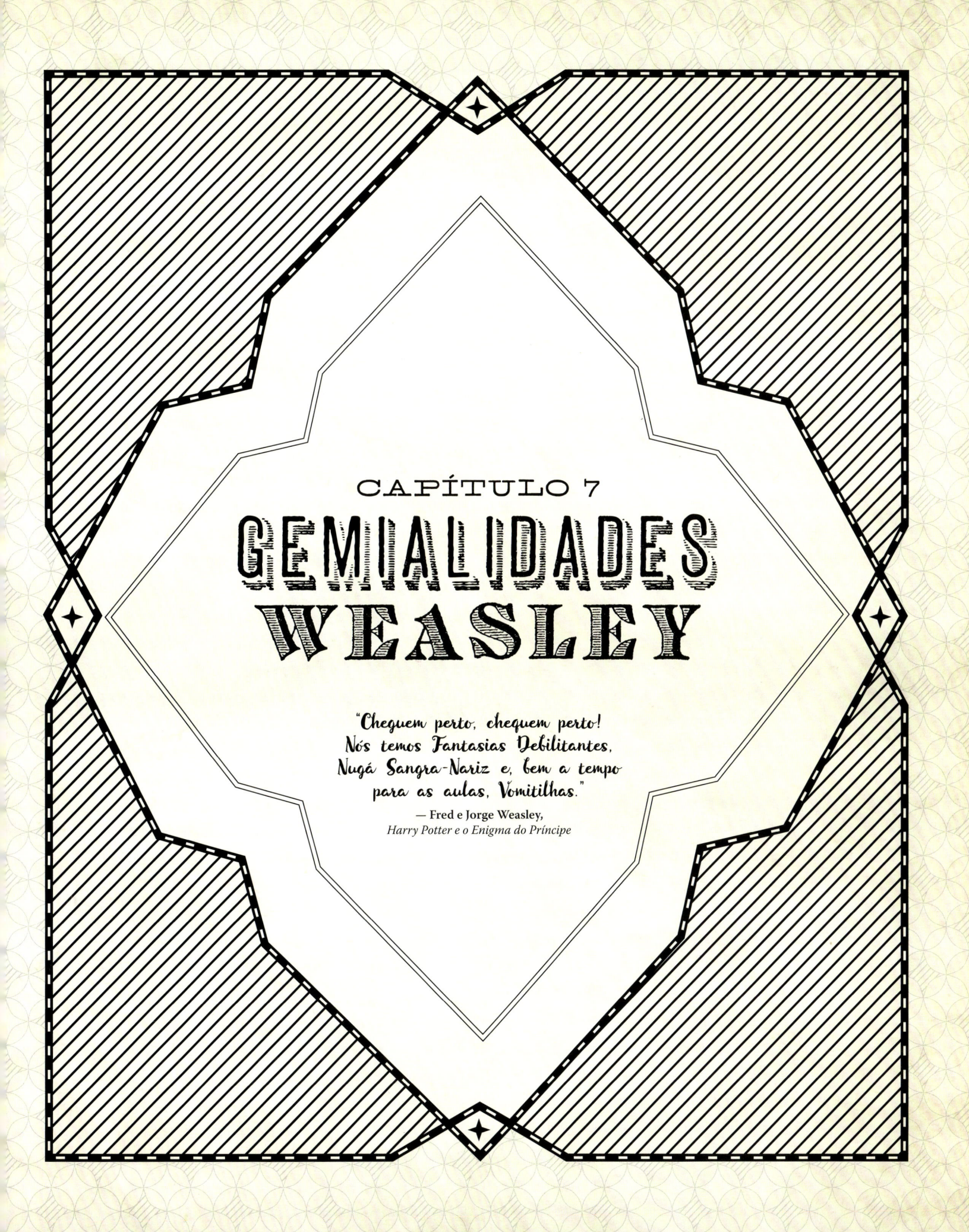

CAPÍTULO 7
GEMIALIDADES WEASLEY

"Cheguem perto, cheguem perto! Nós temos Fantasias Debilitantes, Nugá Sangra-Nariz e, bem a tempo para as aulas, Vomitilhas."

— Fred e Jorge Weasley,
Harry Potter e o Enigma do Príncipe

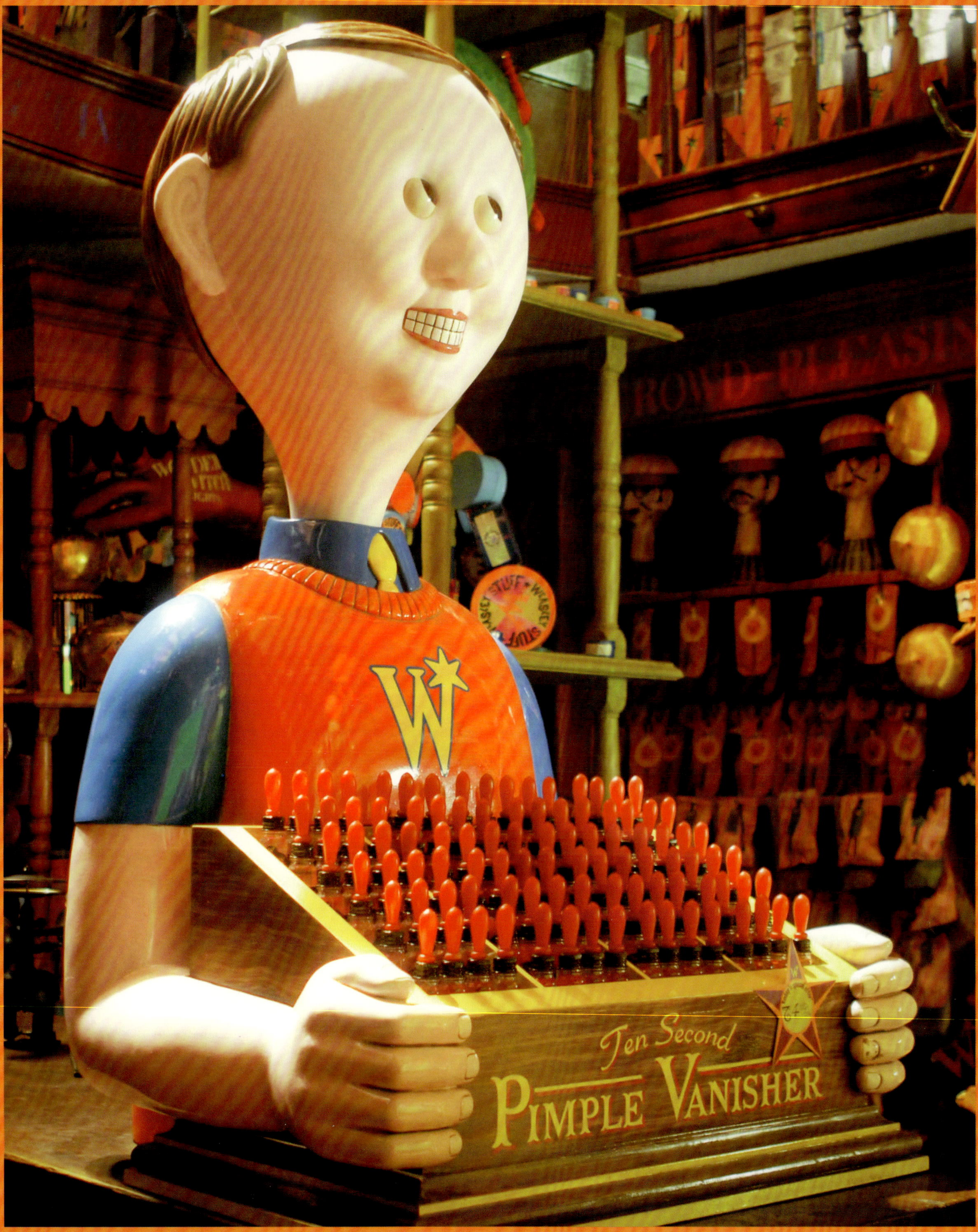
Ten Second
PIMPLE VANISHER

Sempre empreendedores, os gêmeos Weasley transformaram suas incursões no comércio quando estavam em Hogwarts em um negócio e uma marca bem-sucedidos na Gemialidades Weasley, estabelecida no Beco Diagonal em *Harry Potter e o Enigma do Príncipe*, oferecendo uma variedade de pegadinhas, kits mata-aula, poções do amor e muitos outros produtos mágicos peculiares e criativos.

"Isso foi o sonho de qualquer designer", diz Miraphora Mina. "Ouvir que você tem que criar todas as embalagens de uma loja de pegadinhas mágicas de quatro andares que pertence a dois adolescentes que não devem ter muita noção de design. Nós tivemos que jogar fora todas as nossas ideias de bom design e usar cores conflitantes e técnicas de impressão terríveis." Mesmo assim, os primeiros designs de produto que Miraphora Mina e Eduardo Lima mostraram para o diretor de arte Stuart Craig foram considerados bonitos e delicados demais. "Stuart disse para nós: 'Vocês podem por favor tornar isso mais vulgar?'", relembra Mina. "Então, olhamos várias embalagens de fogos de artifício, porque são baratos e descartáveis, e a impressão sempre sai torta." Eles selecionaram um papel de baixa qualidade e nunca se preocupavam se alguma coisa ficava mal impressa. "Foi estranho", admite Mina. "Foi como desenhar com a mão esquerda quando você tem prática com a direita."

Para acrescentar uma variedade de texturas e para que nem todas as embalagens fossem feitas de papel, Mina e Lima foram a lojas de suvenires para comprar latinhas e outros itens interessantes. "Nós olhávamos e dizíamos: O que tem de bom nisso? Isso? Tá. Depois, nós cobríamos o resto com nossos elementos gráficos." Todos os produtos possíveis foram tirados dos livros, depois os artistas conceituais e gráficos elaboraram ideias para o resto. Para ocupar as prateleiras, o tamanho do departamento gráfico foi quase triplicado (de três para oito) para acomodar a criação de um monte de produtos em pouco tempo. "Tínhamos uns 140 designs de produtos diferentes", diz Lima, "e eles precisavam ser fabricados em quantidades de duzentos a quatro mil." O número total de itens na Gemialidades Weasley é estimado em quarenta mil. Tudo feito por eles para aparecer por menos de dois minutos de tempo de tela.

Guardados dentro das caixas e frascos visualmente chamativos havia muitos brinquedos e pegadinhas que saíram dos livros, alguns dos quais já vistos em filmes anteriores, e outros que teriam estreia posterior. Como os gêmeos Weasley sempre pareciam ter alguma coisa em desenvolvimento, é gratificante ver as Orelhas Extensíveis, usadas

PÁGINA 152: Arte conceitual de um display de Bruxa Maravilha feito por Adam Brockbank para *Harry Potter e o Enigma do Príncipe*; ANTERIOR: O Infalível Removedor de Espinhas em 10 Segundos em seu estado imaculado; NO ALTO: Os recipientes da linha de produtos Tempo Dentro do Frasco, visualizados por Adam Brockbank, remetem a seu conteúdo: um tornado pequenino gira em um frasco de tornado retorcido, um guarda-chuva fecha o frasco de Tempo Molhado, e o frasco da tempestade de neve, contendo uma Casa dos Gritos em miniatura, evoca um globo de neve; À DIREITA: Arte conceitual inicial do dispensador de Vomitilhas; PÁGINAS SEGUINTES: Embalagens e logotipos elaborados pelo departamento gráfico liderado por Miraphora Mina e Eduardo Lima. Sem cor, era extravagante demais, sem letras era pavoroso demais.

NEW
ELECTRIC SHOCK SHAKE
MADE IN ENGLAND
WEASLEY MEGA BOX
NEW
NEW
BANG
THE NEW WEASLEY MEGA BOX CONTAINS A SURPRISE SELECTION OF MEGA FIREWORKS TO BLOW YOU AWAY
Wands
weasley & weasley
WEASLEY & WEASLEY
WHAMMY ROCKET
JUMPING SNAKES
GHASTLY GARROTING GRASS SNAKES
WEASLEY AND WEASLEY

WEASLEY ANTI-SPELLS PARAPHERNALIA
INX OFF
BASIC KIT 028370
UDES CLOAK, HAT& GLOVES
KIT INCLUDES CLOAK
OVES
Ten Second
PIMPLE VANISHER
№ 2063
028370
SCREAMING
ATTENTION
THIS IS NOT A TOY.
USE WITH CAUTION!
WEASLEY & WEASLEY
JOKE
WANDS
Quality Conjuring For Connoisseurs
№ 587
WEASLEY & WEASLEY
SCREAMING YO-YOS
screaming YO-YOS

pela primeira vez em *Harry Potter e a Ordem da Fênix*, nas prateleiras, assim como o Kit Mata-Aula, que contém o Nugá Sangra-Nariz, Febricolate e Fantasias Debilitantes. A Marca Negra, de *Harry Potter e o Cálice de Fogo*, era oferecida em forma comestível, uma provocação óbvia às Forças das Trevas, assim como um brinquedo de metal de Dolores Umbridge andando de uniciclo em uma corda bamba (murmurando "Quero ordem!"). O Detonador Chamariz usado por Harry Potter em *Harry Potter e as Relíquias da Morte — Parte 1* deve ter vindo da loja dos Weasley. Os gêmeos até ofereciam uma versão de brinquedo do Ford Anglia voador do pai, o Aviatomobile.

"Havia muitas camadas de adereços de herói na loja", diz a diretora de arte de adereços Hattie Storey. "Acabamos fazendo adereços de herói *demais*; não havia tempo suficiente para que todos aparecessem na cena, foi uma cena bem curta. Mas como não sabíamos quais o diretor mostraria, nós simplesmente fizemos tudo." Mas Storey estava ciente de que os fãs provavelmente assistiriam ao filme e essa cena em particular mais de uma vez e "em um filme assim, é muito legal se você consegue identificar coisas novas cada vez que assiste". Isso remete às palavras de James Phelps (Fred Weasley): "O cenário da Gemialidades Weasley tinha tantos detalhes que dava para passar dias lá e não ver tudo."

Ao mesmo tempo que o catálogo da Gemialidades Weasley estava sendo criado, os artistas conceituais estavam tendo ideias para os displays que ocupariam a loja. "Muitos são descritos no livro", diz Adam Brockbank, "mas como eles são de verdade?" Um deles era o display das Vomitilhas, uma bala que fazia parte do Kit Mata-Aula original dos Weasley. O estilo que Miraphora Mina e Eduardo Lima escolheram para o visual remetia aos brinquedos baratos de plástico e metal dos anos 1950, então Brockbank trabalhou em cima disso e usou suas lembranças das caixas de donativos de caridade elaboradas de forma rudimentar que ficavam em frente às lojas da Inglaterra nos anos 1950, muitas vezes de crianças e animais. "E nós sabíamos que queríamos que fosse meio engraçado e meio nojento ao mesmo tempo", diz ele. "Então o display se tornou um garoto meio mal esculpido que vomita em um balde, mas não é vômito de verdade, é um fluxo de Vomitilhas, de forma que você só colocaria um copinho embaixo, encheria o copinho e iria ao caixa pagar."

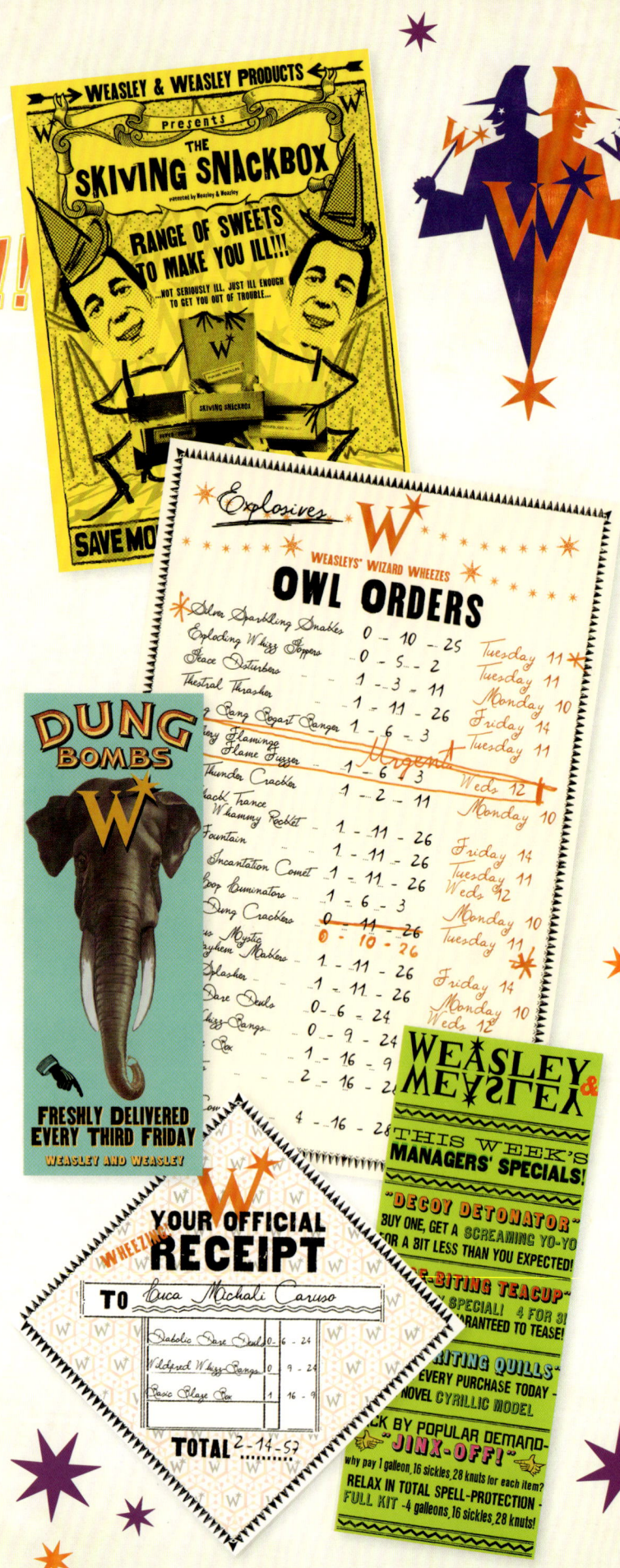

158   O LIVRO DOS ARTEFATOS MÁGICOS

FRISBEE DENTADO

ORELHAS EXTENSÍVEIS

ANTERIOR, À DIREITA: O departamento gráfico elaborou todo o necessário para se ter um negócio em forma de logotipo da loja, propaganda, formulários de encomenda e recibos, um deles feito em nome de Luca Michali Caruso, filho da designer gráfica Miraphora Mina; ANTERIOR, À ESQUERDA: Arte conceitual de Peter McKinstry do Detonador Chamariz, que é usado no Ministério de Magia por Harry Potter em *Harry Potter e as Relíquias da Morte — Parte 1*; ACIMA: Um desenho do Detonador Chamariz feito por Amanda Leggatt; ALTO, À ESQUERDA E À DIREITA: Arte de desenvolvimento visual do Frisbee Dentado e das Orelhas Extensíveis feita por Adam Brockbank; À DIREITA: Uma ideia de display explosivo.

Quando o design foi aprovado, Pierre Bohanna e sua equipe criaram uma estudante de um metro e oitenta com o rosto verde que vomita as milhares de pastilhas de silicone verdes e roxas necessárias para circular em uma cadeia infinita de vômito que foi, como Hattie Storey descreve, "executada em detalhes doentios". Outro adereço era para O Infalível Removedor de Espinhas em 10 Segundos. "Nós pensamos: 'Vamos fazer uma cabeça com as espinhas saindo e sumindo em seguida'", continua Brockbank. "E Pierre fez uma coisa que fazia exatamente isso, com olhos revirando e cabeça balançando." Um dos maiores displays fica fora da loja: uma figura de seis metros de um dos gêmeos replicando um ato mágico trouxa onipresente: tirar a cartola revela um coelho que alternadamente desaparece e aparece de novo. "Nós queríamos criar um ambiente irresistível para uma criancinha bruxa", diz Miraphora Mina, "ao mesmo tempo que saíamos do estilo visual familiar do mundo de Hogwarts."

ABAIXO: Arte de desenvolvimento visual de Adam Brockbank para O Infalível Removedor de Espinhas em 10 Segundos, que tinha dispositivos de controle remoto dentro da cabeça para fazer espinhas aparecerem e desaparecerem; À DIREITA, À EXTREMA DIREITA E EMBAIXO, À DIREITA: O dispensador de mau gosto de Vomitilhas jorrava um fluxo constante de balas; SEGUINTE, NO ALTO: Arte de desenvolvimento visual do Ioiô Berrante, de Adam Brockbank; SEGUINTE, EMBAIXO: (da esquerda para a direita) Os produtos da Gemialidades Weasley incluem uma xícara que morde o nariz e uma versão de jujuba comestível da Marca Negra. A arte conceitual de Brockbank da Marca Negra indica a grossura e construção do doce.

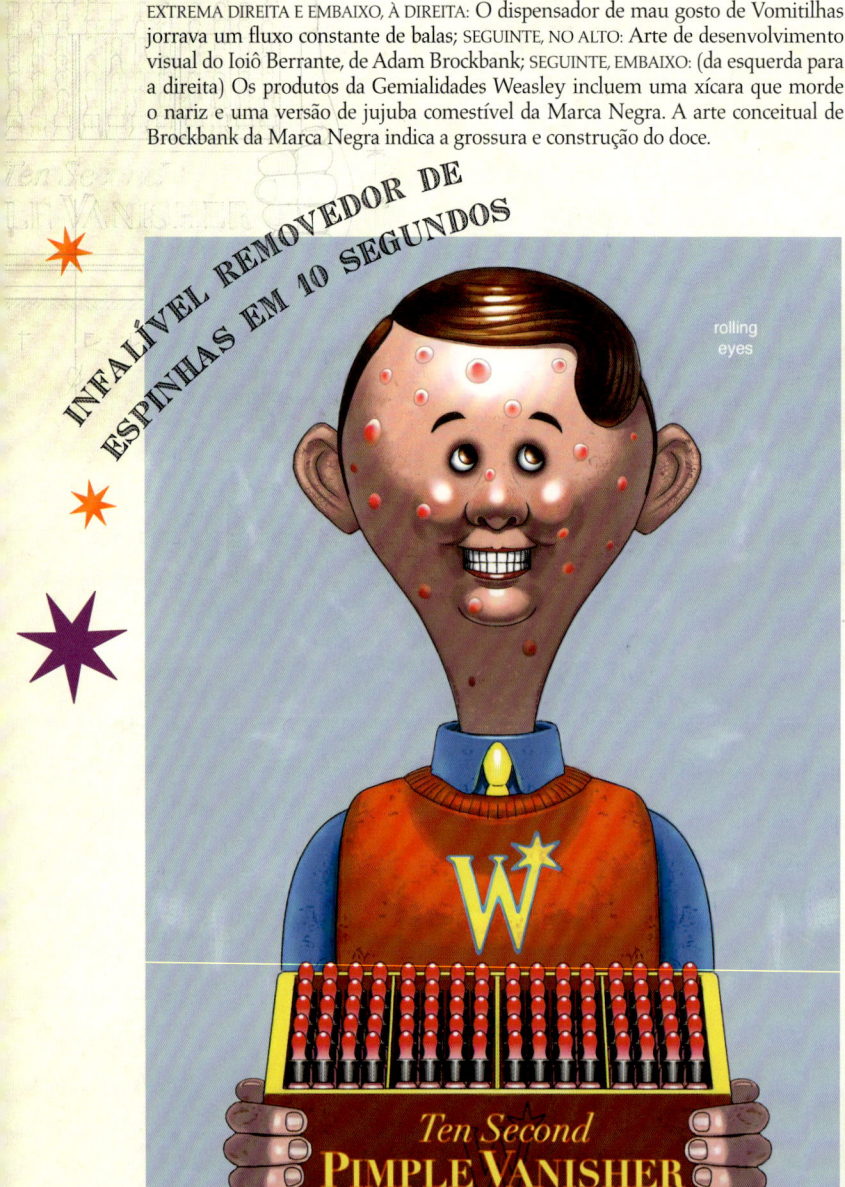

porcelain teeth
and gums

painted
rubber lips
draw back

vibrating rubber
tongue

IOIÔ BERRANTE

MARCA NEGRA COMESTÍVEL

GEMIALIDADES WEASLEY 161

TÊNIS COLANTES

162   O LIVRO DOS ARTEFATOS MÁGICOS

ANTERIOR, NO ALTO À ESQUERDA: A Gemialidades Weasley talvez seja o único lugar em que é educado apontar; ANTERIOR: Arte conceitual dos Tênis Colantes, capazes de andar em paredes, de Adam Brockbank (meio, à esquerda) e Peter McKinstry (direita), e o produto finalizado na prateleira (embaixo); NO ALTO: Mais dois conceitos da uniciclista equilibrista de Adam Brockbank. À direita está a forma finalizada de Dolores Umbridge em um uniciclo; ABAIXO: Produtos Bruxa Maravilha desenhados e rotulados pelo departamento gráfico; FUNDO: Rascunho do frasco de Poção do Amor de Hattie Storey.

GEMIALIDADES WEASLEY 163

164 O LIVRO DOS ARTEFATOS MÁGICOS

O departamento gráfico elaborou as embalagens que foram replicadas pelo departamento de adereços em milhares de itens da Gemialidades Weasley, exibidos em uma cena que durou menos de dois minutos na tela. ANTERIOR: Os produtos Weasley englobavam mais do que pegadinhas e brinquedos. Um bom exemplo são os possivelmente explosivos O-Aperto-Você-Sabe-Onde, que aliviam os efeitos de nervos imobilizados por pensamentos em Você-Sabe-Quem; NESTA PÁGINA: Fotos de referência do estoque dos Weasley, inclusive um kit para "turbinar sua vassoura" e o campeão de vendas, o Kit-Mata-Aula.

GEMIALIDADES WEASLEY 165

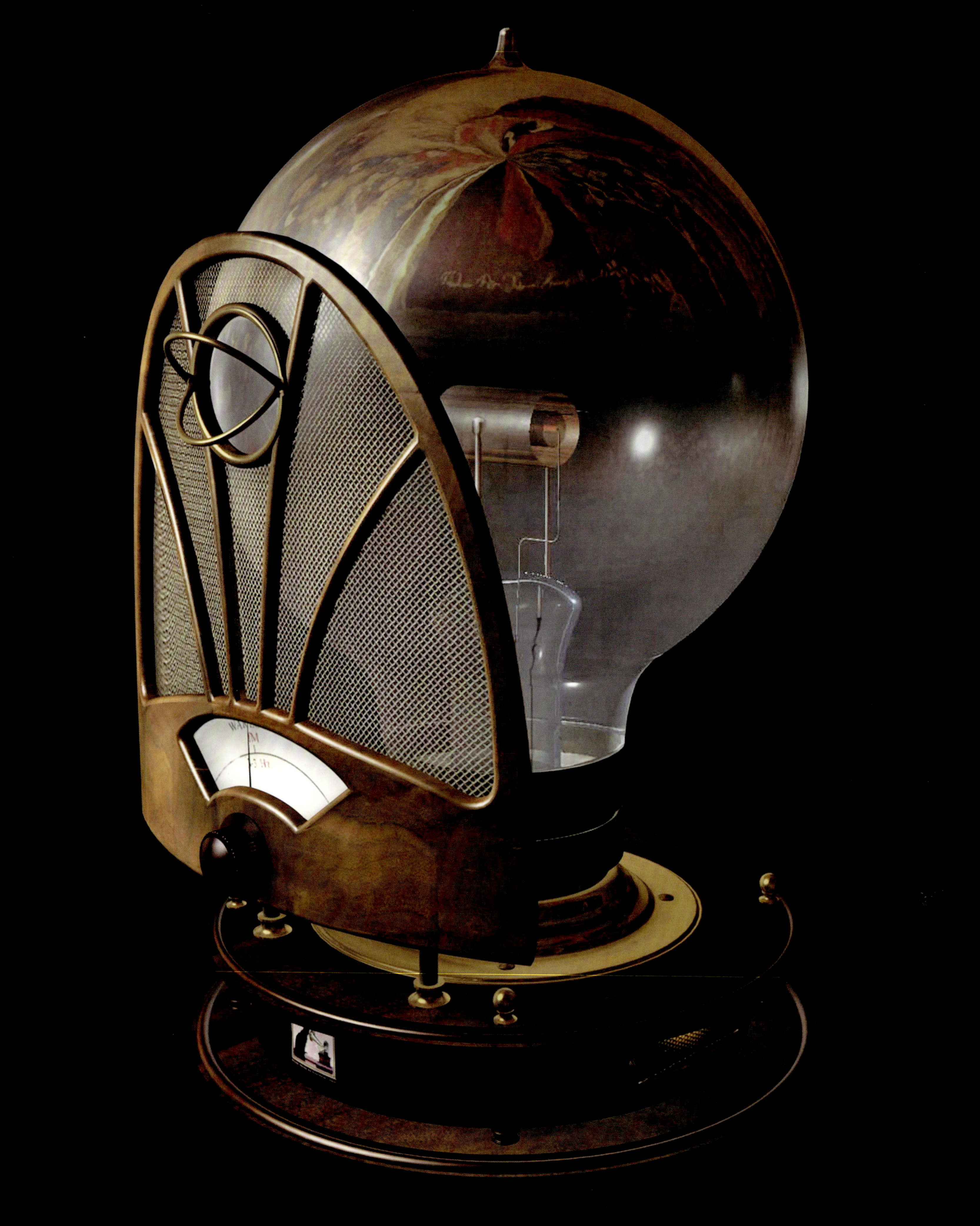

CAPÍTULO 8
INVENÇÕES BRUXAS

"Se tiver alguém que não é de confiança por perto, ele acende e gira. Achei que não podia fazer mal."

— Rony Weasley, cena cortada,
Harry Potter e o Prisioneiro de Azkaban

O DESILUMINADOR

"Primeiro, para Ronald Abílio Weasley, deixo meu Desiluminador, um objeto de criação minha, na esperança de que, quando as coisas parecerem mais sombrias, isso consiga lhe mostrar a luz."

— Rufo Scrimgeour, lendo do Testamento Final de Alvo Dumbledore, *Harry Potter e as Relíquias da Morte — Parte 1*

Os espectadores de *Harry Potter e a Pedra Filosofal* não faziam ideia de que o pequeno objeto que Alvo Dumbledore usou para escurecer os postes de luz na rua dos Alfeneiros teria mais importância do que ser apenas um instrumento mágico *muito legal*. Quando ativado, o "Apagueiro", como foi chamado originalmente, suga a luz e pode depois reverter o processo para soltar a iluminação que capturou. Depois da morte de Dumbledore, o dispositivo, agora chamado de Desiluminador, reaparece em *Harry Potter e as Relíquias da Morte — Parte 1* como herança para Rony Weasley, e é usado com eficácia quando Harry, Hermione e Rony são atacados por Comensais da Morte no Luchino Café depois da fuga para o mundo trouxa. No entanto, sua função mais importante é a capacidade de funcionar como localizador. Depois que Rony abandona os amigos por causa de uma discussão, ele ouve a voz de Hermione saindo do Desiluminador. Quando clica nele, uma bolinha de luz aparece e entra no peito dele, e Rony sabe que isso vai levá-lo de volta a Harry e Hermione. Se Rony não tivesse isso, ele não se reuniria aos amigos e não encontraria a espada de Gryffindor, que destrói a Horcrux no medalhão.

Um dispositivo puramente mecânico, o Desiluminador tem tampinhas pequenas nas duas pontas. Uma das tampas se levanta e vai para trás quando um botão na lateral é movido, depois uma pequena peça é projetada de dentro de um cilindro. Outra tampa ainda menor se abre na primeira peça antes de revelar o aparato que suga ou libera a luz. A peça usada em *Harry Potter e as Relíquias da Morte — Parte 1* não é a mesma de *Harry Potter e a Pedra Filosofal*. "Nós refizemos", diz Pierre Bohanna "porque Dumbledore dá para Rony, e achamos que podia tê-lo alterado antes." O primeiro Apagueiro tinha uma pequena luz que surgia e o iluminava. O Desiluminador que Rony recebe eliminou a luz e foi produzido em tamanho menor. As duas versões eram cobertas de malaquita, uma pedra semipreciosa trabalhada no local.

PÁGINA 166: Arte conceitual do receptor da Rede Radiofônica dos Bruxos de Andrew Williamson para *Harry Potter e a Ordem da Fênix*; ACIMA: Alvo Dumbledore (Richard Harris) usa seu "Apagueiro" para diminuir a iluminação na Rua dos Alfeneiros enquanto espera a chegada do bebê Harry Potter em *Harry Potter e a Pedra Filosofal*; NO ALTO: O visual final do agora denominado Desiluminador para *Harry Potter e as Relíquias da Morte — Parte 1*; SEGUINTE: A arte visual inicial de Peter McKinstry (no alto) e o desenho de Hattie Storey (embaixo) para *Harry Potter e as Relíquias da Morte — Parte 1* exploram o novo design e a nova mecânica do Desiluminador.

INVENÇÕES BRUXAS 169

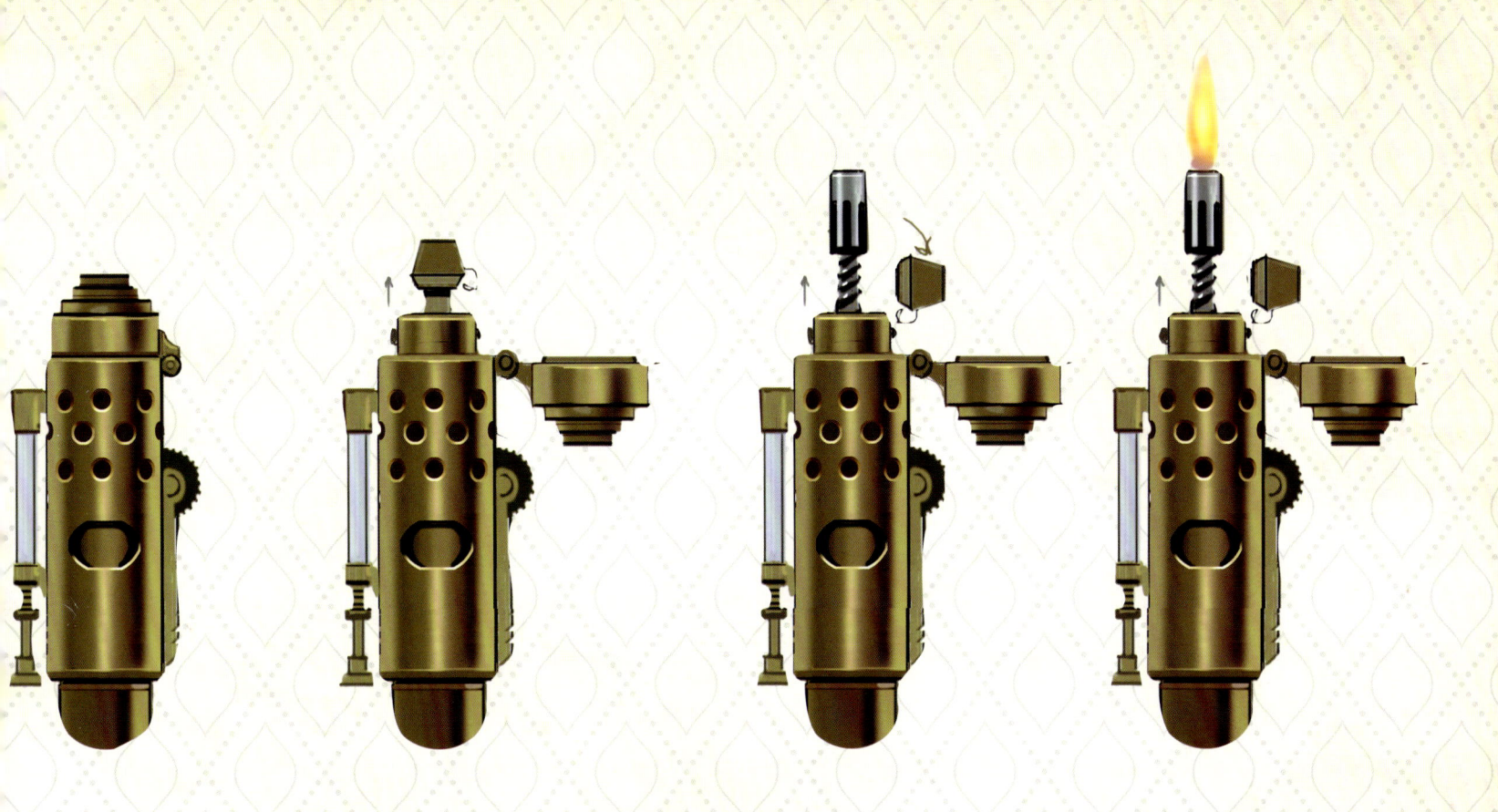

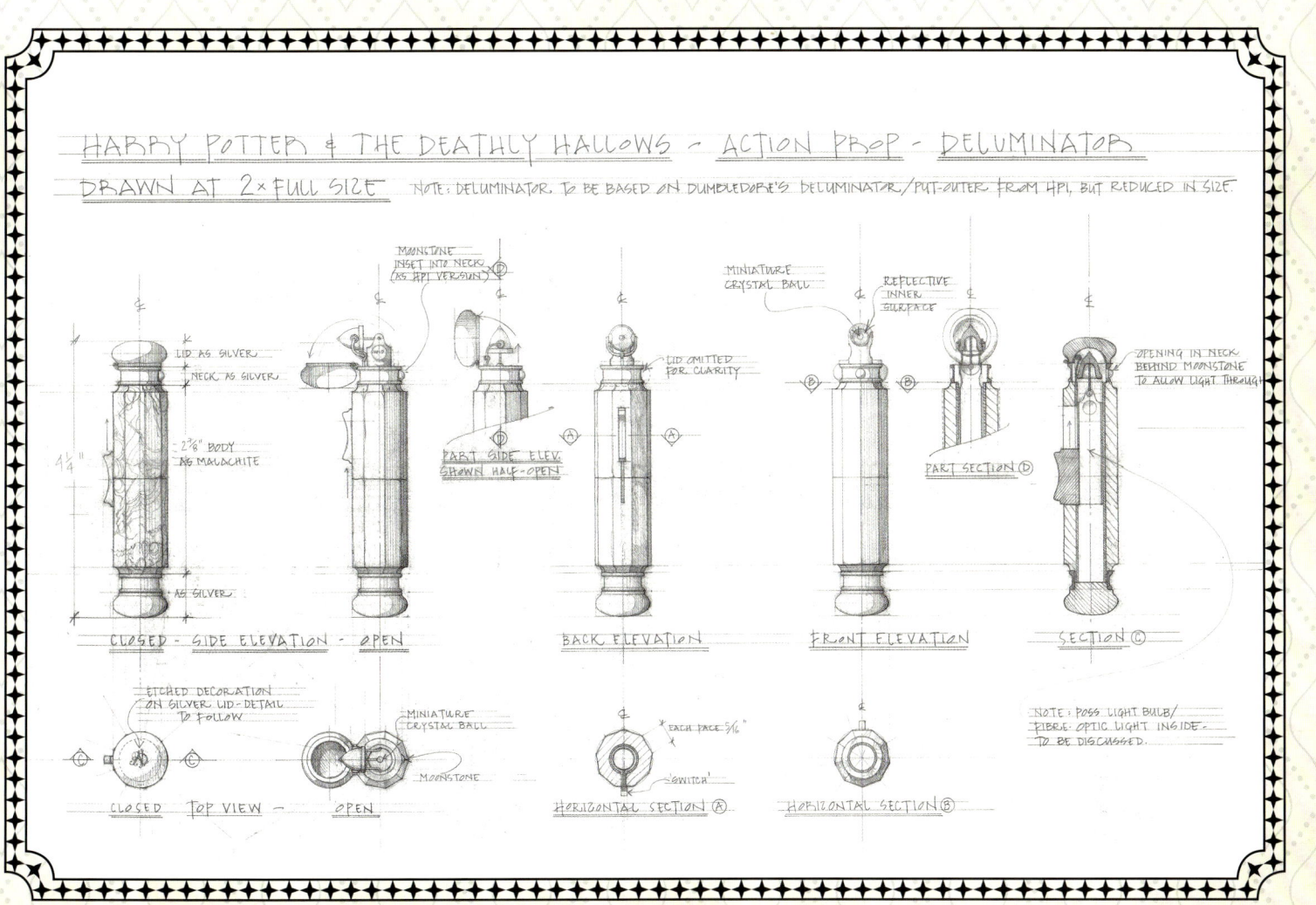

170 O LIVRO DOS ARTEFATOS MÁGICOS

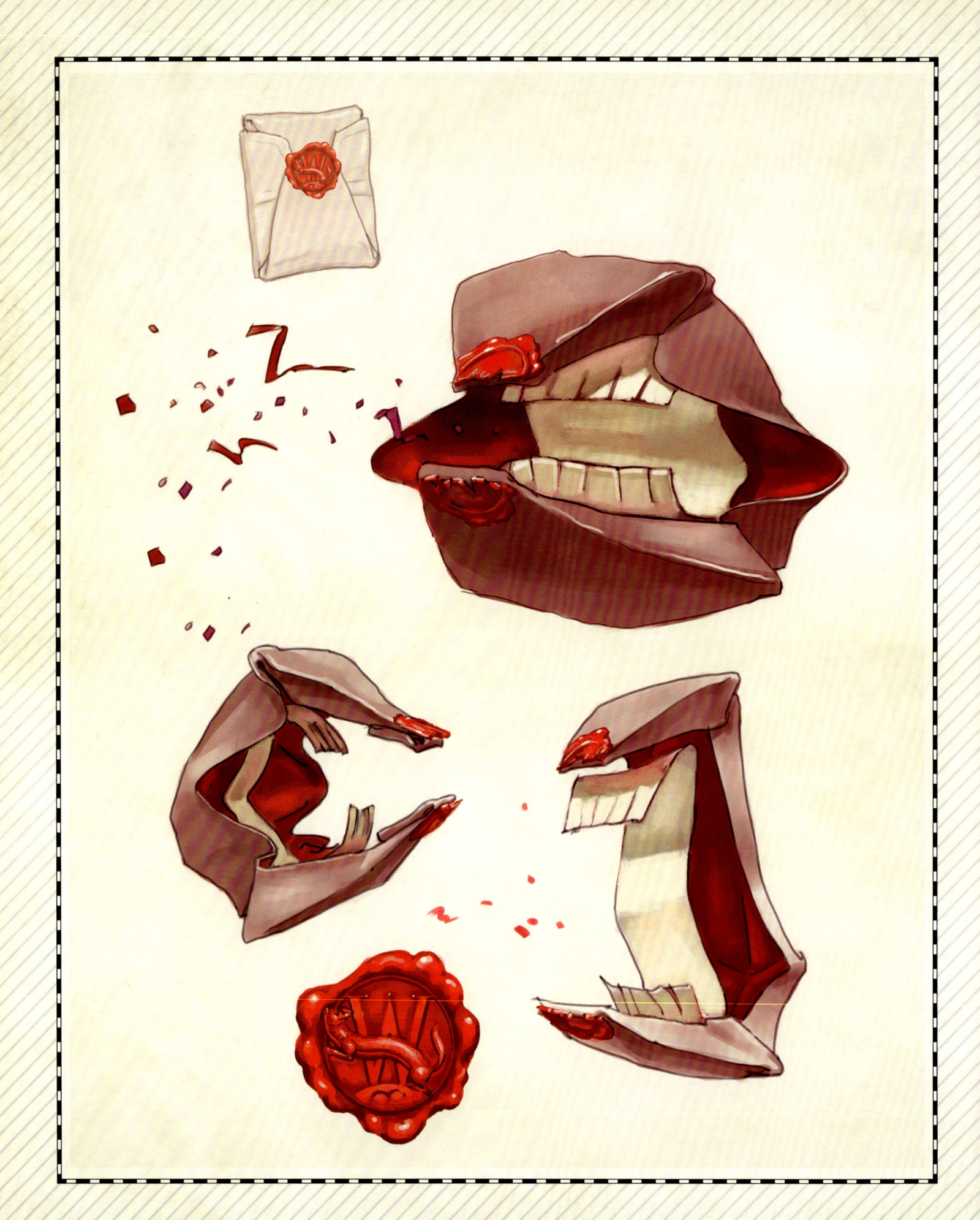

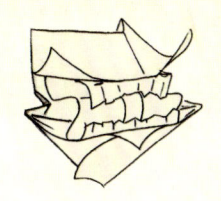

O BERRADOR

"Abre logo, Rony. Eu ignorei um que a vovó me mandou... e me dei mal."
— Neville Longbottom, *Harry Potter e a Câmara Secreta*

Um berrador é uma carta mágica que passa seu conteúdo com a voz de quem enviou, e o conteúdo normalmente é desagradável e acalorado. Rony Weasley recebe um Berrador da mãe, Molly, em *Harry Potter e a Câmara Secreta* depois que pegou carona no carro voador do pai para ir com Harry Potter para Hogwarts. "Mas em vez de fazer só um envelope com uma cara nele", explica a designer Miraphora Mina, "ele conta sua própria história." Mina se inspirou na arte japonesa de dobraduras de papel, origami. "Havia tantas coisas que remetiam a isso. O laço que circula a carta podia virar uma língua, por exemplo. O papel branco dentro viraria dentes dentro da boca vermelha." Mina escreveu o texto de Molly Weasley em um pedaço de papel que foi incorporado à construção digital. Para garantir que o Berrador estivesse realmente dizendo o que disse, formas fonéticas imitando uma boca de verdade recitando o diálogo foram elaboradas como referência.

ANTERIOR: A arte de desenvolvimento visual de Adam Brockbank para *Harry Potter e a Câmara Secreta* exibe o Berrador em seus vários estágios, desde o envelope marcado com o selo de cera dos Weasley até a bronca completa, cuspindo sua furiosa afronta com confetes de papel; ACIMA, À ESQUERDA: Rony Weasley se encolhe frente à fúria da mãe; À ESQUERDA, NO MEIO: O envelope final selado e a etiqueta de endereçamento; ABAIXO: Uma imitação em 3-D do Berrador mostra a localização da carta dentro do envelope, ao lado da versão manuscrita. Atenção para a mudança na letra com as palavras mais gentis; DETALHES: Formas fonéticas foram desenvolvidas para animar os movimentos de boca do Berrador. Esses são os sons de EE, CH, F e A (de cima para baixo).

INVENÇÕES BRUXAS 171

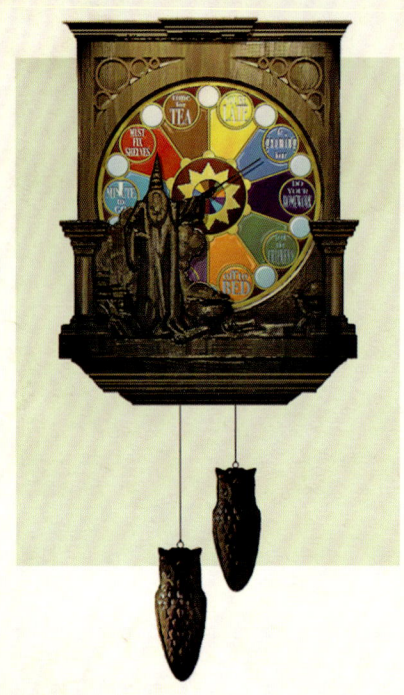

RELÓGIOS N'A TOCA

"É minha casa... É modesta."
— **Rony Weasley**, *Harry Potter e a Câmara Secreta*

A primeira vez que Harry Potter vê o interior da casa de uma família bruxa é quando ele é levado para A Toca, residência dos Weasley, em *Harry Potter e a Câmara Secreta*. A casa é cheia de artefatos mágicos em movimento, inclusive relógios que dizem mais do que a hora. À esquerda da entrada da cozinha fica um relógio com lembretes de tarefas feitos de madeira que podem ser trocados. Esse relógio, criado pelo artista conceitual Cyrille Nomberg, tem pêndulos no formato de corujas. As tarefas incluem "desgnomizar o jardim", "fazer o dever de casa", "fazer chá" e "fazer mais chá".

Mais para dentro da casa tem um relógio de piso colorido que permite que os membros da família saibam onde os outros estão (e se estão correndo algum tipo de perigo mortal). Os ponteiros desse relógio antigo foram feitos de cabos de tesouras com material de tela verde nos buracos, que foram substituídos na pós-produção por filmagens dos atores. Depois que esse relógio foi destruído no ataque à Toca pelos Comensais da Morte em *Harry Potter e o Enigma do Príncipe*, ele foi substituído por um estilo parecido em madeira simples, usando a arte conceitual original de Nomberg de *Harry Potter e a Câmara Secreta*.

NO ALTO: Um conceito inicial do relógio de cozinha dos Weasley de Adam Brockbank para *Harry Potter e a Câmara Secreta*, com lembretes simpáticos de afazeres domésticos e que usa a varinha do bruxo como ponteiro. À DIREITA: A primeira forma do relógio da sala dos Weasley, que parece ser um pouco alto demais para a sala, mostra o paradeiro do marido e dos filhos de Molly; SEGUINTE, NO ALTO E À DIREITA: A arte conceitual de Cyrille Nomberg para o relógio da cozinha tinha lembretes intercambiáveis de madeira; SEGUINTE, NO MEIO À DIREITA: Depois que os Comensais da Morte atearam fogo n'A Toca em *Harry Potter e o Enigma do Príncipe*, um novo relógio foi necessário para a sala. A arte conceitual de um artista não identificado exibe o aspecto de localização do relógio original; SEGUINTE, EMBAIXO À DIREITA: Em um pedaço que sobrou do relógio antigo para o novo, uma bruxa que se parece muito com Molly Weasley voa acima de uma versão pintada d'A Toca.

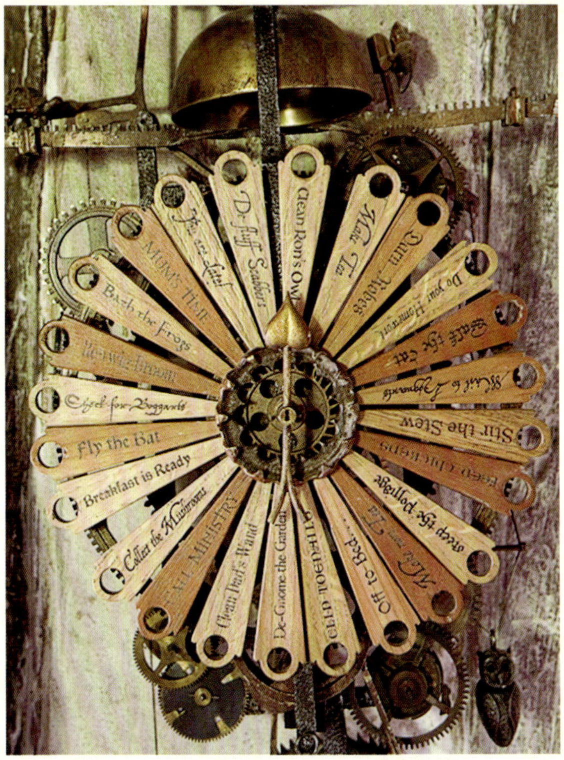

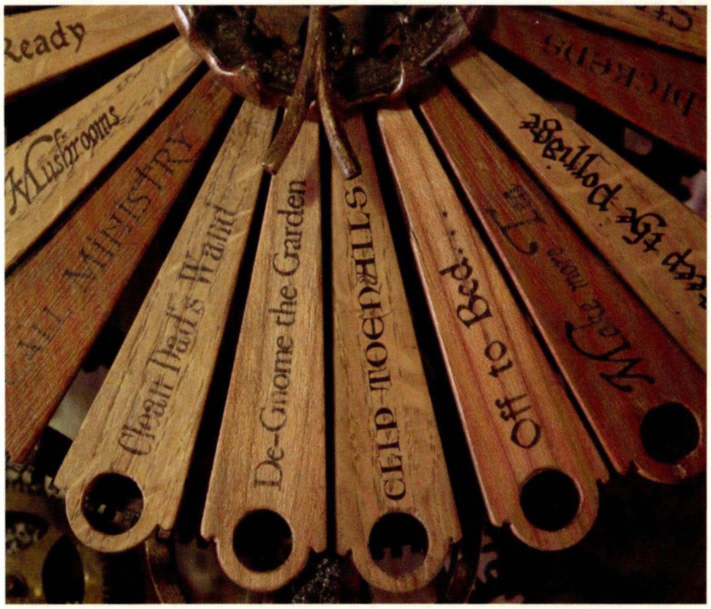

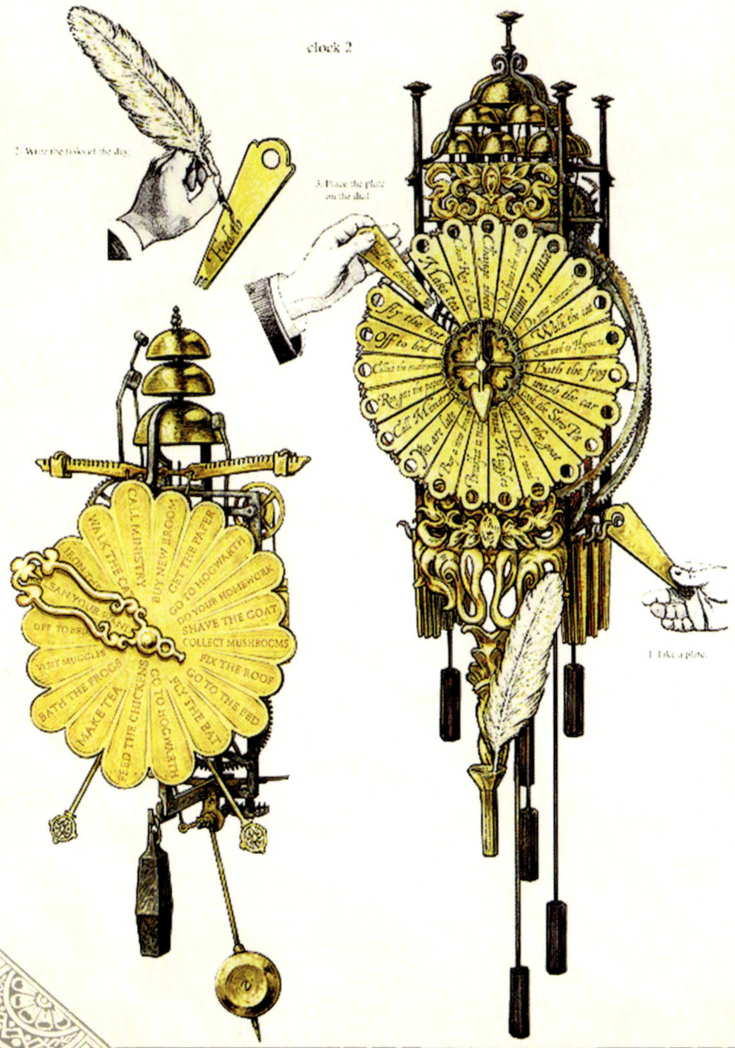

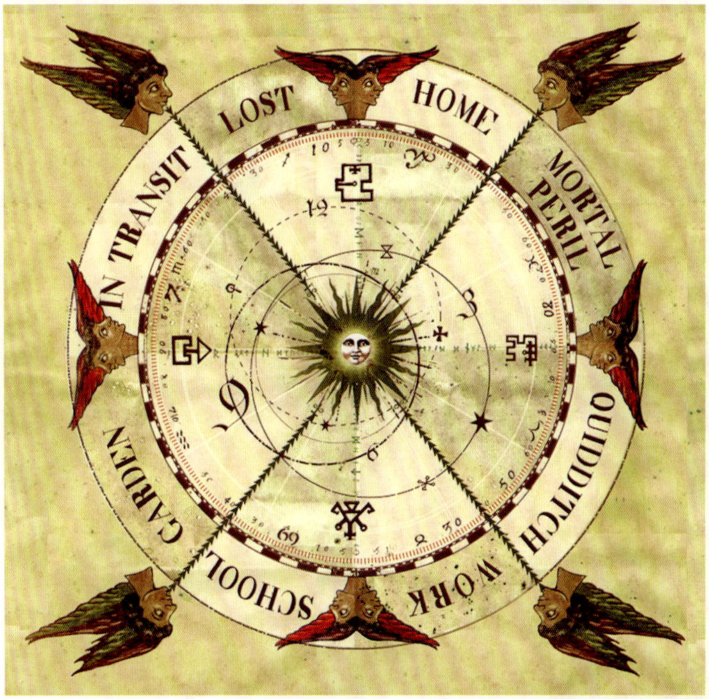

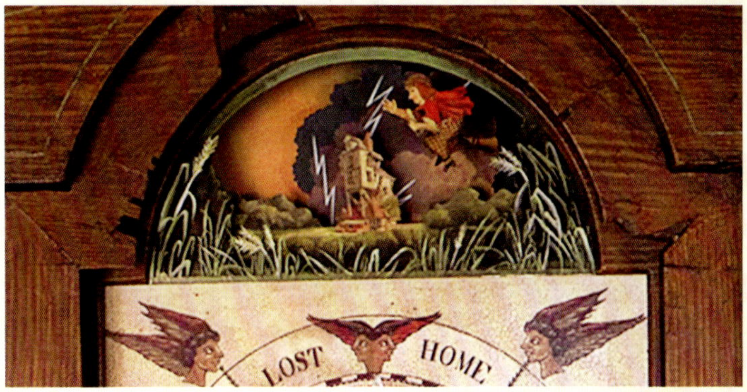

AGULHAS MÁGICAS DE TRICÔ

"Achei o máximo!"
— **Harry Potter,** *Harry Potter e a Câmara Secreta*

A figurinista de *Harry Potter e a Pedra Filosofal*, Judianna Makovsky, estabeleceu o estilo de roupas dos Weasley logo do começo, com um visual caseiro e artesanal, e uma paleta complementar decididamente ruiva. Nos livros, está escrito que Molly Weasley amava tricotar, então a figurinista de *Harry Potter e a Câmara Secreta*, Lindy Hemming, deu continuidade ao estilo de Makovsky no adorno das roupas da família com enfeites de tricô. Os aderecistas aproveitaram a deixa e criaram uma máquina mágica de tricô (trabalhando na próxima peça de Molly) que deixa Harry encantado na primeira visita dele à Toca. A máquina é um efeito prático simples: há um aparato escondido pela barreira de lã que segura a peça e move as agulhas para a frente e para trás. A mãe de uma das pessoas da equipe foi filmada como referência, tricotando durante várias horas, para que a ação parecesse realista.

174 O LIVRO DOS ARTEFATOS MÁGICOS

PROJETOR DE SLIDES

"Basta que vocês saibam que seu professor está impossibilitado de dar aula no presente momento."

— **Severo Snape,** *Harry Potter e o Prisioneiro de Azkaban*

Em *Harry Potter e o Prisioneiro de Azkaban*, enquanto está substituindo o professor Lupin na aula de Defesa Contra as Artes das Trevas, o professor Snape usa um projetor para mostrar slides sobre a história dos lobisomens. O diretor de arte Stuart Craig se inspirou num nível tecnológico bem antes dos anos 1950. O projetor do século XIX que Snape usa parece as lanternas mágicas do século XVII, usando espelhos, slides de vidro e uma fonte mágica de energia.

ANTERIOR, NO ALTO: As agulhas mágicas de tricô de Molly Weasley, que não precisam do uso das mãos; e ANTERIOR, EMBAIXO: Os resultados dos esforços dela, vistos sobre a mobília d'A Toca (e também sobre os filhos e amigos), *Harry Potter e a Câmara Secreta*; NO ALTO: O professor Snape usa um projetor de slides quando substitui o doente professor Lupin em *Harry Potter e o Prisioneiro de Azkaban*. O slide na tela nessa foto de referência (atenção ao detalhe: não há alunos) parece ser uma versão lobisomem do Homem Vitruviano de Leonardo da Vinci; À DIREITA: Arte conceitual de Dermot Power de Severo Snape operando a "lanterna mágica".

BISBILHOSCÓPIO

"Eu trouxe para você uma coisa legal da Dervixes e Bangues."
— Rony Weasley, **cena cortada de** *Harry Potter e o Prisioneiro de Azkaban*

Em Hogwarts, os alunos do terceiro ano têm permissão de visitar a cidade próxima de Hogsmeade, desde que tenham permissão dos pais ou de um responsável. Sem permissão, Harry Potter não pode se juntar aos amigos na primeira ida até lá. Em uma cena filmada, mas deixada de fora da edição final, Rony entrega a ele o pequeno detector das Trevas que ele comprou para Harry na Dervixes e Bangues para alegrá-lo. O Bisbilhoscópio, que parece um pião, se acenderia, giraria e apitaria se magia das Trevas ou alguma magia maliciosa fosse feita perto de quem o portava. O artista conceitual Dermot Power explorou vários estilos e formas para o Bisbilhoscópio e até incluiu uma descrição da forma como o adereço funcionaria e uma sugestão de materiais a serem usados pelos aderecistas.

SEGUINTE: O artista de desenvolvimento visual Dermot Power criou mais de uma dezena de possíveis formas para o Bisbilhoscópio, que foi cortado da versão final de *Harry Potter e o Prisioneiro de Azkaban*, alguns dos quais exibidos aqui. O Bisbilhoscópio foi imaginado com acabamentos metálicos ou coloridos e era capaz de alertar ao dono a presença de Forças das Trevas por perto se acendendo, apitando ou girando como um pião; À DIREITA: Power até ofereceu uma versão detalhada de como um dos Bisbilhoscópios funcionaria; ABAIXO: O Bisbilhoscópio final, vendido na Gemialidades Weasley em *Harry Potter e o Enigma do Príncipe*, com embalagem criada pelo departamento gráfico.

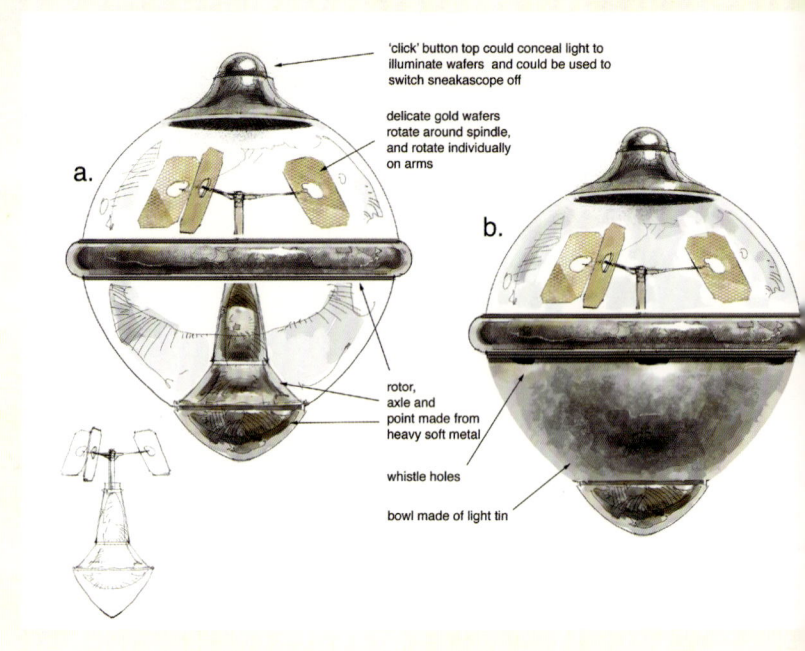

176 O LIVRO DOS ARTEFATOS MÁGICOS

INVENÇÕES BRUXAS 177

ESPIADOR SUBAQUÁTICO

"O que é que ele tem?"
"Eu não sei, não consigo vê-lo!"
— Simas Finnigan e Dino Thomas, *Harry Potter e o Cálice de Fogo*

Para a segunda tarefa do Torneio Tribruxo, um dispositivo de observação subaquática foi elaborado. Esse objeto permitiria que os espectadores vissem o progresso dos quatro campeões enquanto tentavam libertar os amigos no Lago Negro. Um conjunto de tubos flexíveis que desaparecem debaixo da água é visível no lado esquerdo da plataforma da torre, a única porção do espiador que foi executada.

ONIÓCULOS

"Caramba, pai, até onde vamos subir?"
— Rony Weasley, *Harry Potter e o Cálice de Fogo*

Para conseguir ver melhor as jogadas na partida final da 422ª Copa Mundial de Quadribol em *Harry Potter e o Cálice de Fogo* da posição em que estavam no alto da arquibancada do estádio, Rony Weasley usa onióculos.

NO ALTO E ACIMA: Artes de desenvolvimento visual de Paul Catling de um periscópio com tentáculos para que os quatro campeões tribruxos pudessem ser vistos na segunda tarefa debaixo da água do Lago Negro em *Harry Potter e o Cálice de Fogo*; À DIREITA: Catling também criou arte conceitual para o Onióculos que Rony Weasley usa na partida da Copa do Mundo de Quadribol na abertura de *Harry Potter e o Cálice de Fogo*; SEGUINTE, NO ALTO À ESQUERDA: Uma imagem de storyboard de *Harry Potter e a Ordem da Fênix* mostra um polidor de piso em ação no Ministério da Magia; SEGUINTE, NO ALTO À DIREITA: Arte conceitual da máquina, feita por Adam Brockbank, com sugestão de como é operada; SEGUINTE, EMBAIXO: Brockbank também ilustrou uma medida de segurança do Ministério da Magia na forma de um verificador de varinhas para bruxas e bruxos entrando no prédio.

TECNOLOGIA NO MINISTÉRIO

Os artistas conceituais exploram muitas possibilidades enquanto desenvolvem ideias para enriquecer um ambiente. Para o Átrio do Ministério da Magia, pelo qual Harry Potter e Arthur Weasley passam a caminho do julgamento de Harry em *Harry Potter e a Ordem da Fênix*, o artista Adam Brockbank pensou em diferentes aspectos da questão de cuidar do Ministério. A segurança foi considerada, com uma máquina de verificação de varinhas que seria colocada na entrada. A manutenção foi abordada por meio de uma máquina de polir o chão que se presume ser conduzida por um elfo doméstico, de dentro. Infelizmente, nenhuma das duas peças chegou às telas.

INVENÇÕES BRUXAS 179

SENSOR DE SEGREDOS

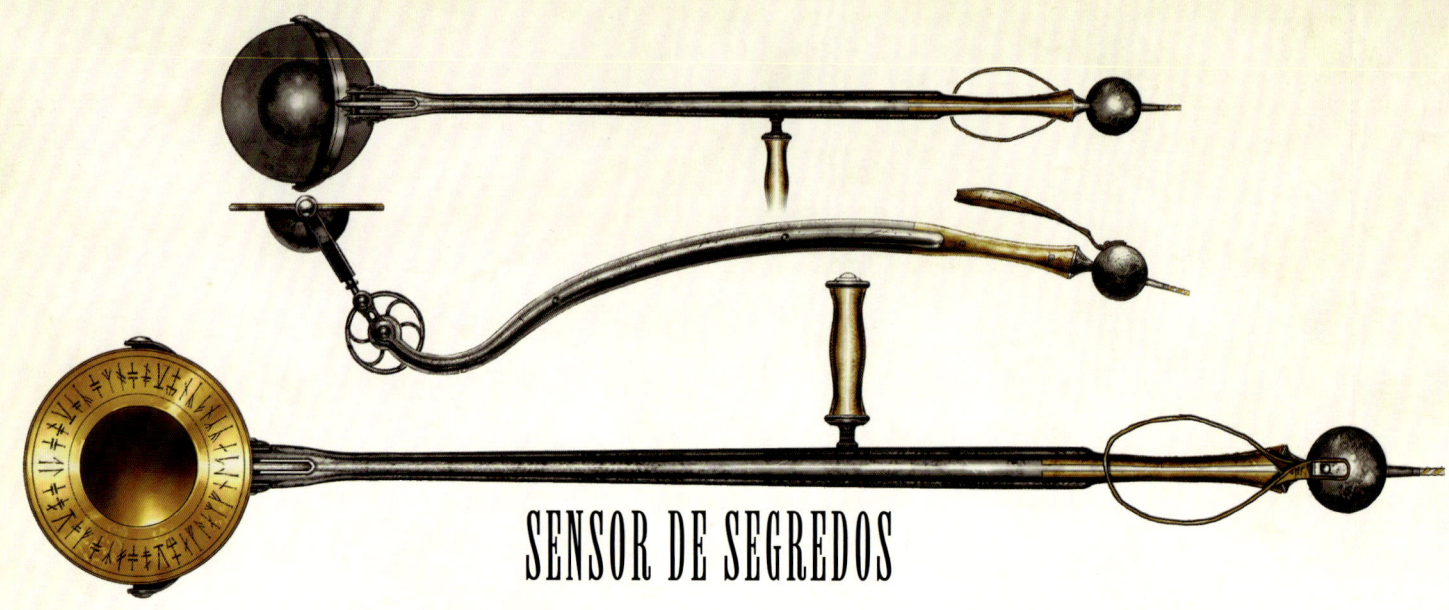

"Está tudo bem, sr. Filch. Eu me responsabilizo pelo sr. Malfoy."
— **Severo Snape,** *Harry Potter e o Enigma do Príncipe*

Quando a notícia de que Lord Voldemort voltou se espalha pela comunidade bruxa, Hogwarts implementa medidas para garantir a segurança dos alunos e dos professores. Na chegada à escola em *Harry Potter e o Enigma do Príncipe*, tudo e todos precisam passar pela inspeção do Sensor de Segredos manejado por Argo Filch. Dispositivos e invenções do mundo bruxo costumam parecer alguma coisa familiar do mundo trouxa. Nesse caso, o detector das Trevas parece encontrar brechas na segurança da mesma forma que um detector de metal pode procurar tesouros.

ACIMA: Arte conceitual de Adam Brockbank de uma variedade de possíveis Sensores de Segredos para *Harry Potter e o Enigma do Príncipe*; ABAIXO: A cena que Brockbank vê de seu detector sendo usado por Argo Filch no portão de Hogwarts é transferida de forma homogênea para a tela, com David Bradley no papel do zelador de Hogwarts; SEGUINTE, NO ALTO: Arte de desenvolvimento visual de Andrew Williamson da Rede Radiofônica dos Bruxos, que transmite um anúncio do Ministério em *Harry Potter e a Ordem da Fênix*; SEGUINTE, EMBAIXO: Desenho do funcionamento interno da Rede Radiofônica dos Bruxos.

180 O LIVRO DOS ARTEFATOS MÁGICOS

REDE RADIOFÔNICA DOS BRUXOS

"Temos um novo boletim do tempo: O raio caiu. Repito, o raio caiu..."

— Nigel Wolpert, *Harry Potter e as Relíquias da Morte — Parte 2*

Aparelhos de comunicação pela Rede Radiofônica dos Bruxos foram usados em dois dos filmes de Harry Potter. Em *Harry Potter e a Ordem da Fênix*, Harry, Rony e Hermione escutam o Ministro da Magia continuar a negar a volta de Lord Voldemort quando estão na sala comunal da Grifinória. E em *Harry Potter e as Relíquias da Morte — Parte 2*, Neville Longbottom, escondido na Sala Precisa, manda outro integrante da Armada de Dumbledore, Nigel, mandar uma mensagem codificada para os integrantes da Ordem da Fênix, para que eles saibam que Harry está em Hogwarts.

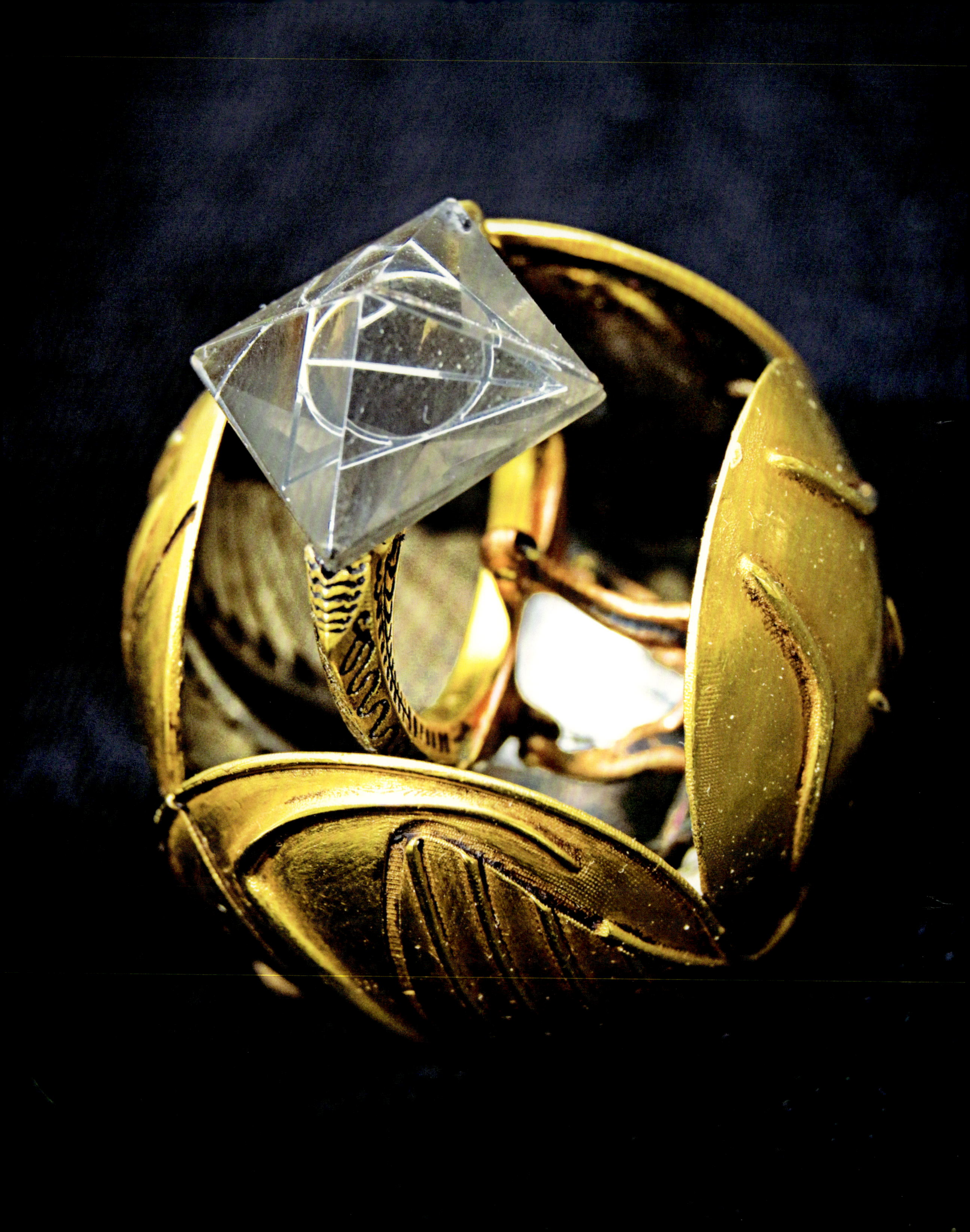

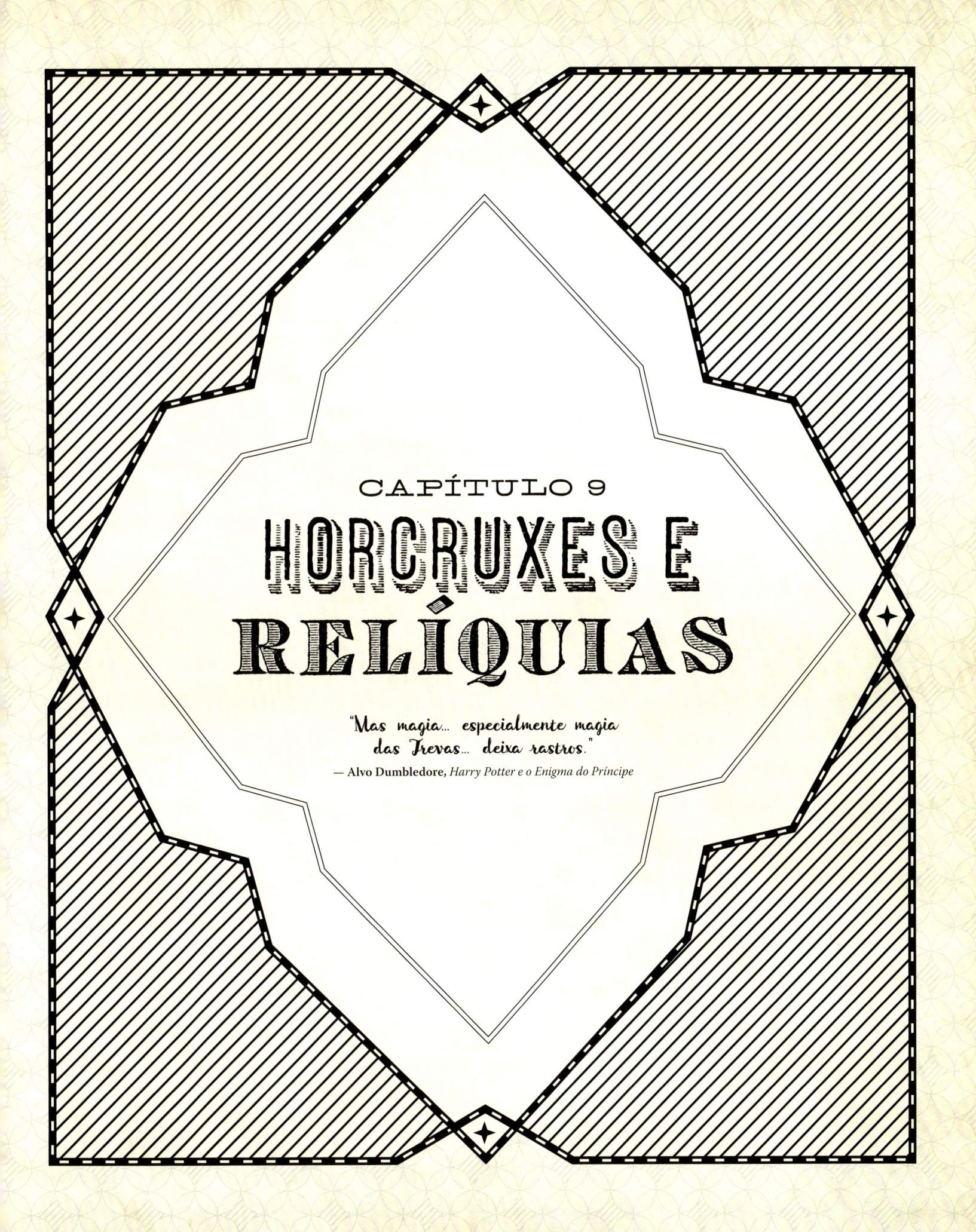

CAPÍTULO 9
HORCRUXES E RELÍQUIAS

"Mas magia... especialmente magia das Trevas... deixa rastros."

— Alvo Dumbledore, *Harry Potter e o Enigma do Príncipe*

AS HORCRUXES DE LORD VOLDEMORT

"Mas, se o senhor conseguir encontrar todos... Se o senhor destruir cada Horcrux..." "Voldemort seria destruído."
— Harry Potter e Alvo Dumbledore, *Harry Potter e o Enigma do Príncipe*

Em uma tentativa de conseguir alcançar a imortalidade, o jovem Lord Voldemort, na época ainda chamado de Tom Riddle, coage o professor de Poções, Horácio Slughorn, a explicar o que era uma Horcrux, um jeito de proteger o corpo escondendo uma parte da alma em um objeto ou coisa viva, e como criar um. Lord Voldemort criou sete Horcruxes que Harry Potter precisa encontrar, que, quando destruídos, vão permitir que ele vença Lord Voldemort. O enredo depende desses objetos, que são, em suas formas mais simples, uma taça, um anel, um livro, uma cobra, um diadema, um colar e um garoto que sobreviveu. Os designs precisavam ser excepcionais e memoráveis, pois esses talvez sejam os artefatos mais importantes dos filmes de Harry Potter.

PÁGINA 182: Ao mesmo tempo Horcrux e Relíquia da Morte, a Pedra da Ressurreição no anel de Servolo Gaunt surge no final de *Harry Potter e as Relíquias da Morte — Parte 2* de dentro do primeiro pomo de ouro que Harry Potter pegou jogando quadribol; À DIREITA: O caderno de Harry Potter com anotações importantes da sua busca pelas Horcruxes; ABAIXO: Uma foto de referência de adereço de *Harry Potter e o Enigma do Príncipe* das duas primeiras Horcruxes destruídas, o diário de Tom Riddle e o anel de Servolo Gaunt, posicionadas em cima da mesa de Alvo Dumbledore; SEGUINTE: Imagens adicionais da Horcrux do diário destruído de Tom Riddle, empalado por uma presa de basilisco em *Harry Potter e a Câmara Secreta*.

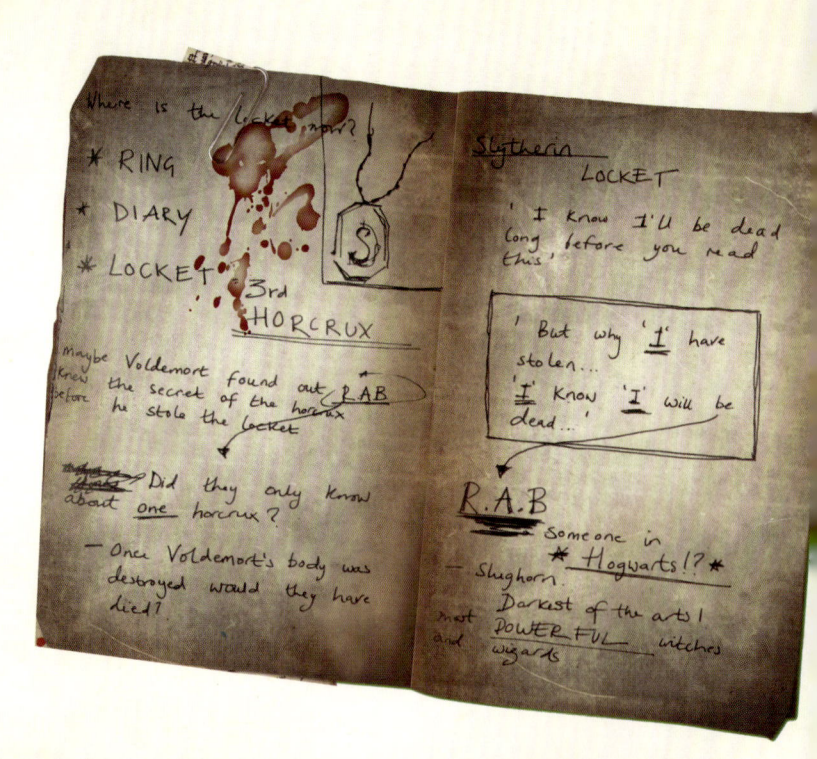

O DIÁRIO DE TOM RIDDLE

"Eu sabia que seria arriscado abrir a câmara de novo enquanto estivesse na escola. Então, decidi deixar um diário, preservando os meus 16 anos em suas páginas, para que um dia eu pudesse conduzir outra pessoa a terminar a nobre tarefa de Salazar Slytherin."

— Tom Servolo Riddle (Lord Voldemort), *Harry Potter e a Câmara Secreta*

Na hora de criar um adereço de herói (ou, nesse caso, talvez devesse ser chamado de "adereço de vilão"), os aderecistas precisam avaliar como a condição dele pode mudar ao longo dos eventos da história. O diário de Tom Riddle começa em condições relativamente boas quando Lúcio Malfoy o acrescenta secretamente ao material escolar de Gina Weasley em *Harry Potter e a Câmara Secreta*. A capa de couro preto exibe só alguns puídos e arranhados, criados por um método pelo qual os aderecistas batem, mancham, rasgam ou arranham um objeto. Mais tarde no filme, o diário é danificado por água, depois destruído pelo veneno de um basilisco.

O último adereço do diário foi aparelhado com um tubo que bombeava fluido preto por meio de efeito prático, para o momento em que Harry o perfura com o dente da cobra. As presas do basilisco que Harry encontrou na câmara foram feitas de materiais diferentes de acordo com seus propósitos. "Cenas de ação e closes apresentam necessidades diferentes", explica Pierre Bohanna. "O dente de basilisco usado para destruir o caderno de Tom Riddle é emborrachado, feito para não machucar se o ator acertasse em si mesmo." Os dentes dentro da boca do basilisco eram mais sólidos na parte inserida no animal, mas ainda flexíveis e emborrachados na ponta por questão de segurança. Os dentes também foram tratados para ficarem com aparência de anos de uso. Hermione Granger e Rony Weasley voltam à câmara em *Harry Potter e as Relíquias da Morte — Parte 2* para pegar outro dente, usado para destruir as Horcruxes da taça e do diadema.

O ANEL DE SERVOLO GAUNT

*"Eles podem ser qualquer coisa.
Os objetos mais comuns. Um anel, por exemplo..."*
— Alvo Dumbledore, *Harry Potter e o Enigma do Príncipe*

Dumbledore revela a Harry como Lord Voldemort pegou objetos familiares a ele e transformou em Horcruxes, em *Harry Potter e o Enigma do Príncipe*. O diretor o lembra do diário que Harry destruiu e mostra outra: um anel de ouro com uma pedra preta em cima. Esse anel, que pertenceu ao avô de Tom Riddle, é visto nas lembranças da Penseira quando Tom convence o professor Slughorn a revelar o método para fazer esses objetos das trevas. Apesar de o anel só ser visto de relance, o impacto na história é enorme, pois Dumbledore explica que uma Horcrux deixa um rastro de magia das Trevas, o que permite que Harry encontre os restantes. O visual final do anel foi criado por Miraphora Mina, que desenhou e fez muitos dos adereços de joias da série de filmes. O design do anel mostra uma conexão óbvia com a Sonserina, com duas cabeças estilizadas de cobra se encontrando para segurar a pedra na boca. Infelizmente, apesar de Dumbledore conseguir destruir essa Horcrux com a espada de Gryffindor, ele acaba pagando um preço com a vida.

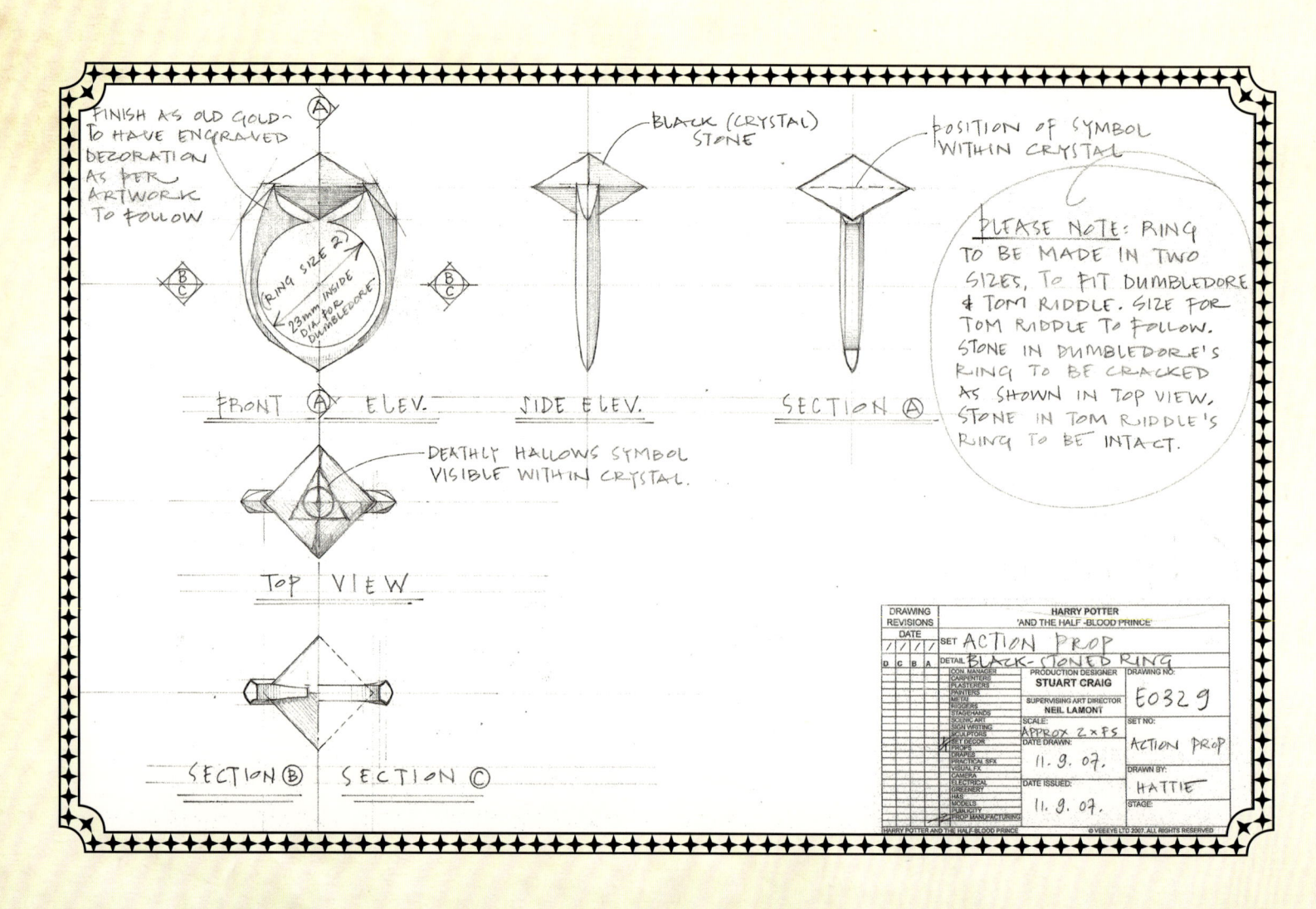

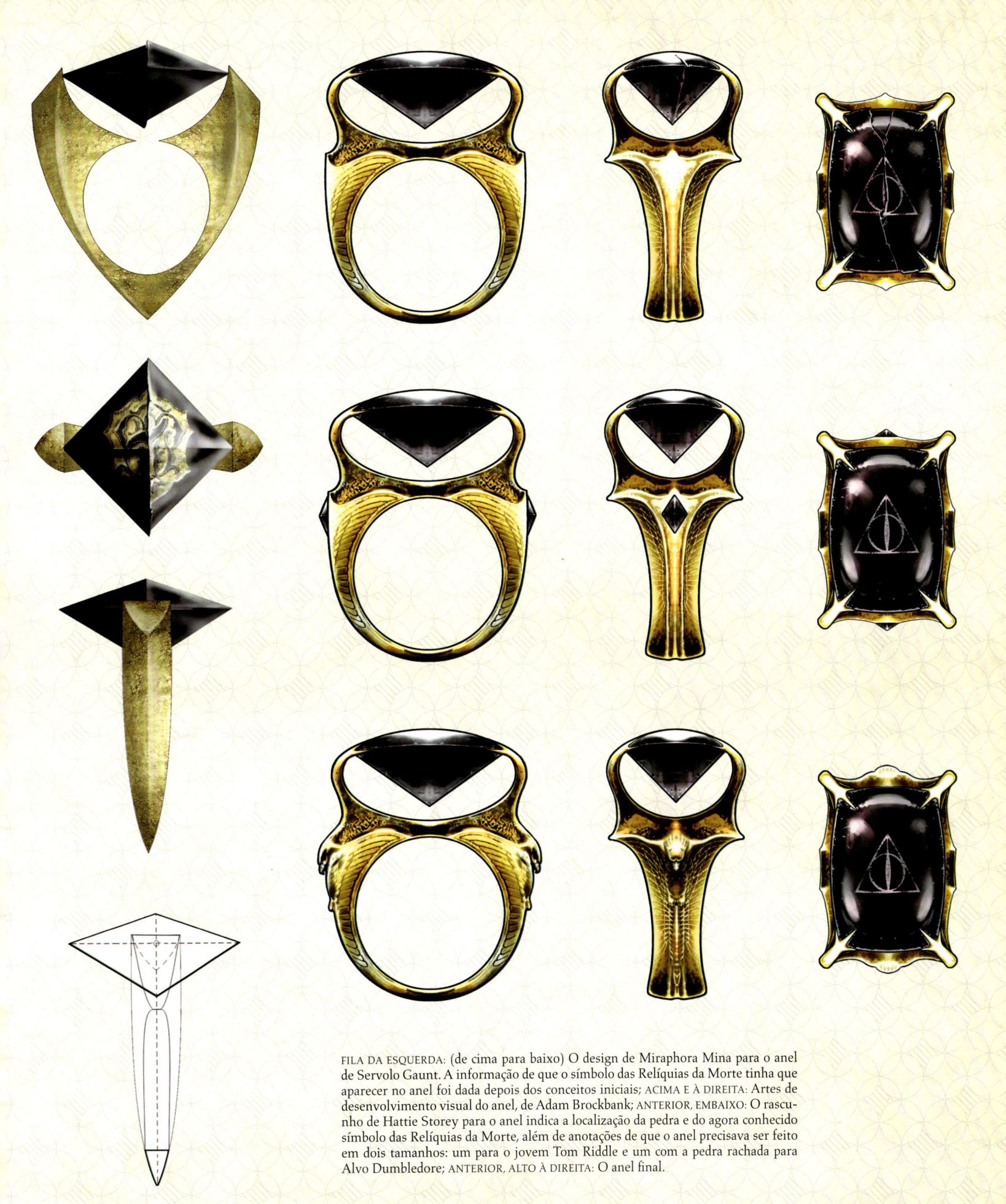

FILA DA ESQUERDA: (de cima para baixo) O design de Miraphora Mina para o anel de Servolo Gaunt. A informação de que o símbolo das Relíquias da Morte tinha que aparecer no anel foi dada depois dos conceitos iniciais; ACIMA E À DIREITA: Artes de desenvolvimento visual do anel, de Adam Brockbank; ANTERIOR, EMBAIXO: O rascunho de Hattie Storey para o anel indica a localização da pedra e do agora conhecido símbolo das Relíquias da Morte, além de anotações de que o anel precisava ser feito em dois tamanhos: um para o jovem Tom Riddle e um com a pedra rachada para Alvo Dumbledore; ANTERIOR, ALTO À DIREITA: O anel final.

HORCRUXES E RELÍQUIAS 187

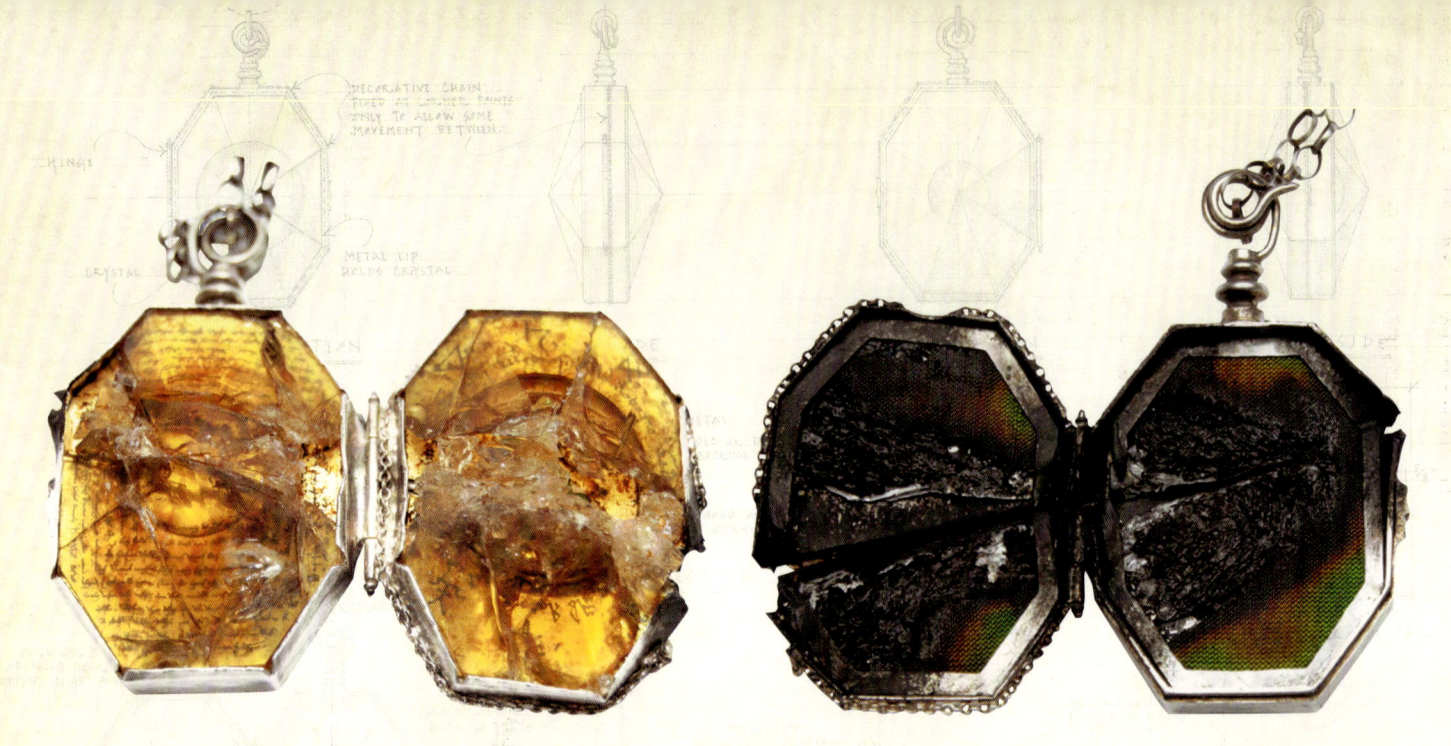

O MEDALHÃO DE SALAZAR SLYTHERIN

"Sei que, há muito, estarei morto quando ler isto...
Roubei a Horcrux verdadeira e pretendo destruí-la."
— Harry Potter lendo o bilhete de R.A.B., *Harry Potter e as Relíquias da Morte — Parte 1*

Sem que Dumbledore e Harry soubessem quando procuram a Horcrux de medalhão em *Harry Potter e o Enigma do Príncipe*, na verdade existem dois medalhões: um que pertenceu a Salazar Slytherin e foi passado para Voldemort, que o Lord das Trevas transformou em Horcrux e escondeu em uma caverna de cristal, e o medalhão que o irmão de Sirius Black, Régulo, deixou como substituto quando roubou o verdadeiro medalhão. "O caso aqui foi de não sabermos que o medalhão não era o de verdade quando começamos a elaborá-lo", diz a diretora de arte Hattie Storey. Então, dois medalhões, um refinado e outro nem tanto, precisaram ser criados. "O medalhão foi um desafio", diz Miraphora Mina, "porque era cheio de malignidade, mas também precisava ter uma certa beleza; ser uma coisa atraente e histórica."

O verdadeiro medalhão de Slytherin foi baseado em uma joia do século XVIII da Espanha que Mina viu em um museu e adorou a ideia do cristal na frente ser facetado, "então era quase como se houvesse vários lados diferentes e você não soubesse que parte fosse se abrir". Como descrito no livro, o medalhão era adornado com um S de pedras, criado com gemas verdes com corte de diamante. Mina cercou o S de símbolos astrológicos, especificamente os desenhos usados para horóscopos que referem aos ângulos relativos dos planetas em relação uns aos outros. Tem também uma inscrição dentro do anel e outra maior nas costas facetadas.

"O medalhão foi um presente", declara Mina. "Eu pude brincar com cada detalhe, de forma que até o aro que se prende à corrente é uma cobrinha enrolada. O mais legal de Harry Potter era que todas essas coisas eram fabricadas no local, então podíamos discutir com os adereçistas para escolher os materiais certos e o que talvez exigisse alguma alteração no design." Quando chegou a hora de Rony Weasley destruir a Horcrux com a espada de Gryffindor em *Harry Potter e as Relíquias da Morte — Parte 1*, duplicatas tiveram que ser feitas. "A orientação original foi que só precisávamos de dois ou três", relembra Pierre Bohanna. "Acabaram sendo quarenta."

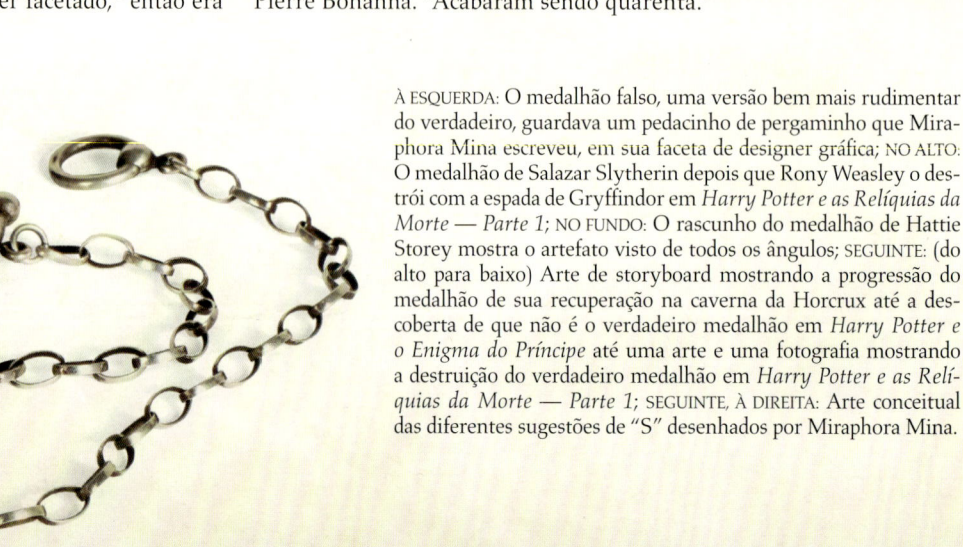

À ESQUERDA: O medalhão falso, uma versão bem mais rudimentar do verdadeiro, guardava um pedacinho de pergaminho que Miraphora Mina escreveu, em sua faceta de designer gráfica; NO ALTO: O medalhão de Salazar Slytherin depois que Rony Weasley o destrói com a espada de Gryffindor em *Harry Potter e as Relíquias da Morte — Parte 1*; NO FUNDO: O rascunho do medalhão de Hattie Storey mostra o artefato visto de todos os ângulos; SEGUINTE: (do alto para baixo) Arte de storyboard mostrando a progressão do medalhão de sua recuperação na caverna da Horcrux até a descoberta de que não é o verdadeiro medalhão em *Harry Potter e o Enigma do Príncipe* até uma arte e uma fotografia mostrando a destruição do verdadeiro medalhão em *Harry Potter e as Relíquias da Morte — Parte 1*; SEGUINTE, À DIREITA: Arte conceitual das diferentes sugestões de "S" desenhados por Miraphora Mina.

MIRA'S ORIGINAL MONOGRAM

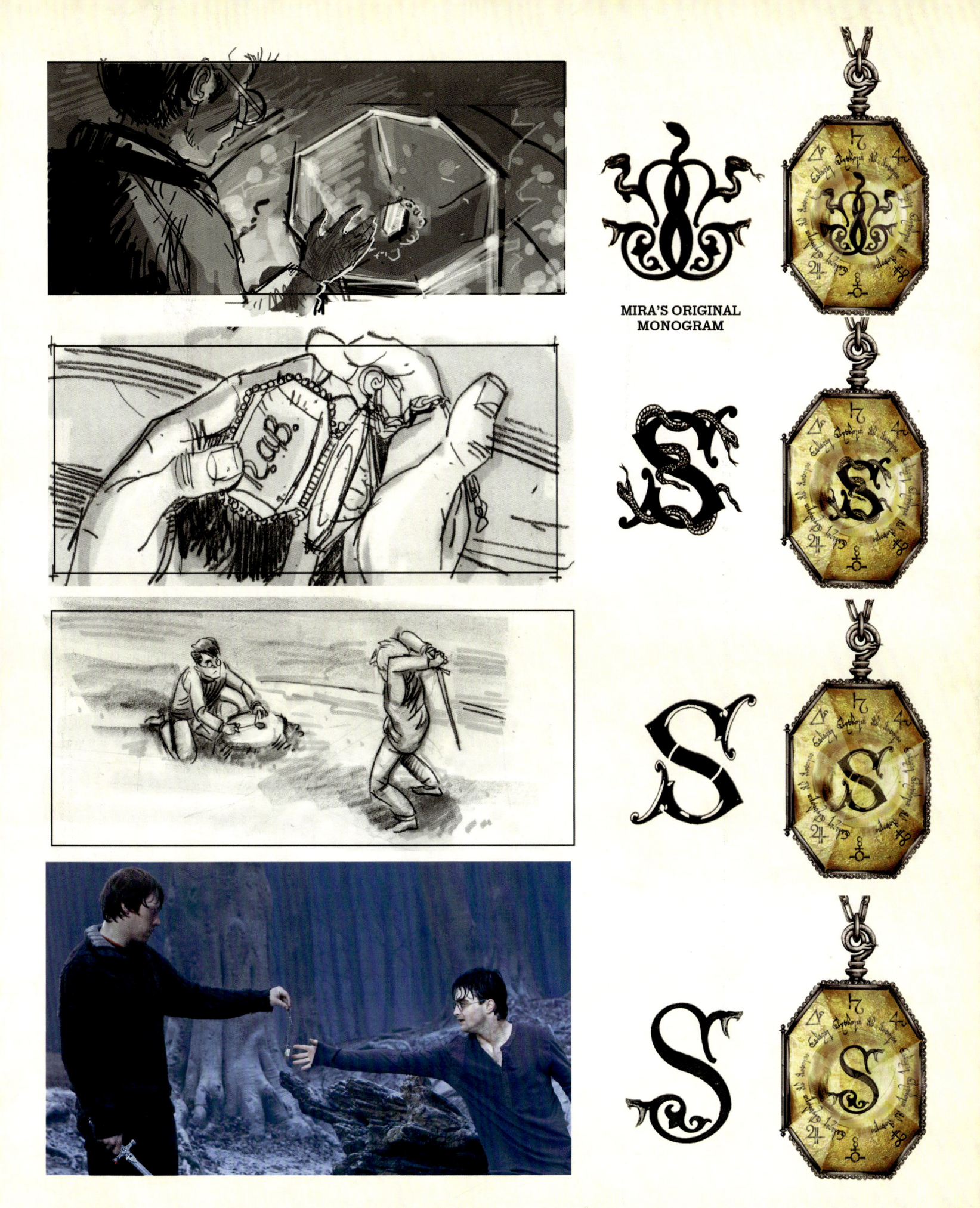

HORCRUXES E RELÍQUIAS 189

45a — CUT

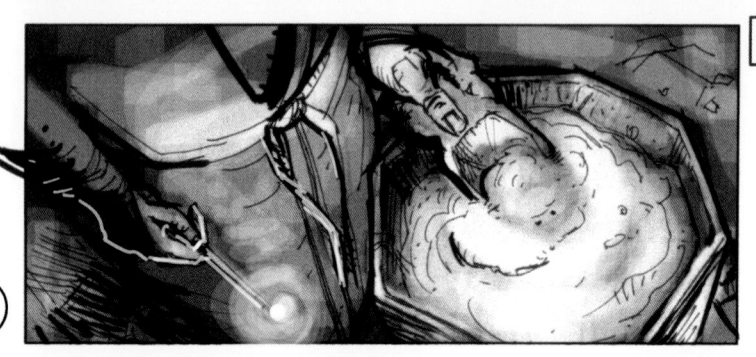

Harry's POV.
Dumbledore fills ladle and raises it....

TILT UP ...

Flare circles round out of shot
..see digram.

45b — Cont'd

Cont'd over

with ladle as it rises...

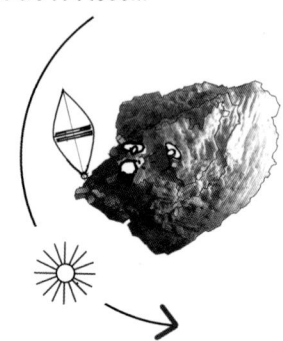

49d / 49c — Cont'd

Harry's POV.

1. Dumbledore fills and raises third cup of liquid.
2. he nearly drops cup.
3. Grabs hold of the side of the basin.

Flare circles round out of shot
..see digram.

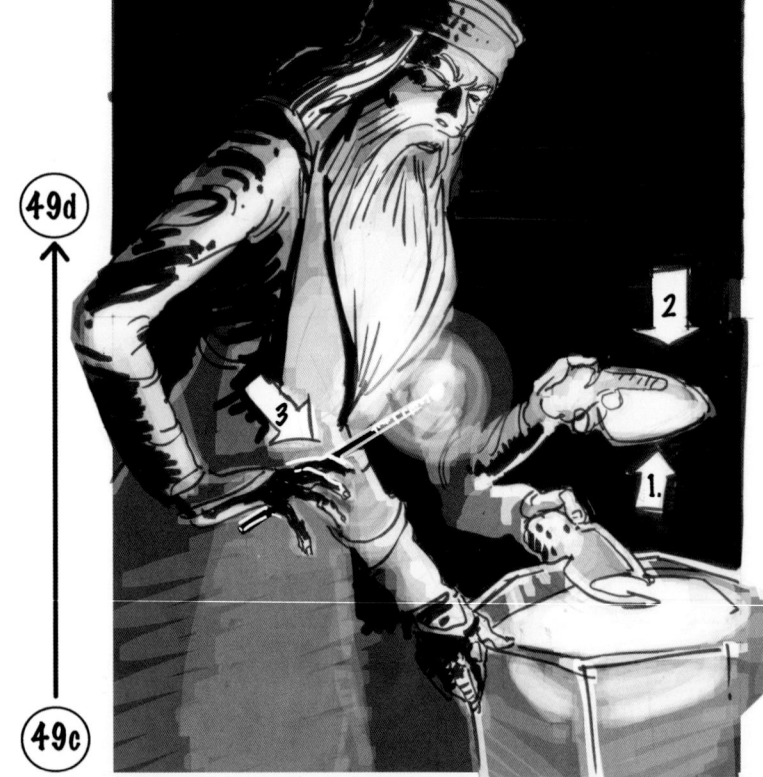

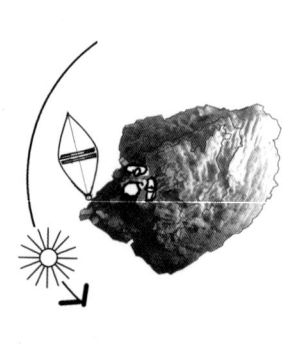

A TAÇA DE CRISTAL DA CAVERNA DA HORCRUX

"A sua tarefa, Harry, é garantir que eu beba esta poção mesmo que tenha que me forçar a beber. Entendeu?"

— Alvo Dumbledore, *Harry Potter e o Enigma do Príncipe*

Um dos primeiros adereços que os designers começaram a fazer de *Harry Potter e o Enigma do Príncipe* foi a taça de cristal que Harry usaria para pegar a água venenosa na bacia que guardava a Horcrux de medalhão falsa. "Tínhamos imaginado originalmente uma taça de metal presa por uma corrente à bacia de cristal, onde Dumbledore beberia", diz Hattie Storey. "Mas sentimos que tinha que ser uma coisa que parecesse poder ter sido encontrada na caverna, onde não havia nada além de cristal, e que pareceria semi-feita pelo homem. A taça foi feita ou criada no local por Lord Voldemort, com o objetivo de beber a poção." Durante a pesquisa para o design, Miraphora Mina encontrou uma taça antiga de jade entalhado da China, com uma alça de cabeça de ovelha que influenciou o adereço orgânico e cristalino em forma de concha. "Foi uma daquelas vezes", conclui Storey, "nas quais, quando você encontra a solução, parece que não poderia ter sido outra coisa." No entanto, foi mais fácil falar do que fazer. Foram feitos sessenta protótipos até a peça final ser aprovada para molde e elaboração.

ACIMA: Arte conceitual de Miraphora Mina da taça de cristal usada em *Harry Potter e o Enigma do Príncipe*; ABAIXO: Harry Potter ajuda Alvo Dumbledore a beber a poção da bacia para pegar a Horcrux de medalhão na arte de desenvolvimento visual de Adam Brockbank; ANTERIOR: A arte de storyboard da cena acrescenta detalhe de como a concha vai pegar a água.

A TAÇA DE HELGA HUFFLEPUFF/COFRE DOS LESTRANGE EM GRINGOTES

"Acha que tem uma Horcrux no cofre de Belatriz?"
— Hermione Granger, *Harry Potter e as Relíquias da Morte — Parte 2*

"Qualquer adereço, mas principalmente um que é importante para a história, passa por um longo processo de design", explica Pierre Bohanna. "Pelo menos seis designs passam pelo diretor e pelos produtores, para serem aprovados." A taça de Hufflepuff é um exemplo disso: foi originalmente apresentada com o dobro do tamanho, mas os produtores pediram que fosse feita em tamanho menor. Isso influenciou o design de Miraphora Mina? "Na época, o livro sete ainda não tinha saído, então nós só sabíamos que precisávamos que houvesse um texugo nela", explica ela. "Era para ser bem modesta. Não tinha aquele toque magistral que os outros tinham. Não sei dizer se teria afetado o design se soubéssemos que seria preciso multiplicá-la em milhares e milhares!"

As influências de Mina incluíam cálices de ouro e taças medievais em forma de cardo. Primeiro, um molde do design em tamanho real foi criado, com o texugo da Lufa-Lufa em baixo-relevo. Depois, os criadores de adereços usaram um método de trabalho em metal em que, nesse caso, uma camada fina de estanho foi acrescentada em cima. Finalmente, o estanho foi pintado de dourado por Pierre Bohanna. A taça foi confeccionada para *Harry Potter e o Enigma do Príncipe*, para ser colocada na Sala Precisa, mas não foi vista até *Harry Potter e as Relíquias da Morte — Parte 2*, quando Harry, Rony e Hermione invadem o cofre de Belatriz Lestrange em Gringotes. Por causa de um feitiço colocado no conteúdo do cofre, qualquer objeto tocado se multiplica e multiplica e multiplica… "Nós usamos a analogia da piscina de bolinhas infantil", explica Hattie Storey, "quando é preciso andar no meio daquele monte de bolinhas de plástico. É meio assim, mas com tesouros e ouro."

Para criar a quantidade necessária, Pierre Bohanna usou uma máquina de moldagem por injeção que precisava funcionar 24 horas por dia. "Nós tínhamos seis objetos diferentes dos quais fizemos cópias em borracha macia", continua Storey, "então, no final, nós enchemos vinte metros cúbicos daquele cofre." Para chegar à verdadeira Horcrux de taça no canto mais alto do cofre, Daniel Radcliffe (Harry Potter) pulou em uma série de plataformas escondidas embaixo dos milhares de adereços. A verdadeira taça é destruída por Hermione Granger na Câmara Secreta.

ACIMA: Design conceitual da Horcrux feita a partir da taça de Helga Hufflepuff por Miraphora Mina e um close de referência de adereço da taça finalizada; NO FUNDO: Rascunho de Hattie Storey da taça de Hufflepuff vista em *Harry Potter e as Relíquias da Morte — Parte 1* e *Parte 2*; ANTERIOR: Em uma cena de *Harry Potter e as Relíquias da Morte — Parte 2*, Hermione Granger, Harry Potter e Rony Weasley ficam presos no cofre dos Lestrange em meio a objetos se replicando freneticamente, inclusive uma taça falsa. Radcliffe pulou em plataformas elevadas segurando a varinha e a espada de Gryffindor ao mesmo tempo para pegar a verdadeira Horcrux.

HORCRUXES E RELÍQUIAS 193

O DIADEMA DE ROWENA RAVENCLAW

"Desculpem, dá pra alguém me dizer o que é um diadema?"
— **Rony Weasley**, *Harry Potter e as Relíquias da Morte — Parte 2*

O diadema da fundadora da casa de Hogwarts Rowena Ravenclaw também passou por várias alterações antes da forma final. "Estava planejado para aparecer em *Harry Potter e o Enigma do Príncipe*, e nós fizemos um", relembra Hattie Storey, "mas nunca foi visto. Depois, reelaboramos para *Harry Potter e as Relíquias da Morte — Parte 2*. Ficou tão diferente que fiquei feliz de não ter aparecido no sexto filme." Assim como com o medalhão de Salazar, existem duas versões do diadema (que Cho Chang informa a Ron que é "... *meio que como uma coroa. Sabe como é, como uma tiara.*").

No livro *Harry Potter e o Enigma do Príncipe*, Xenofílio Lovegood (um corvinal, como a filha Luna) acredita possuir o diadema. Os olhos mais afiados vão notar uma tiara com duas águias acima de um busto de Rowena Ravenclaw quando Harry, Hermione e Rony visitam Lovegood em busca de informações em *Harry Potter e as Relíquias da Morte — Parte 1*. Mas a verdadeira Horcrux está em Hogwarts, na Sala Precisa. Obviamente, o diadema de Ravenclaw precisava incluir uma imagem da águia da Corvinal. Foi um sucesso do design o fato de o diadema ter a forma das asas de uma única águia. As asas são contornadas com pedras brancas transparentes, e o corpo da águia e as "penas da cauda" são feitas de três pedras azul-claras multifacetadas. O diadema é destruído por Harry com o mesmo dente de basilisco usado para destruir a taça de Hufflepuff, depois é chutado para o fogomaldito ardente por Rony.

ANTERIOR: O diadema de Rowena Ravenclaw incorpora a águia da Corvinal e a máxima "O espírito sem limites é o maior tesouro do homem", inscrita embaixo das asas da águia, no design; ALTO: Um conceito inicial do diadema de Ravenclaw pintado por Miraphora Mina para *Harry Potter e o Enigma do Príncipe*; ABAIXO: O diadema foi criado, mas não foi usado no filme; À ESQUERDA: Arte conceitual de Adam Brockbank de um busto de Rowena Ravenclaw usando um diadema (similar, mas não o verdadeiro), visto na casa dos Lovegood; ACIMA: O diadema falso é fácil de identificar na foto de referência do cenário de *Harry Potter e as Relíquias da Morte — Parte 1*.

HORCRUXES E RELÍQUIAS 195

NAGINI

"É a cobra. Ela é a última. A última Horcrux."
— **Harry Potter,** *Harry Potter e as Relíquias da Morte — Parte 2*

Apavorante e fiel a Lord Voldemort, Nagini é a única Horcrux totalmente gerada por computador. Nas primeiras duas aparições dela, em *Harry Potter e o Cálice de Fogo* e *Harry Potter e a Ordem da Fênix*, o design de Nagini foi uma fusão de píton-burmesa e anaconda, as duas menores do que os seis metros da cobra. Embora a intenção fosse Nagini ser sempre obra digital, a oficina de criaturas criou uma maquete pintada (um modelo) da cobra no tamanho real, que depois foi digitalizada para os animadores digitais.

O papel de Nagini cresceu em *Harry Potter e as Relíquias da Morte — Parte 1* e *Parte 2*, e era "muito importante que criássemos um personagem plausível e assustador", explica Tim Burke, supervisor de efeitos visuais. "Nagini é uma serva de Voldemort, mas também é uma criatura muito maligna por si só. Eu achava que, quando a vimos na última vez, ela não era uma cobra de verdade. No passado ela não teve um grande papel, mas nesse filme ela ia ter muitas oportunidades de dar medo na garotada." Burke convenceu a equipe de que a melhor inspiração para a melhoria seria uma cobra real, então ele levou um encantador de serpentes profissional para o Leavesden Studios para deixar que eles observassem um píton de verdade.

Além dos animadores filmarem e desenharem a cobra, um dos artistas digitais criou todas as texturas das escamas de Nagini a mão, a partir de fotos do píton. Isso permitiu que o departamento de computação gráfica capturasse a iridescência e a característica reflexiva da pele da cobra, além de cores mais reais e vibrantes. Movimentos de víbora e de serpente foram acrescentados para deixá-la mais apavorante, os olhos ganharam a profundidade dos de uma víbora e as presas foram afiadas.

A ESPADA DE GRYFFINDOR

"Só um verdadeiro membro da Grifinória a teria tirado do chapéu."
— **Alvo Dumbledore**, *Harry Potter e a Câmara Secreta*

Qualquer menção às Horcruxes não pode passar sem que a espada de Gryffindor seja citada, o objeto que destrói o anel, o medalhão e a cobra. Harry Potter a encontra pela primeira vez em *Harry Potter e a Câmara Secreta*, quando a tira do Chapéu Seletor e usa para matar o basilisco. Feita por duendes, a espada é capaz de absorver as qualidades que a fortalecem; nesse caso, o veneno da serpente, que é uma das poucas maneiras de se destruir uma Horcrux. Vemos um flashback de Dumbledore usando a espada para destruir a Horcrux de anel em *Harry Potter e o Enigma do Príncipe*, depois Neville Longbottom também a puxa do chapéu em *Harry Potter e as Relíquias da Morte — Parte 2* e mata Nagini. Os aderecistas compraram uma espada de verdade em um leilão para usar como referência e pesquisaram espadas medievais em busca de inspiração. A espada tem cabochões de rubis da cor da Grifinória e exibe uma imagem pequena no alto da lâmina, presumivelmente de Godric Gryffindor.

ANTERIOR, ACIMA À DIREITA: Nagini em sua mistura píton/anaconda feita pelo artista de desenvolvimento visual Paul Catling para *Harry Potter e o Cálice de Fogo*; ANTERIOR, NO ALTO: Nagini foi elaborada com mais características de jiboia em outra alternativa de Catling; ANTERIOR, EMBAIXO À DIREITA: Bartô Crouch Jr (David Tennant) e Nagini observam um Voldemort quase sem corpo em *Harry Potter e o Cálice de Fogo*; ANTERIOR, À ESQUERDA: Arte de storyboard de *Harry Potter e as Relíquias da Morte — Parte 1* com Voldemort oferecendo uma refeição a Nagini (a professora Caridade Burbage); À ESQUERDA: Um verdadeiro adereço de "herói": a espada de Gryffindor; ACIMA: Neville Longbottom (Matthew Lewis) posa com a espada de Gryffindor para publicidade.

HORCRUXES E RELÍQUIAS 197

AS RELÍQUIAS DA MORTE

"O que você sabe sobre as Relíquias da Morte?"
"Dizem que são três: a Varinha das Varinhas, a Capa da Invisibilidade, que esconde você dos seus inimigos, e a Pedra da Ressurreição, que traz de volta os entes queridos da morte. Juntos, eles tornam uma pessoa o Senhor da Morte. Mas poucos acreditam realmente que esses objetos existem..."
— Harry Potter e Garrick Olivaras, *Harry Potter e as Relíquias da Morte — Parte 2*

Além das Horcruxes, Harry Potter fica sabendo de mais três artigos que precisam ser encontrados: as Relíquias da Morte, que deixariam Lord Voldemort invencível. A descoberta do que elas são e de quem está com elas é surpreendente, pois elas fizeram parte visível da história o tempo todo, e foram associadas a Harry, Dumbledore e ao jovem Voldemort. Harry fica sabendo das Relíquias da Morte quando vê um colar curioso usado por Xenofílio Lovegood no casamento de Gui Weasley em *Harry Potter e as Relíquias da Morte — Parte 1*. Acredita-se que os três artefatos que o colar estilizado representa são a chave para se tornar Senhor da Morte. A desconfiança de Harry é que Lord Voldemort supôs que a lenda é verdade e está fazendo esforços para tomar posse deles. O Lord das Trevas rouba o primeiro, a Varinha das Varinhas, da cripta de Dumbledore no epílogo de *Harry Potter e o Enigma do Príncipe*. Harry, sem saber, já é dono de uma, a Capa da Invisibilidade, e herda a terceira, a Pedra da Ressurreição, de Dumbledore.

NO CENTRO: Arte de desenvolvimento de Miraphora Mina do colar que Xenofílio Lovegood usa em *Harry Potter e as Relíquias da Morte — Parte 1*; ABAIXO: Hermione Granger, Rony Weasley e Harry Potter veem Lovegood desenhar o símbolo das Relíquias da Morte em uma cena do filme; SEGUINTE: Arte de storyboard da mesma cena.

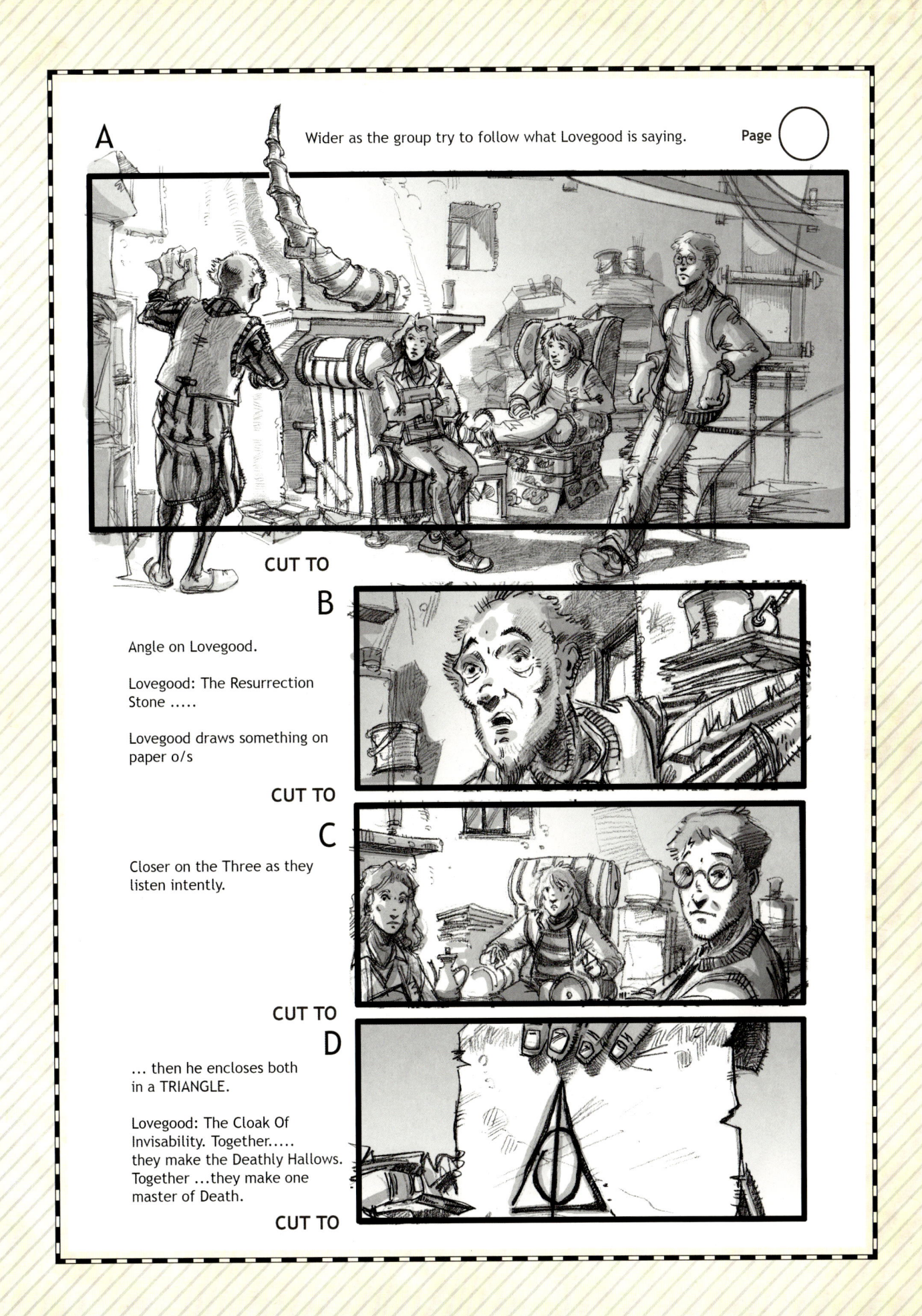

A — Wider as the group try to follow what Lovegood is saying. Page ◯

CUT TO

B

Angle on Lovegood.

Lovegood: The Resurrection Stone .....

Lovegood draws something on paper o/s

CUT TO

C

Closer on the Three as they listen intently.

CUT TO

D

... then he encloses both in a TRIANGLE.

Lovegood: The Cloak Of Invisability. Together..... they make the Deathly Hallows. Together ...they make one master of Death.

CUT TO

HORCRUXES E RELÍQUIAS 199

SEGUINTE, NO ALTO: Alvo Dumbledore (Michael Gambon) usa a varinha para extrair uma lembrança em *Harry Potter e o Cálice de Fogo*; SEGUINTE, EMBAIXO: Uma captura de tela da sequência de animação de "O Conto dos Três Irmãos", de *Harry Potter e as Relíquias da Morte — Parte 1*, na hora em que os irmãos saem com os presentes da Morte: a pedra, a varinha e a capa; NESTA PÁGINA: A Varinha das Varinhas dada ao primeiro irmão, a varinha mais poderosa do mundo, muda de mãos ao longo dos anos e vai parar nas de Alvo Dumbledore.

200 O LIVRO DOS ARTEFATOS MÁGICOS

A VARINHA DAS VARINHAS

"O mais velho pediu a varinha mais poderosa que existisse. E a Morte fez uma da árvore mais antiga que havia ali perto."

— **Hermione Granger,** lendo o livro *Os Contos de Beedle, o Bardo*, Harry Potter e as Relíquias da Morte — Parte 1

As primeiras amostras de varinhas mostradas para a autora J.K. Rowling em *Harry Potter e a Pedra Filosofal* foram feitas em vários estilos, desde um design barroco dourado até uma com raízes com cristais presos na ponta, e também com algumas simples, diretas, varinhas de madeira arredondada. As de madeira foram as que Rowling escolheu. Os aderecistas as produziam da madeira da varinha mencionada no livro, ou, se não tivesse menção, de uma madeira de alta qualidade. "Nós tentamos encontrar peças interessantes de madeiras preciosas", explica Pierre Bohanna, "mas não queríamos uma silhueta simples, então escolhemos madeiras que pudessem ter nós e caroços ou texturas interessantes que criasse uma forma peculiar." Quando a varinha era aprovada, era modelada em resina ou poliuretano, pois madeira se quebraria com muita facilidade com o uso.

A Varinha das Varinhas se beneficiou dessa filosofia da forma. A varinha de Alvo Dumbledore era feita de carvalho inglês e incrustada com um material que parecia osso com runas entalhadas. "O que a torna muito reconhecível", diz Bohanna, "não é só o fato de ser uma das varinhas mais finas, mas por ter nódulos maravilhosos a cada cinco ou sete centímetros." Os aderecistas não faziam ideia de que a varinha de Dumbledore acabaria sendo uma das Relíquias da Morte e talvez a varinha mais poderosa do mundo. "É fácil reconhecer de longe", explica Bohanna. "E deveria mesmo ser, pois obviamente é a maior arma no cenário, por assim dizer. No que diz respeito a varinhas, é a que vence todas as outras."

A CAPA DA INVISIBILIDADE

"Finalmente a Morte perguntou ao terceiro irmão, um homem humilde. Ele pediu algo que lhe permitisse sair daquele lugar sem ser seguido pela Morte. E a Morte, de má vontade, lhe entregou a sua própria Capa da Invisibilidade."
— **Hermione Granger**, lendo o livro *Os Contos de Beedle, o Bardo*, Harry Potter e as Relíquias da Morte — Parte 1

Harry Potter recebe uma Capa da Invisibilidade de presente de Natal em *Harry Potter e a Pedra Filosofal*, na primeira festa em que ele ganha presentes valiosos. Um bilhete misterioso acompanha o pacote informando-o que o pai, Tiago Potter, deixou a capa com a pessoa que o estava presenteando, mas estava na hora de ser devolvida a Harry. O garoto usa a capa ao longo da série (com exceção de *Harry Potter e a Ordem da Fênix*), mas só em *Harry Potter e as Relíquias da Morte — Parte 2* é que ele descobre a origem e a consequência de ser uma das Relíquias da Morte.

A capa foi criada pelo departamento de figurino, sob a direção de Judianna Makovsky. O tecido de veludo grosso foi tingido e impresso com símbolos celtas, astrológicos e runas. Várias capas foram criadas com esse tecido, para usos diferentes. Quando Daniel Radcliffe (Harry Potter) coloca a capa para ficar invisível, é uma versão forrada de tecido de tela verde. Radcliffe virava a capa sutilmente antes de colocar sobre o corpo, de forma que o tecido verde ficasse para fora. Outra versão foi forrada do mesmo tecido tingido dos dois lados, quando era segurada ou usada sobre uma roupa de corpo inteiro feita de material de tela verde para obter invisibilidade completa.

Uma captura de tela de *Harry Potter e as Relíquias da Morte — Parte 1*. Os irmãos receberam os presentes da Morte, que espera sua oportunidade de pegá-los de volta; À DIREITA: Arte de paleta de cores de Dale Newton para a Morte, que corta um pedaço de sua própria roupa para fazer a capa; SEGUINTE, NO ALTO: Harry Potter segura a Capa da Invisibilidade, um presente de Natal de Alvo Dumbledore, em uma cena de *Harry Potter e a Pedra Filosofal*; SEGUINTE, EMBAIXO: Fotografia de produção de Daniel Radcliffe com a capa virada para o lado verde.

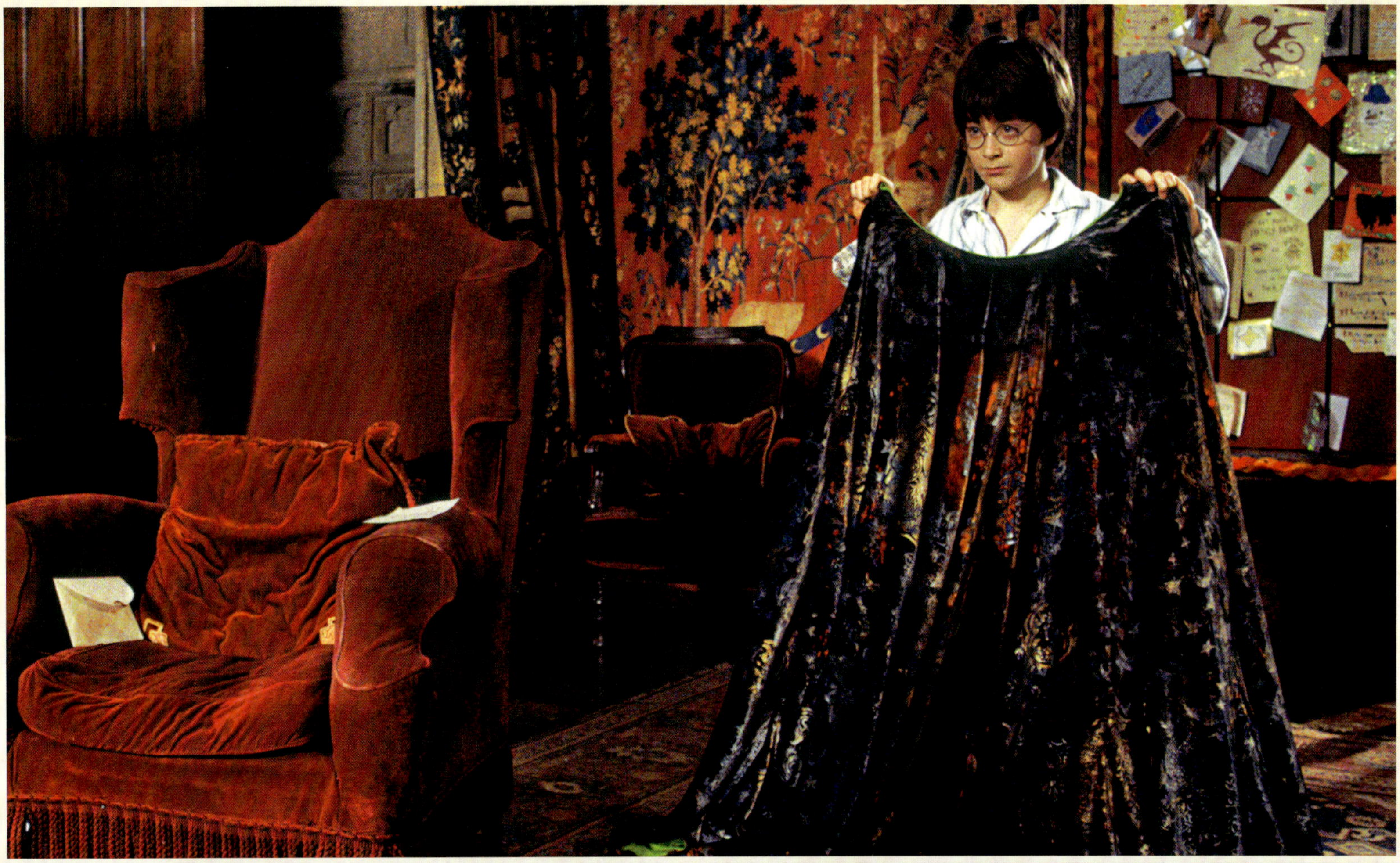

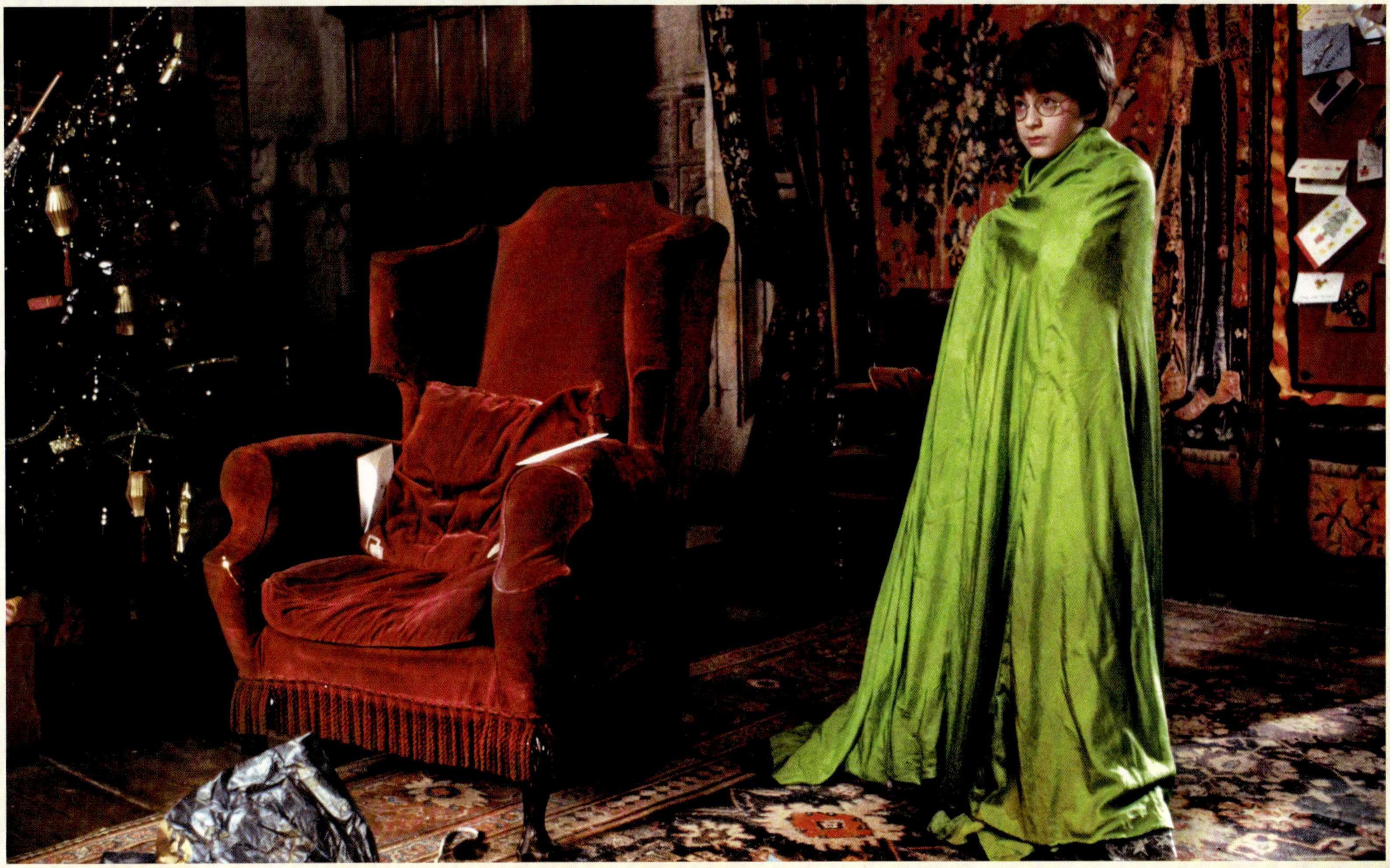

204 O LIVRO DOS ARTEFATOS MÁGICOS

PEDRA DA RESSURREIÇÃO

"O segundo irmão resolveu humilhar a Morte ainda mais e pediu o poder de ressuscitar os entes já falecidos. Então a Morte apanhou uma pedra da margem do rio e a entregou a ele."
— Hermione Granger, lendo o livro *Os Contos de Beedle, o Bardo*, Harry Potter e as Relíquias da Morte — Parte 1

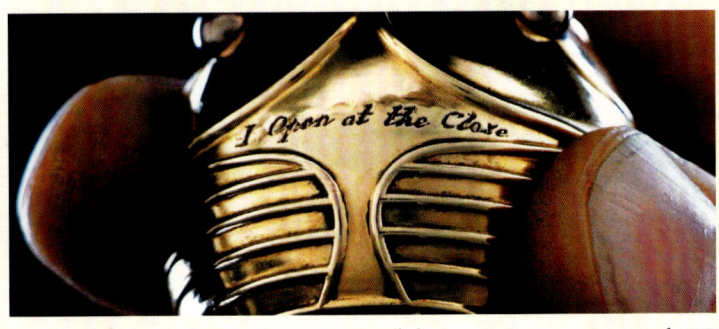

ANTERIOR: Arte de desenvolvimento visual da sequência em animação de "O Conto dos Três Irmãos", de *Harry Potter e as Relíquias da Morte — Parte 1*. ALTO: Uma captura de tela do segundo irmão recebendo a Pedra da Ressurreição em *Relíquias da Morte — Parte 1*; ACIMA: A inscrição no pomo de ouro é finalmente compreendida por Harry Potter perto do fim dos eventos em *Relíquias da Morte — Parte 2*. Quando o pomo se abre, revela a Pedra da Ressurreição, que Harry usa para falar com entes queridos que faleceram: seus pais, Tiago e Lilian; seu padrinho, Sirius Black; e seu professor, Remo Lupin; ABAIXO: A arte de desenvolvimento visual imagina o mecanismo usado para abrir o pomo de ouro.

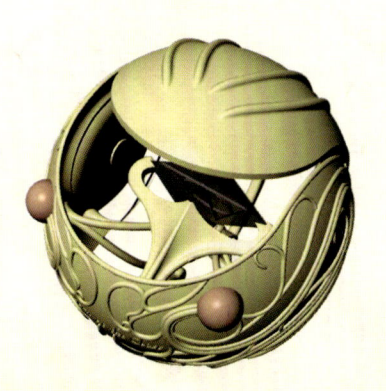

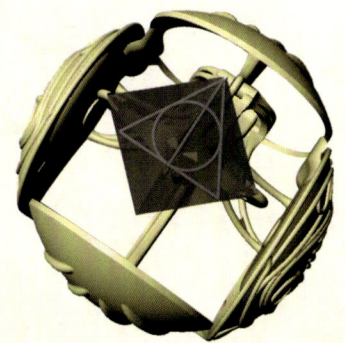

A Pedra da Ressurreição é o único artefato que é ao mesmo tempo Relíquia da Morte e Horcrux. A Pedra é vista pela primeira vez em *Harry Potter e o Enigma do Príncipe* em uma forma rachada e estragada, depois de ter sido destruída como Horcrux pela espada de Gryffindor por Alvo Dumbledore, chegando a custar a vida dele. A Pedra volta em *Harry Potter e as Relíquias da Morte — Parte 2*, quando é descoberta dentro da herança que Dumbledore deixou para Harry: o primeiro pomo de ouro que ele pegou.

A Pedra é mais um exemplo dos produtores começarem a criar um adereço para um filme antes do livro que se tornaria o filme seguinte fosse publicado, ou do aumento da importância do adereço. "Estávamos tão no escuro quanto todo mundo quando começamos a elaborar a Pedra para o anel que Dumbledore tinha no sexto filme", relembra Hattie Storey. Além de eles não saberem que seria a Pedra da Ressurreição, eles também não sabiam qual era o desenho simbólico das Relíquias da Morte, mas ele precisava estar entalhado na pedra. Mas felizmente o sétimo livro, *Harry Potter e as Relíquias da Morte*, saiu. "Eu li correndo de primeira", continua Storey, "e o que descobrimos mudou nossas ideias para a Pedra."

A Pedra é vista pela última vez em *Harry Potter e as Relíquias da Morte — Parte 2*, quando Harry leva o pomo de ouro aos lábios. Ele faz o que diz, "… *abro no fecho*". Um mecanismo prático move uma curva do pomo de ouro para dentro de outra curva ao mesmo tempo que empurra a pedra para cima, o que então vira uma cópia digital para flutuar no ar.

HORCRUXES E RELÍQUIAS 205

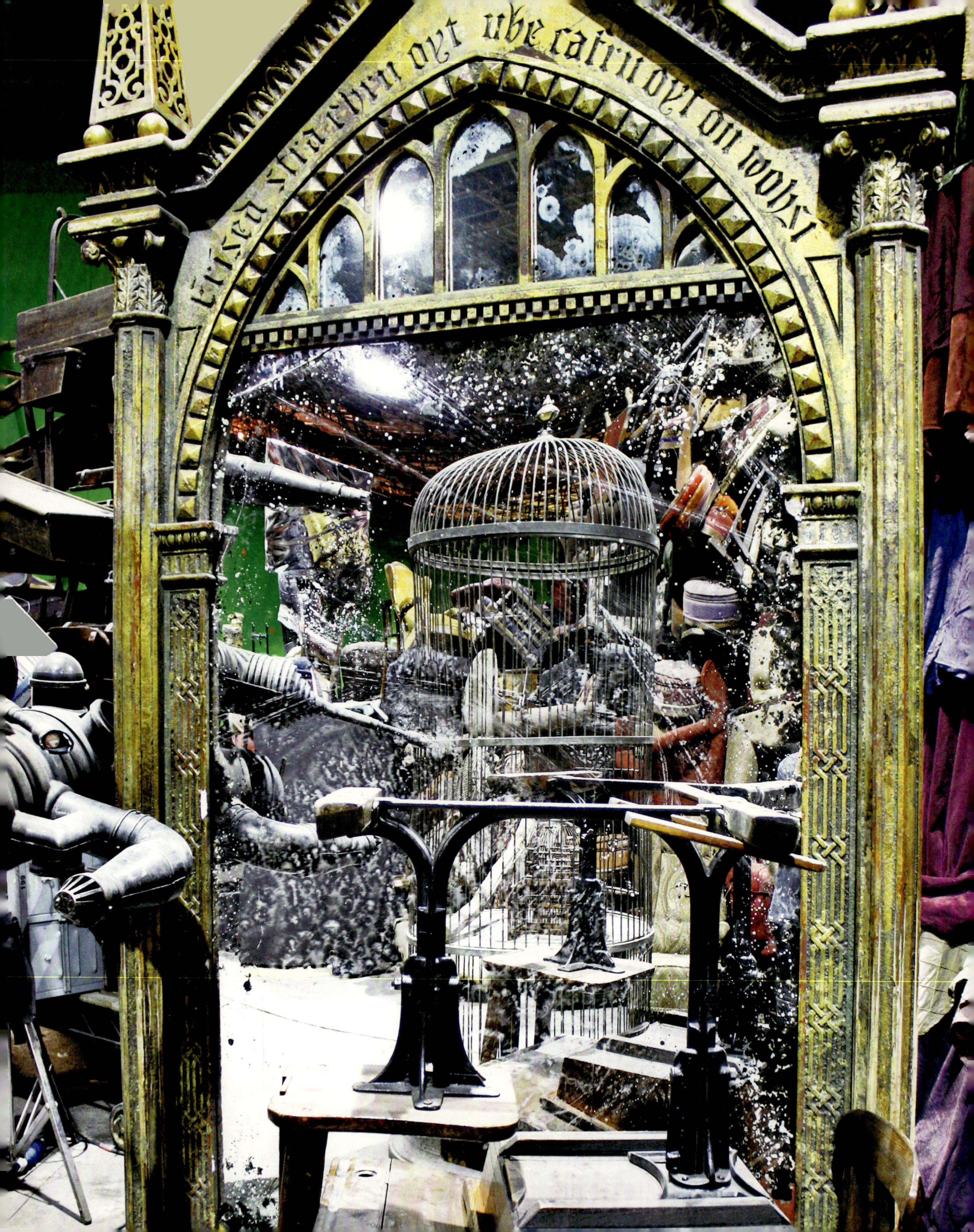
Erised stra ehru oyt ube cafru oyt on wohsi

CONCLUSÃO

✦ ☾ ✦

Muitos adereços reconhecíveis foram parar ao longo da série na Sala Precisa, e todos acabaram no final em um dos cinco armazéns enormes necessários para armazenar tudo. Barry Wilkinson, aderecistas-chefes dos filmes, elogia os artistas e artesãos envolvidos ao longo dos anos. "Desde o primeiro filme, os padrões se mantiveram os mesmos. Sentimos orgulho de cada peça porque elas são incríveis."

ANTERIOR: O Espelho de Ojesed reflete os muitos artefatos empilhados, em uma imagem de referência de produção da Sala Precisa em *Harry Potter e as Relíquias da Morte — Parte 2*; ACIMA: Arte de desenvolvimento visual das andorinhas de papel de Adam Brockbank, a serem usadas em *Harry Potter e a Ordem da Fênix*, quando Parvati Patil faz um pássaro de origami voar pela sala de Defesa Contra as Artes das Trevas; À ESQUERDA: O desenho de Draco, dobrado para criar um pássaro de papel em *Harry Potter e o Prisioneiro de Azkaban*. Eolan Power, filho do artista conceitual Dermot Power, desenhou o adereço; ABAIXO: Arte de desenvolvimento visual das gaiolas que abrigaram os pássaros usados por Draco Malfoy para testar o Armário Sumidouro, *Harry Potter e o Enigma do Príncipe*.

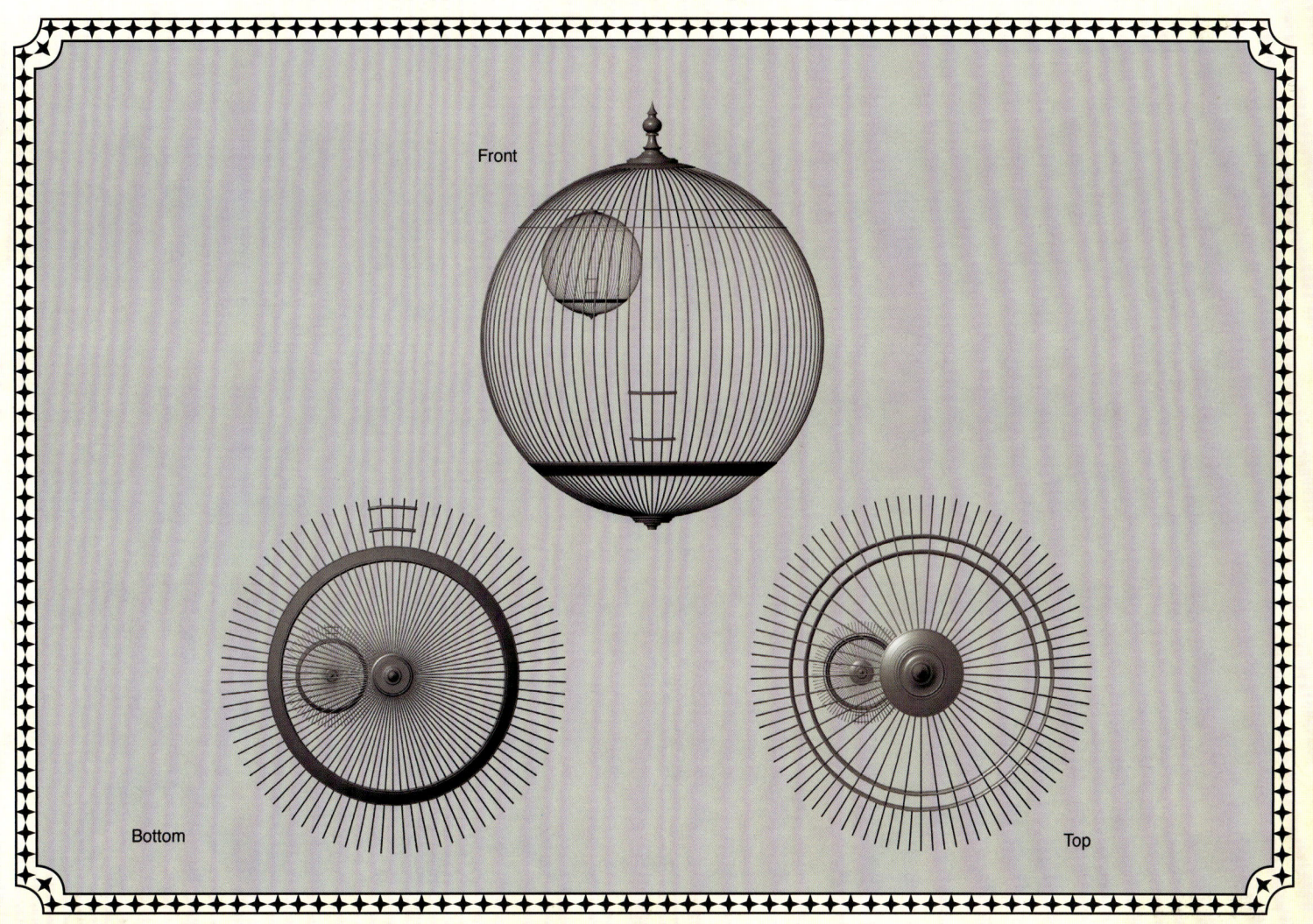

Front

Bottom   Top

CONCLUSÃO 207

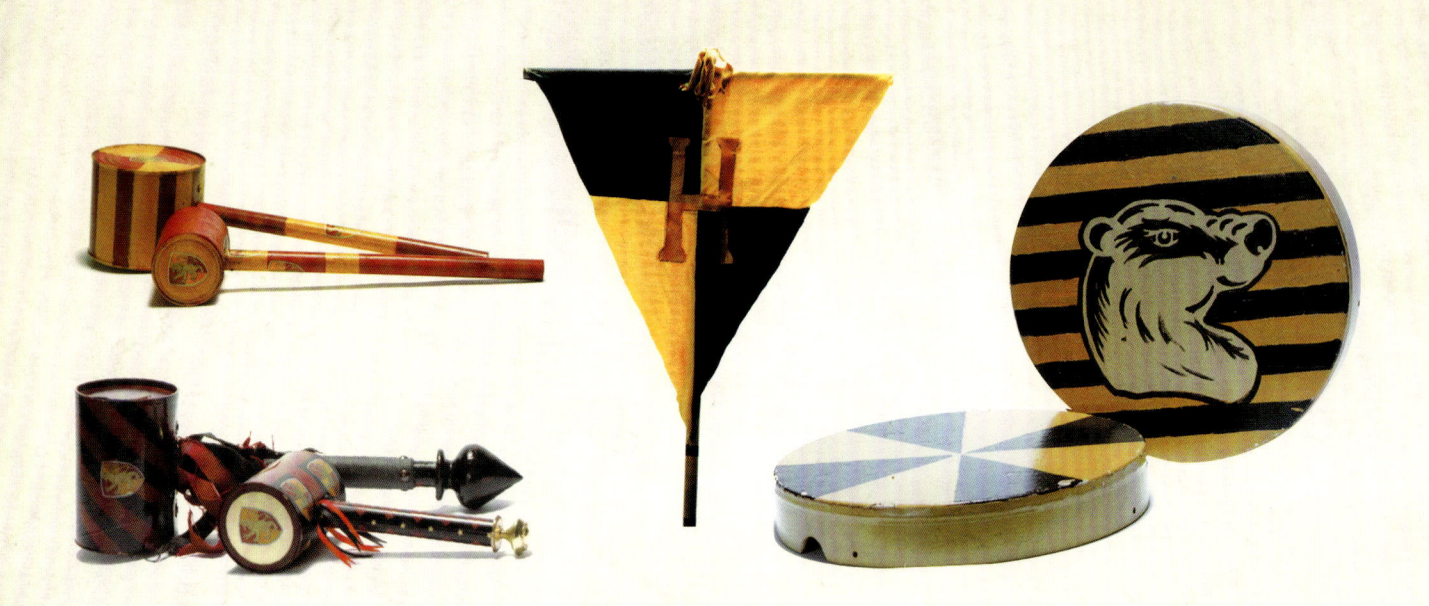

Título original em inglês:
Harry Potter: The Artifact Vault

INSIGHT EDITIONS

Produzido e criado pela Insight Editions,
LP, PO Box 3088 – San Rafael CA 94912
www.insighteditions.com

EDITOR: Raoul Goff
DIRETOR DE ARTE: Chrissy Kwasnik
DESIGNER DE CAPA: Jon Glick
DESIGNER DO MIOLO: Jenelle Wagner
EDITORA EXECUTIVA: Vanessa Lopez
EDITOR DE PROJETO: Greg Solano
EDITORA DE PRODUÇÃO: Rachel Anderson
ASSISTENTE EDITORIAL: Warren Buchanan
GERENTE DE PRODUÇÃO: Blake Mitchum
GERENTE JUNIOR DE PRODUÇÃO: Alix Nicholaeff
COORDENADORA DE PRODUÇÃO: Leeana Diaz

A Insight Editions gostaria de agradecer a Victoria Selover, Elaine Piechowski, Melanie Swartz, Kevin Morris, Ashley Bol, George Valdiviez, Jamie Gary, Kat Maher, e Claire Houghton-Price.

ROOTS of PEACE REPLANTED PAPER

A Insight Editions, em parceria com a Roots of Peace, irá plantar duas árvores para cada três usadas na fabricação deste livro. A Roots of Peace é uma organização humanitária de renome internacional dedicada a erradicar as minas terrestres em todo o mundo, convertendo terras devastadas pela guerra em fazendas produtivas e habitats da vida selvagem. A Roots of Peace irá plantar dois milhões de árvores no Afeganistão, além de disponibilizar profissionais com as habilidades e o apoio necessário para o uso sustentável da terra.

Copyright © 2016 Warner Bros. Entertainment Inc. Todos os personagens, nomes e temas relacionados a HARRY POTTER TM & © Warner Bros. Entertainment Inc. Direitos de publicação de Harry Potter © JKR. WB SHIELD: TM & © Warner Bros. Entertainment Inc. (s16)

www.harrypotter.com

Harry Potter™, Rony Weasley™, Hermione Granger™, Neville Longbottom™, Gina Weasley™, Draco Malfoy™, Professor Dumbledore™, Rubeo Hagrid™, Professora McGonagall™, Professor Snape™, Professor Lockhart™, Professora Umbridge™, Sirius Black™, Nymphadora Tonks™, Kingsley Shacklebolt™, Lord Voldemort™, Tom Riddle™ são marcas registradas pela Warner Bros. Entertaiment Inc.

Todos os direitos reservados. Proibida a reprodução, no todo ou em parte, através de quaisquer meios. Os direitos morais do autor foram assegurados.

Texto revisado de acordo com o novo Acordo Ortográfico da Língua Portuguesa.

Composição de miolo e adaptação de capa: Renata Vidal

Direitos exclusivos de publicação em língua portuguesa somente para o Brasil adquiridos pela
EDITORA RECORD LTDA.
Rua Argentina, 171 - Rio de Janeiro, RJ - 20921-380
Tel.: (21) 2585-2000,
que se reserva a propriedade literária desta tradução.

ABDR – EDITORA AFILIADA

Impresso na China

ISBN 978-85-01-07393-8

Seja um leitor preferencial Record.
Cadastre-se e receba informações sobre nossos lançamentos e nossas promoções.
Atendimento e venda direta ao leitor
mdireto@record.com.br ou (21) 2585-2002.

CIP-BRASIL. CATALOGAÇÃO NA PUBLICAÇÃO
SINDICATO NACIONAL DOS EDITORES DE LIVROS, RJ

R349h

Revenson, Jody
  Harry Potter – O livro dos artefatos mágicos / Jody Revenson; tradução de Regiane Winarski. - 1. ed. - Rio de Janeiro: Galera Record, 2016.

Tradução de: Harry Potter: The artifact vault
ISBN 978-85-01-07393-8

1. Rowling, J. K. (Joanne Katherine), 1967- – Personagens – Harry Potter. 2. Potter, Harry (Personagem fictício). 3. Crianças – Livros e leitura. 4. Ficção fantástica inglesa – História e crítica. I. Título.

16-32061
CDD: 823
CDU: 821.111-3

PÁGINA 2: O pomo de ouro.
PÁGINA 5: Essa ilustração acompanhava a receita de Poção Polissuco em *Poções Muy Potentes*, *Harry Potter e a Câmara Secreta*.
NESTA PÁGINA: Objetos de torcida da Lufa-Lufa e da Grifinória, criados para *Harry Potter e a Pedra Filosofal*.